D1870171

# NOMADEN des WINDES

*Peter Crawford*

# NOMADEN des WINDES

## *Paradies Polynesien*

*Aus dem Englischen*
*von Hasso Rost*

vgs

# Inhalt

Die Deutsche Bibliothek – CIP-Einheitsaufnahme

**[Nomads of the wind <dt.>]**
Nomaden des Windes : Paradies Polynesien / Peter Crawford. –
Köln: vgs, 1995

ISBN 3-8025-1290-1
NE: **Crawford, Peter**

© Original English Language Version
Peter Crawford, 1993
Der Titel der englischen Ausgabe: Nomads of the Wind,
A Natural History of Polynesia

© der deutschsprachigen Ausgabe
vgs verlagsgesellschaft, Köln 1995
Alle Rechte, insbesondere das Recht der Vervielfältigung und Verbreitung vorbehalten.
Kein Teil des Werkes darf in irgendeiner Form (durch Fotokopie, Mikrofilm oder ein anderes Verfahren) ohne schriftliche Genehmigung des Verlages reproduziert oder unter Verwendung elektronischer Systeme verarbeitet, vervielfältigt oder verbreitet werden.

By arrangement with BBC Books, a division of BBC Enterprises Ltd.

Umschlaggestaltung: Papen Werbeagentur, Köln
Umschlagfoto: Daphne Hougard
Lektorat: Dr. Christoph Schneider, Düsseldorf
Satz: ICS Communikations-Service GmbH, Bergisch Gladbach
Druck: Butler & Tanner, Frome und London
Printed in England
ISBN 3-8025-1290-1

**Bildnachweis**

Der Verlag dankt allen nachstehend Genannten, die Fotografien zu diesem Buch lieferten oder die Erlaubnis gaben, rechtsgeschütztes Material abzudrucken. Wir haben uns größte Mühe gegeben, alle Inhaber solcher Rechte ausfindig zu machen; sollten uns dennoch Fehler oder Versäumnisse unterlaufen sein, bitten wir dies zu entschuldigen.

**Ardea** Seiten 51, 117 (J-P. Ferrero), 123 links (J. Mason) und 181 (J-P. Ferrero); **Auscape** Seiten 96 (J-P. Ferrero), 138 (J-P. Ferrero) und 142 (B. Saunders); **British Library** Seiten 56–7; **Britisches Museum** Seite 113; **Michael Brooke** Seite 154; **Phil Chapman** Seiten 86, 91, 151, 152, 153, 178, 195 und 196–7; **Claude Coirault** Seiten 32 und 43; **Bruce Coleman** Seiten 24–5 (N. de Vore), 35 (J. Burton), 79 (Frithfoto), 89 (Frithfoto), 166 unten (C. Roessler), 187 oben (C. Zuber), 209 (S. Krasemann), 230 (G. Cubitt), 238 (G. Cubitt) und 244 (F. Furlong); **ET Archive** Seiten 42–3 und 148–9; **Bildagentur Frank Lane** Seiten 140 (Silvestris) und 245 (G. Moon); **Frithfoto** Seiten 69 und 123 rechts; **Jennifer Fry** Seite 228; **Genesis Raumphoto-Bibliothek/NASA** Seite 180; **Roger Green, Universität von Auckland** Seite 82; **David Hamilton** Seite 254 unten; **Robert Harding** Seiten 17 (P. Plisson), 23 (P. Plisson), 159 (S. Grandadam), 163 (S. Grandadam), 198 und 208 (K. Krafft); **Michael Holford** Seite 149; **Island Image** Seiten 136–7 (E. Smith); **Mark Jacobs** Seiten 50, 59, 132 und 217; **Jack Jeffrey** Seite 213; **Susan Kennedy** Seite 20; **Georgia Lee** Seite 187 unten; **Rod Morris** Seiten 98 beide, 126, 131, 145, 164, 192, 204, 229 rechts und 241; **National Maritime Museum, London** Seiten 53, 56, 193, 223 und 250 (als Leihgabe der Admiralität); **Natural Science Photos** Seiten 211 (beide D. Fleetham) und 216 (D. Yendall); **NHPA** Seiten 55 (A.N.T./K. Uhlenhut), 99 (A.N.T.) und 233 (oben J. Carmichael, unten B. Jones und M. Shimlock); **Fremdenverkehrsverein Neuseeland** Seite 260; **Joël Orempuller** Seite 166 oben; **Pierre Ottino** Seite 172 links; **Oxford Scientific Films** Seiten 10 und Rückumschlag (Einschub Fregattvogel, M. Birkhead) und 232 (F. Huber); **Pacific Stock** Seiten 128 (E. Robinson), 200 (E. Aeder), 215 (R. Mains) und 219 (K. Rothenborg); **Michael Pitts** Seiten 146 und 155; **Neil Rettig** Seiten 71 und 114–5; **Dieter Rinke, Brehm-Fonds Südsee Expedition** Seite 91; **Paddy Ryan** Seiten 66, 111, 124, 125, 229 und Rückumschlag (Einschub unten); **Syndication International** Seiten 48, 247, 252 und 254 oben. Alle anderen Fotos stammen von **Peter Crawford.**

# Vorwort

Seit ich denken kann, liebe ich das Meer. Schon als Junge begeisterten mich die abenteuerlichen Südseereisen des Captain Cook. Heute habe ich als Buch- und Fernsehautor selbst die Gelegenheit, Menschen in fernen Teilen der Welt kennenzulernen. Viele von ihnen sind meine Freunde geworden. Und mit dem Südsee-Projekt habe ich endlich meinen Traum verwirklicht, den verwitterten Spuren des James Cook zu folgen.

Dieses Buch will Ihnen die Geschichte Polynesiens erzählen – dieses riesigen Dreiecks verstreuter Inseln, die den Pazifischen Ozean sprenkeln. Seit meiner ersten Reise nach Tahiti und Neuseeland im Jahr 1990 war ich vom Zauber der polynesischen Inselwelt, ihrer Bewohner und ihrer Geschichte gefangen. Heute, fast vier Jahre und Abertausende von Kilometern später, fühle ich mich ihnen sehr vertraut. Dieses ist ihre Geschichte, und ich danke all meinen polynesischen Freunden, die uns so herzlich aufgenommen haben.

Das Buch erforscht auch die Landschaften und die einheimischen Tiere und Pflanzen, die auf den Inseln und im riesigen Meer zwischen den Inseln leben. Es ist ein außergewöhnlicher Teil unserer Erde, geprägt durch seine Abgeschiedenheit; noch heute fällt es mir manchmal schwer, dieses Entlegensein ganz zu begreifen. Erst ein mühseliger Marsch durch den samoanischen Regenwald oder ein Gipfelblick vom höchsten Krater der Osterinsel macht die Isolation spürbar. Doch für die einheimischen Menschen, Tiere und Pflanzen war – und ist – dies ihre Heimat, ihre *fenua* (Land).

Wie die Polynesier – und die dort lebenden Tiere und Pflanzen – auf ihre Inseln kamen, ist Inhalt zahlreicher Legenden. Für Hinweise zur Geologie, Biologie, Archäologie, Anthropologie, Sprachforschung und all den anderen Wissenschaften, die sich mit der Geschichte der Polynesier befaßt haben, konnte ich auf die Ergebnisse zahlreicher Forscher zurückgreifen, die in den letzten Jahrzehnten veröffentlicht worden sind. Ohne ihre Hilfe wären dieses Buch und die begleitende Fernsehserie nicht möglich gewesen. Besonders danke ich all denen, die mein Manuskript gelesen und hier und dort verbessert haben. In Tahiti: Bengt und Marie-Thérèse Danielsson; auf den Marquesas: Pierre und Marie-Noëlle Ottino; auf Fidschi: Dr. Paul Geraghty vom Institut für fidschianische Sprache und Kultur; Dr. Andrew Crosby vom Fidschi-Museum, Dr. Patrick Nunn von der Universität des Südpazifiks; auf Hawaii: Dr. Yoshihiko Shinoto von der anthropologischen Abteilung des Bishop-Museums und dem Autor und Künstler Herb Kawainui Kane; auf der Osterinsel: Dr. Georgia Lee, Herausgeberin des Rapa Nui Journal; in Neuseeland: Dr. Atholl Anderson von der anthropologischen Fakultät der Universität Otago, Dr. David Mackay von der geschichtlichen Fakultät der

Victoria-Universität in Wellington und Fergus Clunie, ehemaliger Direktor des Fidschi-Museums. Ihr großzügiger Ratschlag hat dem Buch viele Impulse verliehen, aber alle Fehler gehen wohl auf mein Konto.

Viele weitere Fachleute haben ihre Zeit geopfert, um mit mir meine Ideen zu besprechen, während ich dieses enorme Wissensgebiet beackert habe. Hervorheben möchte ich Thor Heyerdahl vom Kon-Tiki-Museum in Oslo; Roger Green und Geoff Irwin von der Universität Auckland; Maeva Navarro und Mark Eddowes vom Amt für Archäologie in Tahiti; Leon Grice und Kollegen vom Umweltamt in Wellington; und Geoff Hicks und Kollegen von der naturgeschichtlichen Abteilung des Nationalmuseums von Neuseeland. Ich hoffe, daß sie ihre Mühe belohnt wissen, wenn sie dieses Buch lesen oder die Fernsehserie sehen.

Das Fernsehen erreicht ein Millionenpublikum. Die Serie wird die epische Geschichte der Polynesier in viele Wohnzimmer auf der ganzen Welt tragen. Hierbei bin ich von einer begeisterten und tüchtigen Mannschaft unterstützt worden, besonders den Kameramännern Mike Lemmon und Niel Rettig und dem Produktionsteam: Phil Chapman, Sally Cryer, Thea Gazidis, Mark Jacobs, Julia McDade, Alisa Robbins und Anna Thomas. Sie alle haben eine wichtige Rolle in dieser TV-Entdeckungsreise gespielt. Ich danke besonders Phil Chapman für seine Unterstützung, als ich das Buch schrieb. Er und meine Frau Pat haben den stärksten Einfluß auf Inhalt und Stil gehabt.

Bei BBC Books habe ich mich über die Zusammenarbeit mit einem anderen, ebenso kreativen Team gefreut: Sheila Ableman, Linda Blakemore, Jennifer Fry, Charlotte Lochhead, Anna Ottewill und Anne Wilson haben sorgfältig und feinfühlig mein Bild- und Textmaterial redigiert, um dieses Begleitbuch zur Serie zu einem gelungenen Werk zu machen.

Das Schreiben an diesem Buch hat mir einen ganz besonderen Blickwinkel auf die Geschichte der Polynesier verschafft und mir auch die Gelegenheit gegeben, wichtige Themen zu vertiefen. Ich wünsche mir, daß der Leser meine Freude an dieser pazifischen Entdeckungsfahrt teilen möge, auch wenn er die Fernsehserie nicht sieht. Sowohl das Buch als auch der Film haben ihren eigenen Reiz, aber sie erzählen dieselbe Geschichte der Polynesier und ihrer pazifischen Inselwelt. Ich hoffe, daß ich mit beiden Berichten ihr seefahrerisches Entdeckererbe würdig dargestellt habe.

*Peter Crawford, Bristol, November 1993*

*Für Betty*

# PROLOG

*Das Polynesische Dreieck*
*gleicht der Spitze eines urzeitlichen Speers,*
*der über den Pazifischen Ozean geworfen wurde.*

*Vor Jahrtausenden*
*machte ein seefahrendes Volk*
*die pazifische Inselwelt zu seiner Heimat.*

*Die Geschichte der Polynesier*
*ist ein Epos,*
*in dem Menschen und Natur*
*ihre Geschicke gegenseitig lenken.*

1000 Meilen
1000 km
CHINA
PAZIFISCHER
HAWAII-
GRUPPE
Süd-
chinesisches
Meer
PHILIPPINEN
POLY
MIKRONESIEN
BISMARCK-
ARCHIPEL
NEU-
GUINEA
SALOMON-
INSELN
INDONESIEN
NÖRDLICH
COOK-INSEL
Manahiki
WEST-
SAMOA
AMERIKANISCH
SAMOA
VANUATU
Viti Levu
MELANESIEN
FIDSCHI
SÜDLIC
COOK-INSE
TONGA
Rarotong
NEU-
KALEDONIEN
AUSTRALIEN
20°S
Nord-
insel
NEUSEELAND
Süd-
insel
40°S
120°E
140°E
160°E
180°

NORD-
AMERIKA
40°N
20°N
OZEAN
Hawaii
NESIEN
Weihnachts-
insel
LINIEN-
INSELN
Äquator
SÜD-
AMERIKA
MARQUESAS-
GRUPPE
GESELL-
SCHAFTS-
INSELN
Rangiroa
TUAMOTU-
ARCHIPEL
Tahiti
AUSTRAL-
INSELN
Henderson
PITCAIRN-
GRUPPE
OSTER-
INSEL
140°W
120°W
100°W

# 1

# *Der ferne Himmel*

Jeder hat seine eigene Vorstellung vom Paradies. Wir alle träumen von fernen Ländern jenseits des Horizontes.

Auf Tahiti, der Perle der Südsee, herrscht der größte Flugbetrieb nachts. Die meisten Passagiermaschinen, die diese abgelegene Tropeninsel anfliegen, starten in Los Angeles um eine solche Zeit, daß sie die andere Seite des Pazifiks kurz nach Sonnenaufgang erreichen. Auch in der Gegenrichtung, aus Sydney, Auckland und anderen Städten des westpazifischen Randsaums in Richtung Amerika fliegend, legen die transpazifischen Jumbos in der Hauptstadt Papeete einen Zwischenstopp ein, immer dann, wenn die meisten Tahitianer noch schlafen.

Aus 2000 Metern Höhe kennzeichnen die Lichter der Küstenstraße die Gestalt der Insel – eine große Acht. Tahiti entstand aus zwei Vulkanspitzen, die heute durch einen schmalen Isthmus miteinander verbunden und von einem Korallenriff umschlossen sind, das von der pazifischen Brandung unermüdlich bearbeitet wird. In einer mondhellen Nacht kann man die Gischt aus der Luft erkennen. Wie ein weißer Kreidestrich trennt sie das Eiland von der unendlichen Schwärze des Ozeans. Wer aus Richtung Kalifornien hier ankommt, hat nach neun Flugstunden endlich wieder „Land in Sicht", und wer in Richtung Australien oder Asien weiterfliegt, hat weitere zehn Stunden vor sich, bevor er die andere Seite des scheinbar endlosen Pazifiks erreicht.

Etwa 25 000 Inseln verlieren sich in der gewaltigen Wasserfläche des Stillen Ozeans, der an manchen Stellen bis zu elf Kilometer tief ist. Damit könnte er leicht den Mount Everest aufnehmen und hätte noch zwei Kilometer Wassersäule übrig. Viele der pazifischen Vulkaninseln, so auch Tahiti, erheben sich mehr als tausend Meter über den Meeresspiegel. Sie sind die verwitterten Spitzen erloschener Vulkane, die langsam in den Ozean zurücksinken. Tahiti brach vor etwa zwei Millionen Jahren aus dem Wasser empor. Damit ist es im Vergleich zu anderen Inseln sehr jung. Die ersten Hawaii-Inseln, zum Beispiel, entstanden vor fast 40 Millionen Jahren, und Neuseeland ist noch viel älter. Es gehörte einst zu einem Urkontinent und besteht als Inselgruppe mindestens 135 Millionen Jahre.

Langsam schwenkt der Jumbo in den schwachen Ostwind ein und nähert sich der dreieinhalb Kilometer langen Start- und Landebahn, die man in das Riff vor

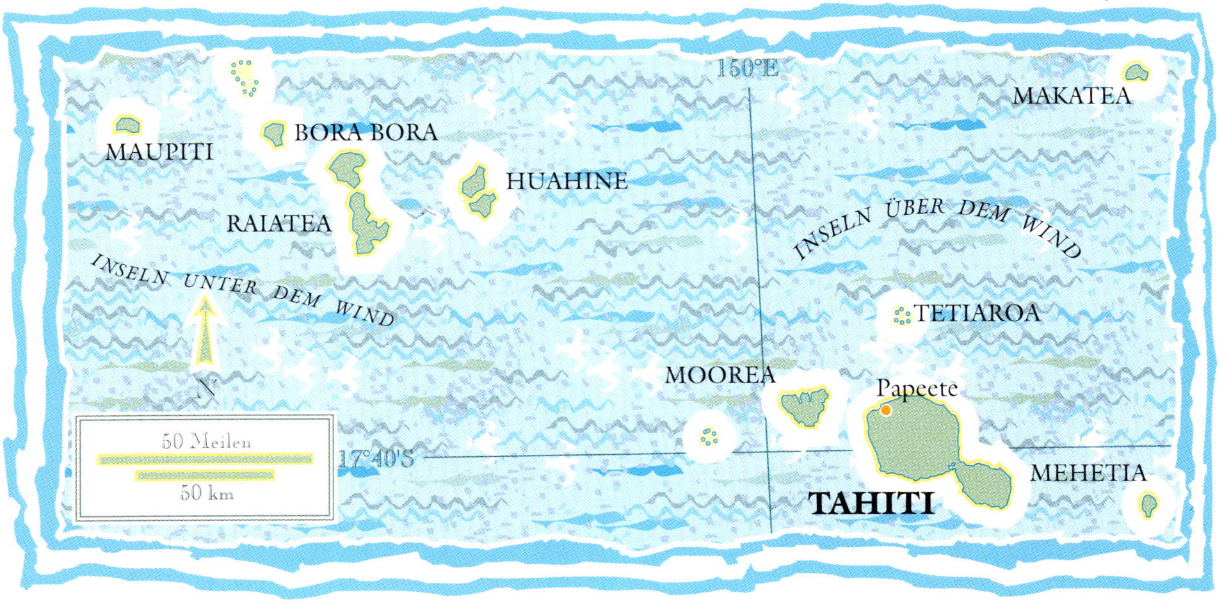


Papeete planiert hat. Wer rechts aus dem Fenster schaut, sieht Tahiti im Profil und erkennt deutliche Spuren seiner explosiven vulkanischen Vergangenheit. Die Kratergipfel sind meist von Wolken verhüllt; von Wind und Regen geschliffen, ziehen sich die 2000 Meter hohen scharfkantigen Bergrücken über die gesamte Insel.

Tahiti liegt mitten im Herzen des polynesischen Dreiecks. Die drei geographischen Eckpunkte – Hawaii im Norden, Neuseeland im Südwesten und die Osterinsel im Südosten – liegen alle fast gleich weit entfernt. Auch kulturell nimmt Tahiti in der Geschichte Polynesiens eine zentrale Stellung ein. Viele der epischen Reisen des polynesischen Volkes begannen oder endeten hier. Zusammen mit einer Handvoll weiterer Inseln, die man heute die Gesellschaftsinseln nennt, bildet Tahiti das Zentrum der polynesischen Welt.

Wenn das Flugzeug aufsetzt, vergißt der Reisende allzu leicht, wie abgeschieden diese Inseln wirklich sind. Bis die französische Verwaltung Ende der fünfziger Jahre den Flughafen bauen ließ, konnte man den Charme Tahitis nur nach einer langen und oft beschwerlichen Schiffsreise erleben. Fast zwei Jahrhunderte lang verirrten sich nur wenige Abenteurer und Rucksacktouristen hierher, um das Idyll der Südsee zu suchen, das von Captain Cook und anderen europäischen Forschern gepriesen worden war. Heute ist der Traum greifbarer: In wenigen Stunden jetten Urlauber ins Paradies.

Während die Besucher und Transitpassagiere noch im Halbschlaf durch die Abfertigungshalle drängen, mischt sich draußen bereits die feuchtheiße Tropenluft mit den Klängen einheimischer Musik. Unter ständiger Berieselung von Hawaiigitarre und Ukulele begrüßen freundlich lächelnde Tahitianerinnen mit

Blumen im Haar die Ankömmlinge in der Südsee-Metropole. Süß duftende Girlanden um den Hals, strömen die Besucher leicht betäubt durch die französische Paß- und Zollkontrolle und werden draußen von Dutzenden wartender Minibusse empfangen, die sie in ihre langersehnten Quartiere transportieren.

Papeete erinnert in vielem an eine französische Provinzstadt. Cafés und Bistros, Banken und Boutiquen quillen auf die Bürgersteige; Lärm und Gestank des vorbeifließenden Verkehrs erfüllen die Luft. Abends fühlt sich der Besucher wie in einer Hafenstadt am Mittelmeer. Entlang der Uferstraße bieten mobile Garküchen würzig duftende Kebabs, kleine Bratspieße und frische Pizzen an. Papeete ist lebhaft bis hektisch und weltbürgerlich offen; typisch polynesisch ist eigentlich nur noch sein Name. Wenn die Garköche ihre mobilen Imbißbuden später am Abend zusammenpacken und heimfahren, ziehen sich die Nachtschwärmer in die Diskotheken und Nachtclubs zurück. Nur noch selten erkennt man in den Gesichtern der Menschen von Papeete etwas, das an ihr langes und stolzes Erbe erinnert, etwas, das sie mit den anderen pazifischen Inseln über zwei Jahrtausende und ein Drittel des Erdballs hinweg verbindet.

Tahiti hat nur eine Hauptstraße; sie führt rings um die Insel. Auf einem schmalen Streifen rechts und links dieser Straße leben die Tahitianer. Hier und da haben kleine Flüsse in einer Million Jahre schmale Pfade ins Vulkangestein gegraben, auf denen man ein kurzes Stück ins Landesinnere gelangt. Einer dieser Wege, nahe beim Flughafen, führt fast bis zum Gipfel des Mount Marau. 1500 Meter hoch thront dieser Berg über Papeete, aber kaum einer der Einheimischen ist je dort

Als Cook hier anlegte, gab es Papeete noch nicht; heute ist die Hauptstadt Französisch-Polynesiens ein quirliger Knotenpunkt im Pazifik mit 100 000 Einwohnern.

gewesen. Hier oben steht der Fernsehsender der Insel. In kolonialer Weisheit haben die Franzosen ihren pazifischen Vorposten mit einem der modernsten Systeme der Telekommunikation ausgerüstet, das es in der Welt gibt. Kaum ein Berg in Französisch-Polynesien, der nicht mit Antennen und Parabolschüsseln gespickt wäre. Überrascht stellt der Wanderer fest, daß ihn der Pfad auf den Mount Marau weit zurück in die Geburtsstunde Tahitis führt.

Verläßt man also die Hauptstraße und wendet sich dem Landesinneren zu, führt der Weg zunächst durch Obstplantagen und Marktgärten. Entlang des Flusses gehen Pandanen (Schraubenbäume) und Eisenholzbäume allmählich in Reihen von Tahiti-Kastanien *(Inocarpus edulis)* mit ihren wuchtig gegliederten Stämmen über. Afrikanische Tulpenbäume *(Spathodala campanulata)*, die man früher nur in Parks und Gärten bewundern konnte, bringen hier und da willkommene Farbtupfer in das üppige Urwaldgrün, das ansonsten nur von den tiefroten Federbüscheln des Puaratabaumes *(Metrosideros collina)* aufgelockert wird. Ein weniger gern gesehener botanischer Gast ist die *Miconia*, ein Strauch, der sich mit ungeheurer Geschwindigkeit ausbreitet und auf Tahiti und einigen anderen Inseln die einheimische Vegetation zu überwältigen droht. Die in den letzten 200 Jahren eingeführten Arten haben das Gesicht Tahitis so stark verändert, daß man sich heute kaum noch vorstellen kann, wie die Insel einst ausgesehen hat.

Auf den letzten wenigen hundert Metern des steilen Pfades zum Mount Marau gibt es kaum noch Schneisen im Grün, die freie Sicht ermöglichten; dafür ist der Ausblick vom Gipfel atemberaubend. Der Betrachter steht auf dem Rand eines mächtigen Kessels, der 700 Meter steil abfällt. Auf der gegenüberliegenden Seite wirken die gigantischen Wasserfälle wie Rinnsale in dem großartigen Panorama. Auf- und Untergang der Sonne erwecken hier oben einen Eindruck von der Ursprünglichkeit dieses Landes. Im ersten Tageslicht wirken die entfernten Gipfel des Diadème wie von einem Heiligenschein gekränzt. Leicht kann man sich vorstellen, wie Regen und Wind die Felsen dieses erloschenen Vulkans geformt haben.

In dieser Höhe leben nur wenige Vögel und Insekten. Die einzigen Geräusche sind das dumpfe Rauschen der Wasserfälle und das Tropfen des Regenwaldes. Kühl und klamm zieht der frühe Morgen herauf. Fast das ganze Jahr über streichen die feuchten Passatwinde aus Südosten über diese hohen Berge und tränken die windwärts gelegenen Hänge mit Regen, den sie vom offenen Pazifik mitgebracht haben. In Verbindung mit den gelösten Mineralien aus dem Vulkangestein segnet dieser Reichtum an Regenwasser alle hohen Tropeninseln mit einer außerordentlichen natürlichen Fruchtbarkeit. Trotz der Kälte ist hier oben jedes Fleckchen Fels und Boden bewachsen. Flechten und Moose klammern sich in den kleinsten Spalt, und

Der Blick vom Mount Marau, nur wenige Kilometer vom Flughafen Papeete entfernt, versetzt den Betrachter in die Urzeit der Erde.

Farne umgürten die windgepeitschten Bäume. Weiter unten wachsen mächtige Baumfarne und vertiefen das Gefühl, in die Vergangenheit der Erde eingetaucht zu sein. Nur der Fernsehturm zeugt von der Gegenwart des Menschen.

Allmählich steigt die Sonne über die östlichen Gipfel, und die Schatten werden kürzer. Der Kessel scheint sich in Dunst aufzulösen. Wasserdampf wabert aus den tieferen Lagen und umhüllt den Betrachter mit einem plötzlichen Schwang tropischer Wärme. Wie von den Göttern gerufen, steigen die wasserschweren Böen heißer Luft die steilen Hänge hinauf und vereinen sich mit den Wolken, die sich tagtäglich über den majestätischen Bergkronen Tahitis versammeln. Hier leisten sie ihren Teil im natürlichen Kreislauf, der das Leben mitten im größten Ozean der Welt ermöglicht.

Diese Isolation ist auch Tahitis Problem. Abgeschnitten von den Kontinenten, die den Pazifik einschließen, ist die Artenvielfalt gleichsam an der Insel vorbeigezogen. Wie viele andere Inseln Ozeaniens liegt Tahiti einfach außer Reichweite vieler Pflanzen und Tiere, die sonst auf den üppigen Böden und in dem günstigen Klima prächtig gedeihen könnten. Einheimische Landsäuger gibt es keine, nicht einmal Fledermäuse. Amphibien fehlen ebenfalls völlig, und gerade vier Arten von Landreptilien leben hier. Nur wenige Vogelarten haben je die weite Strecke überflogen, die Tahiti von den Kontinenten trennt, auf denen sie heimisch sind. Die Liste der heute endemischen Vögel ist kurz und erlesen. Insekten und Spinnen hingegen sind besser vertreten, weil sie vom Wind über große Entfernungen geweht werden können; dasselbe gilt für einige Pflanzenfamilien, die dank ihrer windgetragenen Samen tüchtige Ozeanreisende sind. Verglichen mit Inseln, die näher an Asien oder Australien liegen, glänzt dieses Fleckchen Erde also nicht gerade mit natürlicher Vielfalt. Erst die Polynesier erkannten das ganze Potential dieser Insel, als sie vor 1500 Jahren Tahiti und seine Nachbarinseln besiedelten.

Tahiti ist die größte der Gesellschaftsinseln, aber zur Gruppe gehören sieben weitere Vulkaninseln, die sich in Landschaft und Bewuchs sehr ähneln. Manche liegen in Sichtweite voneinander, so zum Beispiel die schöne Insel Moorea 10 Kilometer westlich von Papeete. Vulkangipfel erheben sich steil aus den vielen geschützten Buchten der Insel, und ein Korallenriff umringt sie wie ein schützender Wall, der die ganze Wucht des Ozeans etwas abschwächt. Heute bedecken Ananasplantagen die Berghänge auf Moorea – ein deutliches Zeichen für die natürliche Fruchtbarkeit des Bodens. Nördlich von Tahiti liegt – etwas weiter entfernt, aber an einem klaren Tag immer noch sichtbar – das Atoll Tetiaroa, was soviel heißt wie „weit draußen im Meer". Geologisch ist Tetiaroa viel älter als Tahiti und die anderen hohen Vulkaninseln. Zwölf winzige, ringförmig angeordnete Eilande sind alles,

Überall auf Tahiti stürzt aus dem zerklüfteten Vulkangestein frisches, klares Wasser in den Ozean zurück, aus dem es gekommen ist.

was hier an den uralten Vulkan erinnert, der nach Jahrmillionen wieder im Wasser versunken ist. Diese Mini-Inseln sind die überlebenden Bruchstücke eines Korallenriffs, das einst die ganze Vulkaninsel umgürtete und das rings umher ebenso schnell in die Höhe wuchs wie das Festland in Richtung Meeresboden verschwand. Zurück blieb nur die Lagune in der Mitte.

Manche Atolle sind riesig. Die Lagune von Rangiroa im Tuamotu-Archipel, eine Flugstunde entfernt nördlich von Tahiti gelegen, ist so groß, daß ganz Tahiti hineinpaßte. Im Gegensatz zu den Vulkaninseln bieten solche Atolle aber keine günstigen Lebensbedingungen für Menschen, Tiere oder Pflanzen. So fehlt es an Regen, weil keine Berge die Wolken aufhalten; deshalb leuchten Lagunen auch tiefblau, denn keine dunklen Regenwolken versperren das Licht. Zudem mangelt es dem trockenen Boden an Mineralien, denn er besteht fast ausschließlich aus Korallenkalk und kann nur wenige Pflanzenarten ausreichend ernähren. Und zudem sind Atolle Stürmen schutzlos ausgesetzt. Trotzdem bieten sie dem westlichen Auge natürlich einen bezaubernden Anblick; sie entsprechen am ehesten dem Postkartenidyll, das wir mit einem Südseeparadies verbinden. Ihre geschützten Lagunen und ausgedehnten Riffe sind sehr fischreich, aber als Dauerheimat haben sie dem Menschen weniger zu bieten als die vielfältigen Landschaften der jüngeren hohen Vulkaninseln.

*Oben:* Moorea ist jünger als seine Nachbarinsel Tahiti; heftige Erosion durch Regen und Meerwasser hat seinen erloschenen Vulkan in eine burgähnliche Insel inmitten einer Märchenlagune verwandelt.
*Links:* Das idyllische Atoll Tetiaroa liegt 40 Kilometer nördlich von Tahiti. Aus der Luft betrachtet, lassen die zwölf Inselchen noch klar erkennen, wo einst ein Korallenriff eine hohe Vulkaninsel säumte, die längst von den Elementen abgetragen wurde.
*Seite 24/25:* Der spektakuläre Vulkankrater und die gewaltige Lagune von Bora Bora.

Etwa 200 Kilometer nordwestlich von Tahiti liegen die Inseln unter dem Wind, die ihren Namen allein dem Umstand verdanken, daß sie im Windschutz von Tahiti und Moorea liegen. Besonders spektakulär ist Bora Bora, das im Zweiten Weltkrieg unrühmliche Bekanntheit als US-Militärstützpunkt erlangte. Die natürliche Schönheit der Insel rührt von ihrem Alter her. Vor drei oder vier Millionen Jahren brach der Vulkan aus, teilte sich später und wurde von Wind und Regen abgeschliffen. Übriggeblieben sind dramatisch aussehende Gipfel, umgeben von einer Lagune, die im Verhältnis zum überlebenden Rest der Insel wahrhaft riesig ist.

40 Kilometer westlich von Bora Bora liegt das Inselchen Maupiti. Hier fanden Archäologen eine der bislang ältesten bekannten Siedlungen in diesem Teil Polynesiens. Eine lange Siedlungsgeschichte besitzt auch die Insel Huahine, die aussieht wie zwei Inseln, die durch das umgebende Riff zusammengehalten werden. Nach einer Legende der Bewohner teilte einst der Gott Hiro die Insel mit seinem Kanu in zwei Hälften. Und die Geologen bestätigen uns, daß der ursprüngliche Vulkan sie tatsächlich spaltete. Heute verbindet eine Brücke von Menschenhand die beiden Teile. Archäologische Grabungen auf Huahine haben Spuren einer frühen Besiedlung freigelegt, die ebenso alt sind wie die auf Maupiti. Steinwerkzeuge, Angelhaken aus Knochen oder Perlmutt sowie hölzerne Gegenstände – Bretter zum Hausbau, Bootsplanken, Werkzeuge und Waffen – haben sich im sumpfigen Boden erstaunlich gut erhalten.

Raiatea ist die wichtigste der Inseln unter dem Wind und bedeutet soviel wie „der ferne Himmel". Seit Generationen gilt die Insel im polynesischen Raum als heiliger Ort. Ihre Küste ist von tiefen Buchten zerklüftet; die Vegetation im Inselinneren ist außergewöhnlich üppig. Einheimische sowie importierte Obst- und Gemüsearten wachsen hier in luxuriöser Eintracht. Wenn man Raiatea auf der Küstenstraße, die sich entlang der tiefen Buchten um die Insel windet, umrundet, sieht man rechts und links des Weges kleine Papaya- und Bananenfelder, Terrassen mit Taropflanzungen sowie riesige Ananasplantagen; außerdem wachsen, so weit das Auge reicht, die allgegenwärtigen Kokospalmen in jeder Form und Größe. Im Schatten dieser tropischen Grünanlagen liegen die archäologischen Überbleibsel einer alten Zivilisation, die viele Jahrhunderte, bevor Captain Cook den „fernen Himmel" entdeckte, hier auf Raiatea lebte. In Cooks Aufzeichnungen findet sich der Hinweis, die Insel habe einst „Havaii" geheißen, ein Name, der in unterschiedlichen Varianten in ganz Polynesien verbreitet ist. Vielleicht war es ja Raiatea, wo die ersten polynesischen Seefahrer einst das Riff durchschifften und beschlossen, sich hier niederzulassen.

Stellen wir uns ihre Landung vor: Ein seetüchtiges Doppelrumpfkanu, 15 oder 20 Meter lang, getrieben von einem kräftigen Passatwind, steuert vorsichtig durch eine Lücke im scharfkantigen Riff. Der Steuermann achtet sorgsam auf Wind und Strömung und wählt dann einen geeigneten Landeplatz. Müde, aber gespannt mustern die mutigen Seefahrer die unbekannte Küstenlinie. Was oder wer wird sie auf dieser Insel erwarten? Mitgebracht haben die Weitgereisten eine kostbare Ladung aus Samen und Setzlingen ihrer bevorzugten Kulturpflanzen. In sicher verstauten Bastkörben quieken Schweine, bellen Hunde und gackern Hühner. Die ganze Fahrt hindurch hat man diesen lebenden Schatz an Tieren und Pflanzen sorgsam gehegt; schließlich sollte aus ihnen ihre neue Heimat entstehen, die zu

Auf jeder Siedlungsreise führten die Seefahrer wichtige Nutzpflanzen und Haustiere mit, die ihnen das Leben in der neuen Heimat erleichtern sollten.

finden sie so lange unterwegs gewesen waren. In der geschützten Lagune angekommen, preisen sie ihre Götter für die sichere Ankunft im fremden Land.

Die Neuankömmlinge hatten zwar allen Gefahren des Meeres getrotzt, aber vor ihnen lagen nicht minder schwierige Aufgaben ganz anderer Art. Mit ihren Angelschnüren und -haken konnten sie in der Lagune fischen, und mit vielem Eßbaren, das das Riff ihnen bot, kannten sie sich aus, aber an Land stellte das Überleben andere Anforderungen. Als kundige Seefahrer wußten die Polynesier natürlich: Je kleiner die Insel und je abgeschiedener ihre Lage, desto weniger konnte sie die Bedürfnisse der neuen Bewohner befriedigen.

Während der ersten Monate oder gar Jahre mußten sich die Siedlerpioniere zweifellos mit Jagen und Sammeln durchschlagen. Das Riff hatte einiges zu bieten, und in den Wäldern lebten ein paar eßbare Pflanzen und Tiere. Von den bereits vorhandenen Wildpflanzen trugen eigentlich nur Portulak, Algen und die Nüsse der Pandanen und Kokospalmen etwas Handfestes zur Ernährung bei.

Die wilde Kokospalme *(Cocos nucifera)* verbreitet sich problemlos von Insel zu Insel, denn überall dort, wo die im Meer treibenden Nüsse angeschwemmt werden, wächst ein neuer Baum. Trotzdem hätte kein erfahrener polynesischer Seefahrer eine längere Reise ohne diese vielseitig nutzbare Pflanze im Gepäck unternommen. Ebenfalls an Bord waren Brotfrüchte, Bananen, Taros, Yams, Pfeilwurz, Zuckerrohr und eine holzstämmige Lilie namens *ti (Cordyline fruticosa)*. Schon die alten Tahitianer machten aus den zuckerhaltigen Knollen der *ti* ein süßes Naschwerk, und mit ihren großen Blättern kleideten sie sich, oder sie wickelten Fisch und Gemüse hinein und garten die Lebensmittel im Erdofen. Wir sehen: Was Noahs Arche für die Tierwelt war, waren die polynesischen Kanus für die Botanik.

Wie die Siedler zu allen Zeiten und an allen Orten versuchten auch die Polynesier, ihre neue Heimat so zu gestalten, daß sie ihren Bedürfnissen weitestmöglich entgegenkam. Als Ozeanreisende waren sie unübertroffen, aber an Land hing ihr Überleben davon ab, daß sie ihre neue Umgebung so formten und ihre Kultur so einrichteten, daß sie ihre Lebensweise auf lange Sicht unterstützten. Im Klartext: Die Ankunft von Menschen störte das Ökosystem dieser Inseln empfindlich. Viele Tier- und Pflanzenarten starben aus, entweder weil der Mensch sie als Nahrung brauchte oder weil er ihnen die Lebensgrundlagen nahm. Fruchttauben *(Duculidae)* hatten lange vor den Polynesiern fast alle pazifischen Inseln erreicht. Sie vermehrten sich fleißig und entwickelten sich, sobald sie auf einer Insel etabliert waren, zu endemischen Spezies. Solch eine endemische Taubenart *(Ducula aurorae)* gibt es zum Beispiel auf den Gesellschaftsinseln und dem weiter östlich gelegenen Tuamotu-Archipel, und nördlich davon haben die Marquesas-Inseln ihre eigene Taube *(Ducula galeata)*. Früher gab es bis hinauf zur Osterinsel noch weitere Arten, aber sie sind heute ausgestorben. Sie wurden Opfer der Polynesier oder der Ratten, die mit ihnen kamen.

Der am weitesten verbreitete Landvogel Polynesiens ist das Südsee-Sumpfhuhn *(Porzana tabuensis)*. Man findet es von den Fidschi-Inseln im Westen bis zur gut 6000 Kilometer entfernten Insel Ducie in der Pitcairn-Gruppe im Osten. Aus Knochenfunden wissen die Biologen, daß es einmal verwandte Rallenarten auf der Osterinsel und anderen abgeschiedenen Eilanden gegeben hat – irgendwann allerdings endete auch der letzte Vertreter dieser Arten in einem polynesischen Bratofen. Anderen Vögeln erging es besser: Wunderschön anzuschauende Abkömmlinge der Eisvögel sind auf den pazifischen Inseln weit verbreitet und werden von den Einheimischen verehrt. Auch Grasmücken und Fliegenschnäpper bevölkern zahlreiche pazifische Inseln, und die Südseeschwalbe *(Hirundo tahitica)* lebt im gesamten Raum zwischen Fidschi und Tahiti. Manche Inseln haben ihre eigenen, prächtig gefiederten Loriarten. Die grau-grüne Tahitifruchttaube *(Ptilinopus purpuratus)* kommt in fast 40 Arten in ganz Polynesien vor, und auf den Gesellschaftsinseln gehört sie fest zur einheimischen Fauna.

Viele Jahrhunderte vergingen nach der Besiedlung durch die Polynesier, bevor die ersten europäischen Forscher die Inseln im 18. Jahrhundert auf ihren Südsee-Expeditionen „entdeckten“. Die seltsamen Fremden erfuhren Geschichten über Tahiti, hörten Mythen und Legenden, durch welche die Tahitianer ihre lange Ahnenkette lebendig hielten und ihre reiche Kultur zelebrieren. Experten aus aller Welt haben in den letzten 200 Jahren versucht, die Geschichte der Polynesier auszugraben und zu entwirren. Sie konzentrierten sich dabei vor allem auf Tahiti und seine Nachbarinseln Huahine und Raiatea. Archäologen haben den Boden durchpflügt, um die greifbaren Spuren des polynesischen Alltags freizulegen. Sprachforscher haben die tahitianische Sprache systematisch untersucht und sie mit anderen pazifischen Sprachen verglichen. Biologen haben aus Knochen und Pflanzenresten die altpolynesische Flora und Fauna zu entschlüsseln versucht. Und Anthropologen halfen mit, aus all diesen Bruchstücken das Bild der vorgeschichtlichen polynesischen Welt zusammenzusetzen.

Die Chroniken und Zeichnungen der frühen europäischen Entdecker waren dabei besonders hilfreich. Ohne sie hätten die heutigen Historiker kaum authentisches Material über diese Zivilisation, die, unbemerkt vom Rest der Welt, mitten im Pazifik blühte. Einmal entdeckt, breitete sich ihr Ruhm allerdings rasch und weit aus. Tahiti wirkte auf Europa ebenso heftig wie Europa auf Tahiti. Zurückkehrende Seefahrer und Wissenschaftler schwelgten nahezu in Rhapsodien über diesen fernen Ort. Samuel Wallis, der Kapitän des ersten Seglers, der 1767 in Tahiti anlegte, erzählte, daß dort Brot auf den Bäumen wüchse und Milch von Palmen käme. Im Jahr darauf besuchte der Franzose Louis de Bougainville die Insel und versicherte bei seiner Rückkehr, er sei wahrhaftig im Garten Eden gewesen. Der Naturforscher Joseph Banks, der Cooks Expedition im folgenden Jahr begleitete, hielt die tahitianischen Frauen für die elegantesten der Welt.

Zweifellos hatte Tahiti etwas paradiesisch Anmutendes, als die ersten Europäer dort landeten. Die Insel war, wie auch die anderen hohen Inseln, gut bevölkert. Die fremden Seefahrer trafen auf gesund aussehende Menschen, die ein überraschend komplexes, erfülltes und kultiviertes Leben pflegten. Archäologische Funde lassen darauf schließen, daß diese Lebensweise schon Jahrhunderte, wenn nicht gar über ein Jahrtausend alt war.

Aus den Beschreibungen dieser ersten Europäer und der anschließenden wissenschaftlichen Forschung können wir uns ungefähr vorstellen, wie der Tagesablauf einer tahitianischen Familie damals ausgesehen hat. Bei Sonnenaufgang waren die meisten wohl schon auf den Beinen. In den Tropen ist dies die schönste Zeit des Tages. Die Nacht hat die Luft erfrischt, und in freudiger Erwartung des Tages begrüßt man die aufgehende Sonne. Diese fast spirituelle Beziehung zur Sonne haben übrigens alle Polynesier. Die Strahlen des neuen Tages füllen ihren Geist mit Hoffnung und den Körper mit Kraft. Die frühen Stunden, bevor die Sonne ihren Zenit erreicht, sind auch die produktivsten des Tages. Doch vor der Arbeit kommt die Körperpflege. Tahitianer nehmen es mit der Reinlichkeit sehr genau; heute noch baden oder duschen viele von ihnen mehrmals am Tag. Schönheit ist für sie nicht nur eine visuelle Sache, sondern wird mit allen Sinnen erfahren. Als die europäischen Entdecker in Tahiti landeten, muß sie ihr herber Geruch, verstärkt durch etliche Wochen auf See, unmißverständlich als Fremdlinge ausgewiesen haben.

Tahiti ist mit zahllosen Quellen, Bächen und Wasserfällen gesegnet. Aus jeder Felsspalte sprudelt frisches Wasser. Viele Insulaner bauten ihre Häuser nahe den Süßwasserteichen, in denen die Familie baden konnte. Körperpflege war ein öffentliches Ereignis. Man begrüßte die Nachbarn, tauschte den neuesten Klatsch aus und machte gemeinsam Pläne für den Tag. Manche Männer rasierten sich mit Muschelschalen oder Haifischzähnen, andere trugen gepflegten Backen- oder Schnurrbart. Männer wie Frauen schnitten sich ihr Haar, manche aus Bequemlichkeit stoppelkurz. Andere wiederum ließen ihre Haarpracht lang wachsen, geordnet nur durch strähnig eingeflochtene Rippen aus *ti*-Blättern. Auf dem Weg zum Badeteich pflückte man noch rasch ein paar Ingwerpflanzen *(Zingiber zerumbet)*, deren Saft das Haar reinigt und pflegt. Tahitianer lieben klares Wasser. Zum Abschluß der Morgentoilette setzte man sich an den Rand des saubersten Teiches und rieb Haut und Haare mit Monoi-Öl ein, das aus Kokosnüssen gewonnen wurde und mit Sandelholz parfümiert war. Das Öl nährte die Haut und war vermutlich auch ein brauchbares Mittel gegen Insekten. Zwar gab es – und gibt es auch heute – keine Malaria auf Tahiti, aber die frühen Polynesier wurden von Moskitos und kleinen Stechfliegen ebenso geplagt wie die heutigen Inselbewohner.

Der Saft des wilden Ingwers pflegt das Haar und läßt die Haut duften.

Sauber geschrubbt und leicht nach Kokosöl duftend, warf der Tahitianer noch einen Blick auf sein Spiegelbild im Wasser und machte sich dann auf den Weg zurück, um die Tagesarbeit zu beginnen. Im Vorübergehen pflückte man noch eine Blüte für das Haar, meist die kleine duftende Blüte der Gardenia, die in Tahiti *tiare* heißt. Gardenien sind im westlichen Pazifik weit verbreitet, aber ihre tahitianische Form *(Gardenia taitensis)* bringt nur selten fruchtbare Samen hervor. Sie wird durch Ableger fortgepflanzt und wurde höchstwahrscheinlich von den ersten Polynesiern nach Tahiti gebracht. Schon zu Cooks Zeiten gehörte die Pflanze zum Bild der Insel; die mitgereisten Botaniker notierten sie, und der Chronist der Expedition zeichnete Tahitianer mit *tiare*-Blüten im Haar. Seit damals unverändert ist das Tragen solcher Blüten keineswegs den Frauen vorbehalten; auch Männer zeigten durch dieses einfache Symbol ihre Zufriedenheit mit dem Tag.

Überhaupt war es den alten Tahitianern wichtiger, heute zu genießen als für morgen zu schuften. Viele Leute konnten wegen ihrer gesellschaftlichen Stellung die Dienste anderer beanspruchen. Einige Haushalte beschäftigten Sklaven, die bei erfolgreichen Scharmützeln mit Nachbarvölkern als Kriegsgefangene oder Geiseln genommen wurden. Sie verrichteten all die niederen Arbeiten wie Feuerholz und Baumaterial sammeln, Vieh hüten, ackern und fischen. Einige Aufgaben hielt man allerdings für viel zu wichtig, als daß man sie Sklaven oder Frauen überlassen dürfte: Häuser und Boote bauen war Männersache, und die Herstellung und der Gebrauch von Werkzeugen galt fast als Kunst. Tüchtige Handwerker genossen hohes Ansehen. Die besten Bootsbauer hatten sogar ihre eigene Gilde und besondere Plätze zur Götterverehrung. Ihr Können, ihr Wissen und ihre soziale Stellung wurden vom Vater an den Lieblingssohn weitergereicht.

Geeignete Baumstämme teilte man mit Stein- und Holzkeilen längs in Faserrichtung zunächst in grobe Planken. Dann begann die mühselige und kunstfertige Arbeit, die Bretter mit Steinäxten zu formen und zu glätten. Gelegentlich brannte man den Rumpf eines Kanus auch aus dem Stamm. Zum Meißeln, Aushöhlen und Bohren benutzten die Bootsbauer Werkzeuge aus Knochen, Muscheln oder Haifischzähnen, und den letzten Schliff erhielten die Boote durch Abschmirgeln mit Korallenstein und Sand. Selbst für das einfachste Kanu brauchte man daher so viele Arbeitsstunden, daß es nicht verwundert, wie angesehen die Handwerker für ihre Geschicklichkeit und Geduld waren.

Für ein seegängiges Großkanu benutzte man nur die feinsten Harthölzer wie *ati (Calophyllum inophyllum)* und *mara (Neonauclea forsteri)*, die häufig tief im Landesinneren wuchsen. Für eher alltägliche Gegenstände nutzten die Tahitianer

Bekleidet mit einem schlichten *pareu* und geschmückt mit einer Blätterkrone wirkt die *vahine* des heutigen Tahitis noch ebenso bezaubernd wie zu Gauguins Zeiten. Die Hibiskusblüte – oder jede andere Blüte – wird traditionell hinter dem rechten Ohr getragen und zeigt, daß der Träger unverheiratet ist.

Bäume mit gröberem Holz. Der Brotfruchtbaum *(Artocarpus altilis)*, der auf Tahiti *uru* heißt, bringt nicht nur fast ganzjährig nahrhafte Früchte hervor, sondern besitzt auch einen kräftigen Stamm. Wenn der Fruchtertrag eines Baumes mit dem Alter nachließ, machte man aus seinem Holz Planken für kleinere Boote. Die Bretter wurden Kante-an-Kante zusammengefügt und mit Seilen vernäht, die man aus Fasern der Kokosschalen geflochten hatte und durch kleine Bohrlöcher in den Planken führte. Die Verbindungen und Löcher dichtete man mit Kokosfasern und einer klebrigen Masse aus dem Harz des Brotfruchtbaumes ab. Brauchbares Holz gaben auch die Kokospalmen und der *tou*-Baum *(Cordia subcordata)* her. Selbst Hibiskus und Barringtonia, die eher wegen ihrer farbenprächtigen Blüten und heilenden Substanzen bekannt sind, wurden im Boots- und Häuserbau verwendet. Diese grobfaserigen Bäume hatten den Vorteil, daß sie relativ schnell und meist in den zugänglichen Tälern sowie nahe der Küste wuchsen. Auch pflanzte man Baumkulturen an, um die Versorgung mit Bauholz und Nahrung zu sichern. Noch heute gedeihen die bekannten Tahiti-Kastanien – dort bekannt als *mape* – an Bachläufen und auf anderen feuchten Böden. Die reifen Nüsse sind flach, nierenförmig und etwa sieben Zentimeter lang. Wenn sie im Herbst von den Bäumen fielen, ließen die Tahitianer ihre Schweine nach den nahrhaften Kastanien graben. Geröstet oder gebacken sind sie übrigens auch für Menschen ein Genuß.

Wenn die Sonne sich gegen Mittag ihrem höchsten Stand näherte, kehrten die Arbeiter von den Feldern und Lagunen ins Dorf zurück. Andere ließen sich mit Freunden im Schatten der *mape*-Bäume nieder. Tagsüber blieben Männer und Frauen weitgehend unter sich; selbst die Mahlzeiten nahmen sie getrennt ein. Das Zubereiten der Nahrung nahm die meiste Zeit des Tages in Anspruch und war, wie in vielen Kulturen, wahrscheinlich die Aufgabe der Frauen. Die Grundnahrungsmittel wie Taro *(Colocasia esculenta)*, wilde Yamswurzel *(Dioscorea nummularia)* und Pfeilwurz *(Tacca leontopetaloides)* kamen, ebenso wie die Brotfrucht, mit den ersten Siedlern nach Tahiti. Später übernahmen sie auch die Süßkartoffel *(Ipomoea batatas)* als wichtige Quelle von Kohlehydraten. Im Laufe der Jahrhunderte lernten die Insulaner, die eßbaren Wildpflanzen zu nutzen. Außer *mape* ernteten sie zum Beispiel den malaiischen Apfel *(Syzygium malaccense)* und die kleine Frucht des Nono-Baumes *(Morinda citrifolia)*, in dessen große glänzende Blätter man Fisch zum Backen einwickelte. Außerdem hatte der Nono medizinische Eigenschaften und lieferte einen leuchtend gelben Farbstoff. Selbst die Wurzeln der *ti*-Pflanze waren in gekochtem Zustand genießbar, nur die Wurzeln des Baumfarns bekam man auch durch stundenlanges Kochen nicht weich: Solch karge Diät hätten die alten Tahitianer wohl nur bei Hungersnöten zu sich genommen.

Allerdings scheint Nahrungsmangel auf der Insel selten gewesen zu sein, jedenfalls zur Zeit der Entdeckung durch die Europäer. Joseph Banks, der Botaniker an Bord von Cooks Schiff, war durchaus als Feinschmecker bekannt, und selbst er war von der Fülle einer typischen tahitianischen Mahlzeit so beeindruckt, daß er etliche Seiten seiner Chronik auf deren Beschreibung verwandte. Demnach aß ein erwachsener Mann zunächst drei Brotfrüchte, jede einzelne größer als zwei Fäuste. Nach dieser Vorspeise folgten zwei oder drei gebackene Fische, und als Nachtisch verspeiste der tahitianische Nimmersatt noch ein Dutzend reifer Bananen. Das Ganze wurde mit dem Inhalt mehrerer großer Kokosnüsse hinuntergespült. Banks vermerkte auch die erstaunliche Körpergröße vieler tahitianischer Männer und Frauen, ein Merkmal, das einige ihrer Nachkommen heute noch aufweisen.

Fisch wurde zum Verzehr gekocht oder eingelegt, nur Schalentiere aß man oft roh, so wie sie aus der Lagune geholt wurden. Zwar gab es tropische Früchte und Wurzelgemüse in großer Vielfalt, aber zur Ernährung gehörte durchaus das Fleisch von Schweinen, Hunden, Geflügel *(Gallus gallus)* und Wildvögeln wie der *upu*, also der tahitianischen Fruchttaube *(Ptilinopus purpuratus)*, deren Ruf ebenso

Wildgeflügel *(Gallus gallus)* aus Südostasien wurde ein wichtiges Haustier der Polynesier. Sie nannten es *moa*.

klingt wie ihr tahitianischer Name. Die polynesische Ratte *(Rattus exulans)* galt als Delikatesse. Dieses zierliche Nagetier lebt vorwiegend vegetarisch, und sein Fleisch schmeckt deshalb angenehm mild und süßlich. Auch Hundefleisch war gut genießbar, denn die Tahitianer fütterten die Tiere mit Schalen von Wurzelgemüsen und Kokosnüssen; fraglos wurden Hunde weniger als Jagdbegleiter, sondern eher als nahrhafte und wohlschmeckende Ergänzung des Speiseplans gehalten.

Jede Familie besaß ihren eigenen Erdofen, den *umu*. Diese Öfen haben die Jahrhunderte als Erdvertiefungen überdauert und geben den Archäologen faszinierende Hinweise auf die einstigen Benutzer. Je mehr Öfen an einem Ort zusammenstehen, desto größer war die Siedlung. Jede Grube war – bei einem Durchmesser von anderthalb bis zwei Meter – etwa einen halben Meter tief. Darin wurden Feuerholz und Steine aufgeschichtet. Das Holz ließ man niederbrennen, und die Lebensmittel legte man dann auf den warmen Grund, geschützt durch eine Lage frischer Blätter. Fisch und Fleisch wurden in eigene große Blätter eingewickelt, um den Saft zu erhalten und den Geschmack nicht zu vermengen. Den Tierkörper füllte man mit heißen Steinen, damit das Fleisch ganz durchgarte. Dieser einfache, aber praktische Ofen wird noch heute in Polynesien verwendet.

Keine Beschreibung tahitianischer Eß- und Lebensgewohnheiten wäre vollständig ohne gebührende Ehrung der schlichten Kokosnuß. Es ist kaum vorstellbar, wie die Insulaner ohne diesen unverwüstlichen Begleiter überlebt hätten. Von all ihren Pflanzen war sie die vielseitigste und hatte die Polynesier auf ihrer langen Reise durch die pazifische Inselwelt auch am weitesten begleitet. Mit dem Holz der Palme baute man Häuser und Zäune; die robusten, praktisch geformten Blätter waren ideal zum Dachdecken und zum Flechten von Körben und Vorhängen; die Fasern der Außenhaut ließen sich zu Fäden und Seilen verknüpfen, die man für den Bootsbau nutzte oder auch für die Fertigung von Sandalen, die den scharfkantigen Korallenbänken standhielten. Die harten Schalen fanden Verwendung als Gefäße sowie – geschwärzt und mit Wasser gefüllt – als Spiegel. Die Kokosmilch bot ein erfrischendes Getränk; das Fleisch konnte man roh, gekocht oder püriert essen; und das gepreßte Öl verarbeitete man zu Salben und Lotionen. Sechzehn Arten von Kokospalmen kultivierten die Tahitianer und benannten jede nach ihrer wichtigsten Funktion. Das Bild von Kokospalmen um eine blaue Lagune verkörpert heute das Südseeparadies. Keine Pflanze wäre dazu geeigneter.

Wenn die Sonne am frühen Nachmittag langsam sinkt, ist die Luft auf Tahiti heiß und schwül. Wer heute in einem Büro in Papeete arbeitet, dehnt seine Mittagspause so lange wie möglich aus; selbst mit Klimaanlagen ist der Nachmittag ziemlich unproduktiv, besonders nach einem reichhaltigen französischen Essen. Das muß bei den alten Tahitianern ähnlich gewesen sein. *Avatea* nannten sie den Vormittag, *ahi'ahi* den frühen Nachmittag, an dem die Hitze immer noch zunahm. Gegen drei oder vier Uhr, wenn die höchsten Temperaturen erreicht waren, wurde das Arbeiten schlicht unmöglich – die richtige Zeit zum Essen, Trinken und Ausruhen. Die Frauen hatten den Tag über Wurzeln geschält, Fisch eingelegt und die Öfen gefüllt und waren nun unter sich, während ihre Männer ein Verdauungsschläfchen hielten. Man saß im Schatten und erzählte, flocht nebenbei vielleicht einen Korb oder hatte eine Handarbeit im Schoß.

In ganz Polynesien ist Flechtwerk das gebräuchlichste Gewebe. Das reichhaltige Angebot an faserigen Pflanzen bot einen unerschöpflichen Strom an Material, um Körbe, Matten, Vorhänge, Bettzeug, Segel, Fischnetze und andere nützliche Dinge zu flechten. Vor allem die Blätter der Pandanen und Kokospalmen fanden hierzu Verwendung. Bambusstengel, Pfeilwurz, Gräser und Farne haben unterschiedliche Faserstrukturen, die sich jeweils für besondere Anforderungen eigneten. Es ist faszinierend, eine moderne tahitianische Frau – gekleidet nach westlicher Art – dabei zu beobachten, wie geschickt sie aus wenigen Pandanenblättern einen Korb oder Strohhut flicht; in Minuten ist das Kunstwerk fertig. Im Zeitalter der Plastiktüte überrascht es schon, wie wenige Tahitianer diese Fertigkeit verlernt haben.

Das meiste Flechtwerk war solide, oft kunstvoll, verarbeitet, und die besten Stücke waren so begehrt, daß man sie als kostbares Geschenk oder als Zahlungsmittel verwendete. Besonders schätzte man Kleidungsstücke aus dünnen, gebleichten Streifen der inneren Rinde der Hibiskuspflanze. Sie waren fest, trotzdem leicht und sehr elegant. Weil man aber Monate für die Herstellung brauchte, war derlei Kleidung eher den Häuptlingen und Ältesten vorbehalten.

Die ersten polynesischen Siedler auf Tahiti scherten sich vermutlich wenig um modische Eleganz. Einige *ti*-Blätter und etwas Pandanengeflecht hielten Sonne und Regen ab und wahrten den notwendigen Anstand. Entgegen der gängigen Ansicht liefen die Tahitianer nicht nackt über ihre Insel; lange bevor die Europäer der Insel ihre Kulturwerte aufzwangen, war es dort üblich, wenigstens die Lenden zu bedecken. Selbst die Teilnehmer der Cook-Expedition waren sich nicht einig, ob die tahitianischen Frauen ihre Brüste regelmäßig verhüllten. Banks – nach allem, was wir wissen, ein Frauenkenner – stellte jedenfalls fest, daß sie bei Sonnenuntergang „ihre Körper bis zum Nabel entblößten“.

Die Tahitianer kannten weder Baumwolle noch Leinen; auch fehlten ihnen Wild- oder Haustiere, deren Wolle oder Leder sie hätten nutzen können. Ihre Kleidung fertigten sie aus Rindenbaststoff, dem *tapa*. Die Grundlage dieses Baststoffes stammte aus der weichen Innenrinde mehrerer Baumarten, vor allem dem Papiermaulbeerbaum *aute (Broussonetia papyrifera)*, dem Brotfrucht- und dem Feigenbaum. Die *aute*-Bäume kultivierten sie in Anpflanzungen nahe der Siedlung, um rasch auf diesen so wichtigen Rohstoff zugreifen zu können. Ständig hörte man irgendwo im Dorf das gleichmäßig hämmernde „Tok, tok“, wenn die Frauen mit hölzernen Schlegeln die feuchten Rindenstreifen auf Brettern zu einem weichen Stoff zusammenklopften. In der Sonne gebleicht oder mit Pflanzenpigmenten gefärbt, wurde der Rindenbast dann zu Kleidung, Bettzeug oder dekorativen Vorhängen verarbeitet.

Am späten Nachmittag beginnt sich das Leben auf Tahiti wieder zu regen. Die Hitze des Tages ist abgeflaut, und jeder möchte sein Tagwerk vollenden, bevor der *ahi'ahi* sich endgültig verabschiedet und die Nacht hereinbricht. Wer gerade seine Siesta beendet hat, nimmt vielleicht noch ein Bad, um frisch und sauber in den Abend zu gehen. Junge und Alte besuchen nun Freunde, spielen zusammen oder genießen Sex mit ihrem Partner. Die frühen Tahitianer sahen ihre Sexualität unverkrampft, und das ist bei vielen ihrer Nachkommen auch heute noch so. Dieser Ruf stammt aus der Zeit, in der die tahitianischen Frauen großzügig ihre Körper mit den reisemüden Seefahrern teilten. Für sie war es einfach eine natürliche

Art zu leben. Wie einer von Cooks jüngeren Mitreisenden romantisch-umständlich anmerkte: „Nach ihren Mahlzeiten nehmen sie ihre häuslichen Vergnügungen auf, während derer das Feuer gegenseitiger Zuneigung in den Herzen lodert und die nachwachsende Generation mit neuen und zarten Banden vereint."

Irgendwann ziehen dann im Westen die Wolken der Nacht über die Silhouette des fernen Moorea auf. Tahitianer fürchten das Dunkel. Manche versammeln sich in den Häusern, um zu reden oder zu musizieren, andere gehen zu Bett. *Ao* heißt der Teil des Tages, der von der Sonne erhellt wird; *po* heißt die Nacht. Während der Dunkelheit bleiben die Menschen in ihren Häusern, und in der Welt draußen herrschen die Geister. Im alten Tahiti gehörte der Tag den Menschen, die Nacht ihren Göttern.

# 2

# Aufstieg und Fall des Edlen Wilden

Die Polynesier betrachteten Götter und Geister als ihre Vorfahren. Natürliche und übernatürliche Welt wollten sie nicht klar unterscheiden. Ihre Götter hatten das Universum und alles, was darin war, geschaffen, und deshalb gehörten Mensch und Natur untrennbar zusammen. Land und Wasser, Sonne und Himmel, Pflanzen und Tiere waren alle Teil dieses gemeinsamen Erbes, zu dem sie sich und ihre Ahnen zugehörig fühlten.

Geister und Menschen waren also Mitglieder derselben Gesellschaft; sie hatten dieselben Wünsche, Beweggründe und Bedürfnisse. Was die Geister von den Menschen abhob, war, daß sie in veränderlicher Gestalt auftraten, mobiler und gewiß mächtiger als Menschen waren. Das machte sie heilig, und ebenso alles, was mit ihnen irgendwie verbunden war. Und weil Geister und Menschen dieselbe Erde bewohnten, gab es dort einige Tabu-Zonen.

„Tabu" kommt aus dem Polynesischen: Als *tapu* oder ähnliches Wort kommt es in jeder der vielen polynesischen Sprachen vor. Die genaue Bedeutung mag dabei über die pazifischen Inseln variieren, aber im Kern schwingt überall dasselbe Verständnis mit: es schränkt ein, ist nur Eingeweihten zugänglich und sehr oft auch diesen verboten, es bedeutet Unantastbarkeit und zugleich Hochachtung. Häuptlinge standen den Geistern der Ahnen am nächsten und wurden häufig mit einer fast mythischen Ehrerbietung umgeben. Als Privileg durften sie bestimmte Dinge als *tapu* erklären. Oft mißbrauchten sie diese Macht zu ihrem persönlichen Vorteil. Hierin unterscheiden sich die Mächtigen im alten Tahiti keinen Deut von den Einflußreichen auf der ganzen Welt. Tabus hatten vor allem aber eine wichtige praktische Funktion: Sie stellten wichtige Ressourcen und Nutzungsareale des Lebens zeitweise unter Schutz, wie Wälder, Ackerland, Wasser, Fischgründe und Früchte. Diese Selbstbeschränkung bewahrte die natürlichen Grundlagen ihrer Welt, zu der sie und ihre Ahnen ja auch gehörten. *Tapu* gab es in verschiedenen

Der „Krönungsstein" im geheimnisvollen *marae* von Taputapuatea auf der heiligen Insel Raiatea – uralte Stätte geheimer Rituale.

Graden, aber alle verlangten strikte Einhaltung; bei Übertretungen drohten Strafen durch die Geister oder durch die Sippe. Auf diese Weise lenkten die Geister der Ahnen über ihre irdischen Nachkommen die Nutzung der Natur. Dieser spirituellen Vorgabe folgte jeder Polynesier von seiner Geburt bis zum Tod.

Für unser Häuflein der Siedlerpioniere, die sich auf Tahiti oder seinen Nachbarinseln niederließen, muß die Geburt des ersten Kindes in der neuen Heimat ein historischer Wendepunkt gewesen sein. Der Zuwachs stand symbolisch für ihr Ziel, für das sie solch eine lange und gefährliche Reise auf sich genommen hatten. Im nahe gelegenen Wald waren die Sprößlinge der Brotfrucht, die sie nach ihrer Ankunft gepflanzt hatten, schon gut angegangen. In wenigen Jahren würden sie erste Früchte tragen. Ein einzelner Baum bringt während der Lebensspanne eines Menschen genug hervor, um diesen Menschen zu ernähren.

Nach einigen Generationen war die Kolonie bereits ordentlich angewachsen. Überall auf der Insel, wo es Süßwasser, fruchtbaren Boden und Zugang zu einer

*Oben:* Bis zu 150 schwere Früchte bringt ein Brotfruchtbaum jedes Jahr hervor; gegrillt oder gedünstet sind sie noch heute ein wichtiger und wohlschmeckender Bestandteil der polynesischen Ernährung. *Links:* Das Dorf von Matavie, Zeichnung aus dem 18. Jahrhundert.

Lagune gab, entstanden kleine Dörfer. Familien oder Sippen erklärten dieses Land zu ihrem Besitz; oft gehörten dazu auch Teile des bergigen Landesinneren. Schon damals war vor allem der Küstenstreifen besiedelt, wo sich süßes und salziges Wasser trafen. Hier konnten die Polynesier fischen und mit ihren Kanus auch die schwer zugänglichen Teile der Insel ansegeln. Entlang der Küste wuchsen viele der Bäume, die ihnen Holz und Blätter zum Bauen sowie Früchte und Nüsse lieferten. Als die Bevölkerung weiterwuchs, wurden die begehrten Ländereien um die Lagune der Oberschicht reserviert, und die gewöhnlichen Sterblichen zogen landeinwärts an die ungünstigeren Hänge beiderseits der Flußtäler. Der Zugang zur fischreichen Lagune wurde von denjenigen kontrolliert, die aufgrund ihrer Abkunft oder persönlichen Autorität die Nutzungsrechte beansprucht hatten. Als Gegenleistung für die Erlaubnis, in diesem einst kommunalen Eigentum zu fischen, verlangte der Besitzer Geschenke, Arbeitsleistung oder einfach einen gehörigen Teil des Ertrages. Sehr bald standen alle Ressourcen der Insel, natürlich oder Menschenwerk, unter der Kontrolle einer kleinen Oberschicht der Gesellschaft. Deren Autorität war gewöhnlich ererbt, aber sie konnte auch durch Durchsetzungskraft oder Gewalt gewonnen werden. War die Macht erst einmal errungen, wurde sie vom neuen Mächtigen rasch durch entsprechende Tabus gesichert.

Die größten Vorrechte genossen die Häuptlinge höheren Ranges, die *ari'i*. Ihre Machtfülle war beträchtlich; niemand durfte sich mit bedecktem Oberkörper seinem Häuptling nähern. Betrat der Häuptling das Haus eines seiner Untertanen, wurde dieses als *tapu* erklärt und danach niedergebrannt. Außerdem forderte er Tributzahlungen, meist in Form von Lebensmitteln, Rindenbast oder Fertigwaren wie fein gewobene Matten oder Kleidung. Auch die unmittelbare Familie des Häuptlings bildete eine Aristokratie, die sich vom niederen Volk abhob. Sie wahrte diesen Status sorgsam, und Heiraten aus dem Kreis heraus war streng verboten. Manche Häuptlinge mußten deshalb zwei oder drei Frauen unterhalten, um sicherzustellen, daß ihre adelige Erblinie fortgesetzt wurde.

Niedrigere Häuptlinge und Großgrundbesitzer bildeten eine eigene Kaste, die *ra'atira*. Sie hatten zwar weniger Privilegien, genossen aber eine Sonderstellung in der tahitianischen Gesellschaft, die auch ihnen ein angenehmes, meist arbeitsfreies Leben ermöglichte. Das Arbeiten war Sache der *manahune*, der Hörigen- oder Sklavenschicht. Alles andere als demokratisch, war die tahitianische Gesellschaft ein feudales Klassensystem, das den Mißbrauch genauso einlud wie sein mittelalterliches Gegenstück in Europa. Daß es trotzdem funktionierte, lag einfach daran, daß Tahiti – wie alle anderen polynesischen Inseln – relativ klein war. Mehrere Häuptlinge herrschten auf der Insel, und jeder konnte sein kleines Königreich zu Fuß in einem Tag durchwandern. Die wenigen tausend Untertanen waren alle miteinander verwandt, manchmal sogar mit dem Häuptling selbst. Er kannte jede Familie und sorgte dafür, daß ihre Kümmernisse Gehör fanden und gerecht beurteilt wurden. Schließlich lag es in seinem eigenen Interesse, daß die Untertanen zufrieden waren: Jeder Häuptling hatte die Würde seines Amtes und seiner göttlichen Abstammung auch in den Augen des Volkes zu wahren, denn der Zorn der Ahnen bedrohte ihn ebenso wie seine Gefolgschaft.

Die Kaste der Hörigen, die *manahune*, war damit zufrieden, ihre Führer mit Arbeit und Brot zu unterhalten. Für eine Gesellschaft, die mit natürlichen Gütern so reich gesegnet war, hielt sich die Belastung durch die Abgaben in erträglichen Grenzen. Neid und Eifersucht waren der tahitianischen Lebensweise fremd. Die Lehnstreue zu den Häuptlingen erschien ebenso natürlich wie die Achtung der Vorfahren, die vor langer Zeit dieses strenge hierarchische und dem Gemeinwohl verpflichtende System verfügt hatten.

Die Gesetze Tahitis waren – wie in ganz Polynesien – einfach und wirkungsvoll. Es gab keine formalen niedergeschriebenen Rechtsnormen, sondern ein ausgeprägtes Gefühl für „richtig" und „falsch". Wer ein *tapu* übertrat, wurde von Priestern oder

Häuptlingen gemaßregelt, und die ganze Familie teilte die Schmach. Körperliche Strafen oder gar das Todesurteil waren nur ein Teil des Systems, die öffentliche Schande war mitunter Strafe genug. Die Angst vor den Folgen hielt die Menschen davon ab, ein Tabu zu brechen und leitete ihr Handeln.

Solche Tabus wurden vermutlich seit den grauen Anfängen polynesischen Siedelns von einer Generation auf die nächste weitergereicht. Damals, bevor die ersten Polynesier die urtümliche Landschaft genügend kolonisiert hatten, muß das Leben hart gewesen sein. Als die ersten Europäer Jahrhunderte später nach Tahiti kamen, schienen die meisten Insulaner mit ihrem Dasein zufrieden und rührend um ihre Freunde und Angehörigen bemüht zu sein. Ein Tahitianer teilte gern mit einem Hungrigen; diese Großzügigkeit findet man noch heute überall in Polynesien. Eine direkte Gegenleistung erwartet der Spender nicht, nur die Gewißheit, daß ihm gegebenenfalls ebenso freigiebig geholfen wird. Die ganze Gesellschaft wurde von einem solchen System indirekter Verpflichtungen zusammengehalten. Niemand hielt sich für den dauerhaften Eigentümer irgendeiner Sache; Privatbesitz war schlicht ein überflüssiges Konzept. Brauchte ein Mann ein Boot, dann nahm er das nächste, das frei war, und jeder fand das in Ordnung. Dasselbe galt, wenn er die Frau oder Tochter eines Nachbarn begehrte; ebenso konnte der Nachbar sich mit der Frau seines Freundes vergnügen. Die Europäer standen fassungslos vor solch einer Lebensart. Sie trafen auf ein Volk, das losgelöst von materiellen Zwängen in völliger Unbefangenheit in den Tag lebte. Das brachte die Bewohner des alten Europa in einen moralischen Zwiespalt: Wie sollten sie selbst sich verhalten, da nun erwiesen war, daß es den „Edlen Wilden" tatsächlich gab?

Besonders verwirrte die europäischen Gemüter die Einstellung der Tahitianer zu Religion, Leben und Tod. Vielleicht lag es an ihrer Voreingenommenheit, daß die frühen Berichte über die polynesische Religion recht verschwommen sind. Fest steht, daß alle Bewohner der pazifischen Inseln an Te Atua, eine höhere Gemeinschaft der Götter, glaubten. Geringere Götter waren eher wie Volkshelden, die schützend und strafend über bestimmte Lebensbereiche wachten. Ta'aroa war der Meeresgott, Rongo der Gott des Gartenbaus, Oro der Kriegsgott und Tane der Gott der Liebe und Fruchtbarkeit. Weiter unten in der göttlichen Rangordnung gab es eine Vielzahl lokaler Götter mit besonderen Kräften, die für das Wohl der Gemeinschaft sorgten.

Die Geister traten mit den Sterblichen über alle möglichen Kanäle in Verbindung. Beliebt waren Bäume – vor allem heilige Bäume wie *miro (Thespesia populnea), aito (Casuarina equisetifolia)* und *ati (Calophyllum inophyllum),* die meist in der Nähe heiliger Stätten gepflanzt wurden, wo man das Rauschen der Blätter als Anwesenheit der Geister deutete.

Noch häufiger kommunizierten Menschen und Geister über kleine Tiki-Figuren, auf Tahiti *ti'i* genannt. Wer die Dienste eines Geistes benötigte, schnitzte sich ein menschenähnliches Bild in Holz oder Stein oder gab eine solche Arbeit in Auftrag. Zusammen mit kleinen Opfergaben und inständigen Bitten wurde der Geist dann überredet, in die Figur einzuziehen und dort mehr oder weniger dauerhaft zu bleiben, um Mensch und Besitz vor bösen Mächten zu schützen und gelegentlich mit einem rächenden Zauber auszuhelfen, wenn man sich von einem Mitbürger ungerecht behandelt fühlte. Solche Schnitzfiguren standen in den meisten Häusern und boten Schutz für die Bewohner, während sie ihrem Tagwerk nachgingen. Man betete sie nicht an, sondern ließ sie einfach als häusliche Glücksbringer wirken.

Die Skulpturen, in denen die wichtigsten Götter wohnten, hießen *to'o.* Sie waren recht grob gearbeitet und größer als normale Tikis, bestanden manchmal auch aus geflochtenen Kokosfasern und waren eigentlich als „Behältnisse" gedacht, in denen ein Gott zeitweise einziehen und dort befragt und verehrt werden konnte. Rote und gelbe Federn verzierten das Bildnis. Solche Federn schätzte man in ganz Polynesien; in Tahiti stammten sie von verschiedenen Papageienarten. Das Männchen des heute ausgestorbenen Braunkopfsittichs *(Cyanoramphus ulietanus)* hatte eine gelbe Brust, und beide Geschlechter zierte ein leuchtend roter Bürzel. Damals lebte auf Tahiti auch der Rubinlori *(Vini kuhlii),* der heute nur noch auf den Austral-Inseln weit im Süden von Tahiti vorkommt. Auch sein Gefieder leuchtet in strahlendem Rot.

Als die europäischen Entdecker auf Tahiti landeten, wurden sie Zeugen religiöser Zeremonien, bei denen die höchsten Häuptlinge lange Federgürtel als Zeichen ihrer göttlichen Abstammung trugen. Diese Gürtel bestanden aus verstärktem Rindenbast, in den man zahllose bunte, meist rote Federn gesteckt hatte. Manche erreichten eine Länge von über sieben Metern und enthielten die Federn etlicher tausend Papageien – kein Wunder also, daß der Vogel gegen Ende des 18. Jahrhunderts auf Tahiti ausgestorben war. Findige Europäer entdeckten schnell den Wert roter Federn für die Tahitianer und sammelten sie auf anderen Inseln, um sie gegen Waren und Gefälligkeiten einzutauschen.

Die *to'o,* ebenfalls federverziert, wurden die zentralen Kultobjekte, wenn die Tahitianer religiöse Feiern in ihren heiligsten Stätten abhielten – den *marae.* Diese geweihten Orte waren der Stolz der Insulaner, ein Ausdruck ihrer kulturellen und religiösen Errungenschaften, und in den Tempeln boten sie den Göttern ihre Gaben dar. Der Gott Ta'aroa, wie Tangaroa auf Tahiti genannt wurde, hatte das Universum geschaffen, aber bevor Götter, Geister und Menschen dort einzogen, herrschte Chaos und Dunkelheit. Der Himmel wurde von der Erde getrennt und die Sonne auf ihre tägliche Bahn um das Firmament geschickt – so entstanden die beiden Welten *po* und *ao.* Es fehlten nun noch die Verbindungen zwischen den Sphären der Geister und der Menschen. Hierzu schuf man Plätze, an denen Götter und Menschen in würdiger Umgebung zusammentreffen konnten.

Heute sind die *marae* Tahitis und seiner Nachbarinseln die dauerhaftesten Monumente, die sich aus voreuropäischer Zeit in die Moderne hinübergerettet haben. Sie bezeugen eine außergewöhnliche religiöse Kultur, die sich über Jahrhunderte mitten im Pazifik entwickelte. Mit der rasch einsetzenden christlichen Missionierung wurden die eingeborenen Religionen jedoch bald völlig verdrängt, und auch die *marae* verfielen nach und nach. Erst in den 50er Jahren begannen Archäologen systematisch, einige der alten Stätten auszugraben und wiederherzustellen. Manche gehen vielleicht bis ins 8. Jahrhundert zurück, aber die meisten wurden zur Blüte der tahitianischen Kultur erbaut, die etwa um 1200 begann und noch andauerte, als die ersten Europäer gegen Ende des 18. Jahrhunderts auf die Insel stießen.

Zahlreiche *marae*-Ruinen hat man in ganz Ostpolynesien unter der wuchernden tropischen Vegetation entdeckt. Dies mag uns eine Vorstellung vermitteln, wie stark das Leben der Ureinwohner von dem alles umfassenden politischen und religiösen System bestimmt wurde, das sich auf die *marae* konzentrierte. Wer heute durch die Palmenhaine geht, in deren Schatten die zerstörten *marae* ruhen, wird unwillkürlich von der Atmosphäre erfaßt, die diese Orte durchdringt. Viele Tahitianer meiden diese Stellen; seit dem Einzug des Christentums fürchten sie sich vor den Folgen. Hier überdauert *po,* hier lauern Dämonen und der Antichrist. Und tatsächlich scheint uns heute vieles von dem, was sich in den *marae* des alten Tahiti abspielte, bizarr und kulturlos.

Viele *marae* waren kleine, versteckte Areale, in denen eine Familie den Göttern huldigte. Hier versammelten sich die Gläubigen, ihre *ti'i* in den Händen, um mit den Lieblingsgeistern zu verkehren und den höheren Göttern durch Geschenke ihre Dankbarkeit kundzutun. Erschien dann ein Reiher oder Eisvogel, war man sich der Gegenwart der Geister sicher. An einem Ende des *marae* diente eine steinerne Plattform, die *ahu,* ausschließlich als Ruheplatz der Geister und Götter. Hierauf legte man nicht, wie auf einen Altar, seine Gaben; hierhin richteten sich nur die Gebete an die herbeigerufenen Götter.

Manchmal bestand die *ahu* aus nur wenigen angehäuften Steinblöcken. Aufwendigere *marae* beherbergten eine *ahu,* in der sich behauene Stein- und Korallenplatten zu einer mehrgeschossigen Plattform türmten. Die größte war die mächtige Pyramide des Mahaiatea-*marae* in Papara auf Tahiti. Auf der 85 Meter langen und 26 Meter breiten Grundplatte stiegen zehn Stufen auf eine Höhe von 15 Metern über den eigentlichen *marae.* Dieser bemerkenswerte Bau wurde 1767 auf Geheiß eines einflußreichen weiblichen Häuptlings namens Purea errichtet. Captain Cooks Besatzung bestaunte noch das Bauwerk ebenso wie nachfolgende Südseereisende, bevor es dem christlichen Missionseifer zum Opfer fiel. Derart aufwendige *marae* mit pyramidenförmigen *ahu* waren allerdings selten und entstanden vermutlich erst im 18. Jahrhundert. Ihre Größe und extravagante Gestaltung spiegelten die Stellung der Erbauer in der tahitianischen Hierarchie; je größer

Der Mahaiatea-*marae* von Papara – der größte, der je auf Tahiti gebaut wurde; nach dem 1797 entstandenen Originalentwurf von James Wilson gezeichnet.

und kunstvoller das Gebilde, desto mächtiger und einflußreicher die Gesellschaft, die es in Auftrag gegeben hatte. Die *marae,* die man den europäischen Gästen stolz präsentierte, waren aus eher bescheidenen Anfängen entstanden.

Das Gelände eines *marae* war gewöhnlich ein langgestrecktes Rechteck, an dessen einer Kopfseite die *ahu* leicht erhöht stand. Nicht weit davon fand sich das *ava'a,* das „Bett der Götter" – eine steinerne Plattform, auf die man die *ti'i* und *to'o* legte, über die die Geister und Götter in den *marae* einziehen sollten. Auf dem gepflasterten Hof standen senkrecht in den Boden gelassene Steinplatten. Mit ihrer Stirnseite zeigten sie in Richtung der *ahu* und dienten als Sitzlehne für die örtliche Prominenz und vielleicht sogar für die Geister selbst. Größere *marae* enthielten auch einen Opfertisch, auf dem die Gaben für die Götter ausgebreitet wurden. Diese meist hölzernen Tische standen auf hohen, kunstvoll geschnitzten Beinen, um die Ratten von den Opfergaben fernzuhalten. Fleisch und Früchte wurden für jedermann sichtbar auf den Tisch gelegt und waren nur für den Verzehr durch die Götter bestimmt.

Viele *marae* standen im Schatten riesiger Bäume wie dem Banyanbaum *(Ficus prolixa)*. Zwischen den mächtigen Luftwurzeln ruhten oft die Schädel der ehrwürdigen Ahnen, und ihre ausladenden Äste verdunkelten den *marae*. Mit dem Rascheln der Blätter im Wind war die Atmosphäre des Übernatürlichen und Furchterregenden vollkommen, die solche Orte wohl erzeugen sollten. Das scheint ihnen auch gelungen zu sein. Wenn ein wichtiger *marae* gebaut werden sollte, änderte sich das Leben im Dorf in vieler Hinsicht. Zwei oder drei Jahre vor Beginn der Arbeiten wurde das Gelände mit Tabus belegt, u. a. um die Vorräte an Schweinen, Geflügel, Fisch und Pflanzen aufzustocken, weil sie für den Bau dieses bedeutenden Monumentes gebraucht wurden. Die Bevölkerung wurde aufgefordert, sich ernst und würdevoll zu verhalten, während der *marae* Form annahm. Männer zogen sich aus ihrem Familienleben zurück, um beim Bau mitzuhelfen. Kein anderes Lebewesen durfte die ausgewählte Stätte betreten, kein Feuer durfte am nahe gelegenen Strand entfacht werden, und das Sprechen war nur im Flüsterton erlaubt. Wer nicht direkt am Bau mitwirkte, versorgte die Handwerker mit Nahrung oder schleppte die mächtigen Steine aus den Bergen und die Korallenplatten von der Lagune. Das Unterfangen beanspruchte Körper und Seele der ganzen Gemeinde. Für diejenigen, die auf der Baustelle arbeiteten, war dies eine Ehre, die sich zu ihren Lebzeiten nicht wiederholen würde.

Für einen der Teilnehmer stand das Ende seiner Lebzeit übrigens kurz bevor. Wenn alle neuen Steine für den *marae* auf das geräumte Baugelände gebracht waren, besprengten Priester den Boden mit Meerwasser. Eine lange Steinplatte wurde von einem anderen königlichen *marae* herbeigeschafft, um als Grundstein für die neue heilige Stätte zu dienen. Zuvor jedoch mußte ein grausiges Ritual vollzogen werden. Einer der Männer wurde ausgewählt und getötet. Seine noch warme Leiche legte man in eine vorbereitete Grube, und zu den Gesängen des Hohepriesters begrub der heilige Stein den toten Mann unter sich. Der Geist des Getöteten würde den *marae* von nun an bewachen – für diese Ehre war er gestorben.

Doch abseits der düsteren Feierlichkeiten ihrer *marae* waren die Tahitianer ein lebensfrohes und gesundes Volk. Ihre göttlichen Vorfahren hatten sie in dieses Land geführt, in dem sie durch ihre Fähigkeiten im Landbau und durch schonende Nutzung der begrenzten Ressourcen ihren Garten Eden erschaffen hatten. Die Natur hatte ihre Kultur geformt. Das Leben auf einer Insel hat sichtbare Grenzen; es ist ein geschlossenes System, das untergehen muß, wenn es sich nicht selbst erhalten kann. Die tahitianische Lebensweise mag nicht vollkommen gewesen sein, aber die Insel war ein Paradies für ein Volk, das sich glücklich schätzte, in der Mitte einer endlosen Wasserwelt zu leben.

*Oben:* Die *fei*-Bananenstaude *(Musa troglodytarum)*, erkennbar an ihren aufrechten Fruchtständen, bringt nur einmal in ihrem Leben Früchte hervor; ihre Bananen waren als Luxusgut den tahitianischen Herrschern vorbehalten.
*Rechts:* Ein tahitianischer Boxkampf, beobachtet auf Cooks zweiter Reise 1778–79.

Auf Tahiti brauchte niemand Hunger zu leiden, jeder hatte ein Dach über dem Kopf, und auch Krankheit scheint sehr selten gewesen zu sein. Wie im biblischen Garten Eden wuchsen Früchte in großer Menge und zu allen Jahreszeiten, wurzelten kräftige Pflanzen im reichen Boden und zwitscherten Vögel von blütenbeladenen Bäumen. Doch anders als im biblischen Paradies gab es hier keine Schlangen. Abgesehen von den allgegenwärtigen Moskitos und anderen stechenden Insekten lebten gefährliche Tiere nur im Meer. Es scheint, als habe das ganze soziale und ökologische Gefüge es den Insulanern erspart, mehr als ein oder zwei Stunden täglich zu arbeiten. Der Rest des Tages diente dem Vergnügen.

Tahitianer verbrachten mindestens ebensoviel Zeit im Wasser wie auf dem Land. Kinder lernten eher schwimmen als laufen und wurden mit dem vielfältigen Leben in der salzigen Lagune früh vertraut gemacht. Jedes Kind konnte mit einem Kanu umgehen und kannte die Grundlagen des Segelns und die Gefahren des Meeres, die jenseits des schützenden Riffs lauerten. Sobald sie kräftig genug waren, übten sie auf einem Kanupaddel das Wellenreiten. Die Erwachsenen benutzten dazu Bretter aus dem leichten Holz der Palme oder des Hibiskus. Die ersten europäischen Besucher waren beeindruckt, wie geschickt die Eingeborenen an der Windseite Tahitis auf ihren Planken durch die Brandung kurvten; hier war die natürliche Heimat des Surfsports. Das Wellenreiten war bei Männern und Frauen gleichermaßen beliebt; Frauen zeigten sich oft sogar geschickter, wenn sie auf einem kurzen Brett stehend sich vom Wellenkamm zum Strand tragen ließen.

Auch Box- und Ringkämpfe wurden von den beiden Geschlechtern ausgetragen. Die ziemlich gewalttätigen Veranstaltungen fanden oft vor großem Publikum statt. William Bligh, Kapitän der legendären *Bounty*, besuchte mehrere solcher Kämpfe, als sein Schiff Ende 1789 vor Tahiti ankerte. In seinem Urteil war das Frauenringen viel brutaler als das der Männer und enthielt auch verstümmelnde Taktiken wie das Augenauskratzen. Nach dem Kampf umarmten sich die Gegner wie alte Freunde (was sie oft auch waren). Die Sieger wurden lärmend gefeiert und hoch geschätzt.

Weitere beliebte Sportarten waren das Steinschleudern, das Speerwerfen sowie verschiedene Ballspiele mit Kokosnüssen und luftgefüllten Schweinsblasen. Tahitianer konnten auch mit Pfeil und Bogen geschickt umgehen; allerdings nutzte man die Bögen zur Zeit der europäischen Entdeckung nicht für kriegerische Zwecke, sondern allenfalls zum Jagen. Vor allem aber war das Bogenschießen ein beliebter Freizeitspaß der höheren Kasten. Der etwa anderthalb Meter lange Bogen wurde aus dem starken, aber biegsamen Holz des *purau (Hibiscus tiliaceus)* gefertigt und mit Sehnen aus *ro'a (Pipturus argenteus)* bespannt. Die knapp einen Meter langen Bambuspfeile hatten eine harte Spitze aus dem Holz des Eisenholzbaumes *aito*. Der Schaft war nicht befiedert, weil es den Schützen weniger auf Treffsicherheit, sondern auf eine möglichst weite Entfernung ankam.

Auf einem steinernen Podest, etwa einen Meter hoch und dreieckig, nahm der Bogenschütze seine Position ein. Gestützt auf ein Knie spannte er den Bogen mit aller Kraft und ließ den Pfeil in einem Winkel losschnellen, der das Geschoß möglichst weit tragen sollte. Im Zielraum meldeten Beobachter lautstark den Erfolg oder Mißerfolg des Schützen. Meisterschützen genossen hohes Ansehen. Sehr oft baute man die steinernen Plattformen in die Nähe eines *marae*, und die Männer zielten ihre Pfeile respektvoll auf den heiligen Ort.

Am meisten aber bestaunten die Europäer die Vielfalt der tahitianischen Kanus und den geschickten Umgang damit. Vom bescheidenen Einbaum bis zum plankengefertigten seetüchtigen Doppelrumpfkanu nannte man die Boote kollektiv *va'a*, gab jedem aber einen eigenen Namen, der seinen Zweck ausdrückte. Manche *va'a* mit einfachen Auslegern dienten zum Fischfang und wurden mit Segeln oder einer Stange vorwärts bewegt; andere hatten einen Kiel und konnten hart am Wind kreuzen. Besonders bewunderten die europäischen Seefahrer, die ja selbst im Schiffswesen zu Hause waren, die tahitianischen Kriegskanus. Die größten hatten zwei Rümpfe und trugen wenigstens 40 Männer, die das Gefährt durch gleichmäßige Ruderschläge mit hoher Geschwindigkeit über die Wellen trieben. Es war ein beeindruckender Anblick.

Als Captain Cook und die anderen europäischen Abenteurer auf Tahiti stießen, befanden sich die ganzen Gesellschaftsinseln im Kriegszustand. Diese kriegerische Zeit hatte noch vor dem Kontakt mit den Europäern begonnen und dauerte auch danach weiter an. Vor dem paradiesischen Hintergrund mag uns die kämpferische Entschlossenheit, mit der eine Insel gegen die andere wütete und Verwandte sich gegenseitig abschlachteten, widersprüchlich zur tahitianischen Lebensweise scheinen. Von seinem eigenen Schiff beobachtete James Cook im April 1774, wie sich eine tahitianische Kriegsflotte zum Angriff auf das benachbarte Moorea versammelte. Er schätzte die „Armada" auf etwa 160 große Kriegskanus und 170 kleinere Boote mit insgesamt mehr als 7000 Mann Besatzung. Aus dieser Beobachtung schloß Cook auch auf die Einwohnerzahl Tahitis, die er mit über 100 000

William Hodges, Maler der britischen Admiralität, begleitete Cook auf seiner zweiten Reise; dieses Bild zeigt die eindrucksvollen Kriegskanus der Tahitianer.

angab; tatsächlich aber war es wohl knapp die Hälfte. Wie auch immer die genaue Zahl gewesen sein mag, die Insel unterhielt jedenfalls eine große Streitmacht.

Meist begannen die Seeschlachten mit einer lauten Beschimpfung des Feindes, durch die sich die Krieger in Kampfstimmung brachten. Beide Seiten ruderten aufeinander zu, stießen mit den Kanus zusammen und gingen nun Mann gegen Mann aufeinander los. Das Morden war fürchterlich. Irgendwann stand der Sieger fest und nahm Geiseln und Gefangene, unter denen viele Freunde oder gar Verwandte waren. Wer entkommen konnte, floh nach Hause, um die Wunden zu verbinden und die Toten zu begraben.

Uns scheint solche Gegnerschaft barbarisch. Für die Tahitianer aber waren Politik und Religion untrennbar verbunden, und beide hingen mit der Beschränkung des Insellebens zusammen. Man konnte den räumlichen und ökologischen Grenzen seines kleinen Landfleckens nicht entkommen, es sei denn, man eroberte die Nachbarinseln. In den Jahrhunderten vor der europäischen Entdeckung hatte jede der Gesellschaftsinseln ihre eigene Lebensart entwickelt und war stolz darauf. Verbunden durch eine gemeinsame Herkunft, bildeten sich eigene Loyalitäten, eigene Häuptlinge und eigene Götter heraus. Der Wettbewerb um kostbare Naturschätze wie Hartholz oder Meeresfrüchte mag die Kämpfe zwischen den Inseln ausgelöst haben, aber erst für die Verteidigung ihrer Götter und des Ruhmes ihrer Insel waren die Bewohner zum Blutvergießen bereit.

Tahiti war zwar die größte und bevölkerungsreichste der Gesellschaftsinseln, aber Raiatea war die heiligste. Hier wurde der Kriegsgott Oro, Sohn des großen Ta'aroa, geboren. Durch eine mächtige Priesterkaste gefördert, wuchs der Oro-Kult auf Raiatea ständig, bis am Ende des 16. Jahrhunderts Tahiti selbst unter seinen Einfluß geriet. Der großartige *marae* in Opoa im Südosten von Raiatea ist die vielleicht älteste dieser Kultstätten, die auf den Gesellschaftsinseln erhalten blieb. Man gab ihr den heiligsten aller Namen, Taputapuatea, und ihr Ruf breitete sich bis zu Inseln jenseits des Horizontes aus. Ursprünglich hatte dieser *marae* Vaerai geheißen, und archäologische Funde lassen darauf schließen, daß er gegen 1350 erbaut wurde und erst Berühmtheit erlangte, als eine Sekte namens *arioi* auf Raiatea Fuß faßte. Diese merkwürdige Bruderschaft rekrutierte ihre Mitglieder aus allen Gruppen der Gesellschaft und reiste mit einem Theaterprogramm, das vor allem durch erotisch-ausgelassene Tänze auffiel, von Insel zu Insel. Die *arioi* genossen gewisse Vorrechte, mußten sich dafür aber verpflichten, ihrem Herrscher als Krieger zu dienen und ihre Neugeborenen zu töten, um alle Energie in den Dienst ihrer Sache zu stellen. Ihr Ruf und der martialische Oro-Kult ließen Raiatea zum Mittelpunkt geistlicher und weltlicher Macht aufsteigen.

Heute hat die Insel 7000 Einwohner. Die meisten Inselbewohner leben in ihrer charmanten Bezirkshauptstadt Uturoa. In der restlichen Küstenebene Raiateas verlieren sich spärlich verstreute Kokospalmenhaine, Vanillefelder und Weiler mit vielen Kirchen der unterschiedlichsten Konfessionen. Landeinwärts thronen der zwei Millionen Jahre alte Vulkan Mount To'omoro und der heilige Gipfel des Mount Temehani. Wer mit dem Auto der Küstenstraße folgt oder mit dem Boot die Abkürzung über die Bucht von Fa'aroa nimmt, findet auf dem Weg die Ruinen von Taputapuatea. Bevor der Besucher nicht seinen Fuß auf das Tempelgelände setzt, ist von der epischen Vergangenheit dieses Ortes kaum etwas zu sehen. Kokospalmen, mit Blechstreifen gegen Ratten umgürtet, wachsen zwischen den Ruinen und halten das Sonnenlicht fern. Der Boden ist mit Löchern übersät, aus denen bei Einbruch der Dunkelheit Landkrabben aus ihren tiefen Gängen hervorkommen und den einst so imposanten *marae* nach Nahrung absuchen. In Tahiti nennt man diese Krustentiere *tupa;* früher hielt man sie für Sendboten der Geister, und keine Krabbe aus der näheren Umgebung eines *marae* wurde jemals getötet.

Die günstigste Zeit, um die mystische Kraft dieses zerstörten Tempels zu erleben, ist die Morgendämmerung. Wenn sich der tiefrote Sonnenball über den Horizont erhebt, wirft er seine langen Strahlen unter den Palmen hindurch und läßt die senkrecht ruhenden Steinplatten in feurigem Licht erglühen. Unten am Wassersaum steht ein kleiner „Steuermanns"-*marae* mit seinem eigenen *ahu,* in dem die polynesischen Seefahrer ihre Götter anbeteten. Nicht weit entfernt befindet sich auch der Havuiri-*marae,* wo die Kanus mit ihren Opfergaben landeten. Ein Stück weit landeinwärts stößt der Besucher auf einen wuchtigen, in

Die blaue Landkrabbe *(Cardisoma bircipes)* ist in den küstennahen Wäldern Südostasiens und auf den pazifischen Inseln weit verbreitet; ihre Larven werden von der Meeresströmung fortgetragen.

den Boden gerammten weißen Fels – den „Krönungsstein". Hier begrüßten Raiateas Häuptlinge ihre Ehrengäste. Unter dem Felsblock, so erzählen die Einheimischen, ruhen an jeder der vier Ecken die Gebeine eines Mannes. Gegenüber blickt man auf den großen *ahu* von Taputapuatea, der von einem mächtigen Banyanbaum überschattet wird. Einige wenige Steinplatten zeugen noch davon, daß hier einst die Würdenträger von Raiatea den Ritualen folgten.

Joseph Banks besuchte auf Cooks erster Reise nach Tahiti diesen heiligen *marae* und erzählte, wie er die Überreste eines stattlichen Keilers fand, den man dem Kriegsgott Oro geopfert hatte. Wie Cook wurde auch er Zeuge von Menschenopfern in anderen tahitianischen *marae,* aber nie erlebten sie die düstere Feierlichkeit eines Rituals in Taputapuatea. Die lebendigste Beschreibung hiervon stammt aus einer Chronik von Teuira Henry. Ihr Großvater lebte zu Beginn des

19. Jahrhunderts als Missionar auf Moorea und hinterließ Manuskripte, in denen er tahitianische Legenden und Bräuche aufgezeichnet hatte, die Jahrhunderte zurückreichten. Auch bei Teuira Henry spielt die Szene im Morgengrauen.

> *Bei Sonnenaufgang reihten sich die Kanus entlang der Tearamoa-Zufahrt in Zweiergruppen auf, ein jedes als Vertreter eines Königreiches. Langsam kamen sie näher, paddelten ohne Hast im Rhythmus der Trommeln und des Rufes der Trompetenschnecken. Zahlreiche hochrangige Besucher erschienen , sämtlich ohne Waffen, Frauen und Kinder. Die Doppelkanus wurden mittels Plankenbrücken*

*Oben:* James Cook auf einem Gemälde von Nathaniel Dance aus dem Jahr 1776; der Kapitän war nach seiner ersten Pazifikreise zum Volkshelden geworden.
*Rechts:* Captain Cook wird Zeuge eines Menschenopfers in einem tahitianischen *marae*. Ganz rechts steht der ortskundige Führer und Dolmetscher Tupaia in einer britischen Uniform.

*zusammengehalten, unter denen man die Götzenbilder, Trommeln, Muscheln und anderen Schätze für die Götter und die Menschen von Raiatea aufbewahrte. Auf einer hölzernen Plattform lagen in Reihen frisch getötete Menschenopfer, außerdem große Fische, die man vor den Nachbarinseln gefangen hatte. Die Reihen waren wie folgt angeordnet: eine menschliche Leiche, ein Thunfisch, eine Leiche, ein Hai, eine Leiche, eine Schildkröte, usw., wobei auch am entfernten Ende stets eine menschliche Leiche lag. Der König und die Priester entboten mit gemessener, tiefer Stimme Worte des Willkommens. Hiernach machte sich jeder ans Werk, um die Opfer vorzubereiten, . . .*

Ein Mensch war das kostbarste Geschenk, das man einem Gott anbieten konnte – besonders Oro, der im Krieg vermutlich ebenso schwelgte wie in Leichen. Als Opfer wählte man gewöhnlich ältere Männer, aber in Friedenszeiten stiegen die Ansprüche; dann mußte es körperlich unversehrt und ohne Wunden oder entstellende Narben sein. Der Auserwählte wurde abseits des eigentlichen *marae* getötet, seine Leiche in geflochtene Kokosblätter gewickelt und dann zum Opfertisch gebracht. In diesem Stadium nannte man das Gottesgeschenk euphemistisch den „Fisch" oder die „mannslange Banane". Vermutlich dachte man, der Kriegsgott sei eher an der Seele als am Körper des Opfers interessiert.

Das letzte Menschenopfer im *marae* von Taputapuatea wurde etwa um 1815 zelebriert. Die Fahrten von James Cook und anderen Entdeckern lagen da schon einige Jahrzehnte zurück, und im Gefolge der europäischen Pioniere zogen Glücksritter auf der Suche nach Schätzen und Missionare auf der Suche nach Seelen durch Polynesien. Nur wenige Tahitianer besuchen heute noch Taputapuatea; für sie liegt über diesem Ort ein Tabu. Solche Stätten stehen für ein Kapitel ihrer Kultur, das sich mit ihrem Wissen um die moderne Welt nicht mehr verträgt. Die europäischen Seefahrer des 18. Jahrhunderts mögen Tahiti „entdeckt" haben, aber vor allem hat Tahiti Europa „entdeckt". Die Nachricht von diesem fernen Südseehimmel auf Erden breitete sich wie ein Buschfeuer in Europa und Amerika aus. Jeder wollte mit eigenen Augen sehen, wie der „Edle Wilde" in seinem Paradies lebte. Bald aber mischte sich Abscheu in die Bewunderung derer, denen der „barbarische" Teil tahitianischen Lebens fremd blieb. Europa suchte hier ein Paradies, aber zu unvorbereitet prallten die zwei Welten aufeinander. Das sollte in beiden seine Spuren hinterlassen.

Bereits Captain Cook klagte über die enormen sozialen Veränderungen, die seine Entdeckung Tahitis auf der Insel in kürzester Zeit in Gang gesetzt hatte. „Wir verderben ihre Sitten", schrieb er in sein Tagebuch, „und verbreiten unter ihnen Begierden und Krankheiten, die sie nicht kannten und die nur dazu dienen, die stille Glückseligkeit zu zerstören, die ihnen und ihren Ahnen vergönnt war. Oft denke ich, es wäre besser für sie gewesen, wenn wir niemals dort gelandet wären." Seine Mannschaft hegte solche Zweifel nicht. Für sie war dies das ferne Land ihrer Träume. Wo sonst auf der Welt konnte man sich einen Teil des Paradieses für eine Handvoll Nägel oder einige rote Federn kaufen?

Cooks Expedition war 1769 vor allem deshalb in die Südsee geschickt worden, um dort den Lauf der Venus zu beobachten, die zu der Zeit die Achse zwischen Erde und Sonne kreuzen würde – ein Ereignis, das erst in hundert Jahren wieder erwartet wurde. Tahiti, das erst zwei Jahre zuvor von Captain Wallis entdeckt worden war, lag für die Zwecke der Sterngucker ideal. Außerdem bot dies

Für die Menschen von Raiatea ist der alte *marae* von Taputapuatea noch immer ein furchteinflößender Ort mit mystischer Kraft.

die Gelegenheit, Proben der einheimischen Flora und Fauna zu sammeln. Für Daniel Solander, Joseph Banks und die übrigen Naturforscher an Bord der *Endeavour* stellte die Begegnung mit Tahiti wichtige Fragen zur Naturgeschichte dieser abgeschiedenen Pazifikinseln. Wie hatten sich Pflanzen und Tiere in solcher Isolation entwickeln können, oder, wenn sie von entfernten Kontinenten hierher gekommen waren: auf welchem Weg und aus welcher Richtung?

Kapitän James Cook war kein ausgebildeter Wissenschaftler; seine Leidenschaft war die Erkundung der Erde und ihrer Menschen. Ihn beschäftigte vor allem die Frage nach der Herkunft der Tahitianer. Woher waren sie gekommen, und wie hatten sie die unermeßliche Weite des Pazifischen Ozeans überquert? Wann immer Cook derlei Fragen auf Tahiti stellte, erzählte ihm sein Dolmetscher Tupaia von der Insel Raiatea im Westen. Auf dieser Insel landete einst der Gott Ta'aroa mit seinem Kanu. Hier starb er, und sein Geist zog in den heiligen Berg Temehani ein, zusammen mit all den anderen Geistern der Schöpfungsgeschichte. Nicht jeder Geist schaffte es bis zu jenem himmlischen Ort; aber im alten, unschuldigen Tahiti kannte man keine Hölle. Weit, weit im Westen von Raiatea lag ein wunderbares Geisterland, wo die Luft mild war und die Wälder mit süß duftenden roten Blumen und rotgefiederten Vögeln gefüllt waren. Im Wasser tummelten sich Fische im Überfluß, und an Land gab es Nahrung für alle. Man kannte dort weder Krankheit noch Alter, und die Frauen blieben auf ewig schön. So sahen die Tahitianer das Land ihrer Vorfahren weit jenseits der untergehenden Sonne.

# 3

# *Das Tor zum Pazifik*

Seit Captain Cooks Pionierfahrt zu den Inseln des Südpazifiks haben die Gelehrten darüber gestritten, woher die Menschen gekommen waren, die dort lebten. Der Naturforscher Joseph Banks meinte das Rätsel gelöst zu haben, noch bevor sich die *Endeavour* von Neuseeland aus auf die Heimreise begab. „Wegen der großen Ähnlichkeit ihrer Sitten, der noch größeren ihrer Traditionen und der beinahe gleichlautenden Sprachen dieser Menschen (der Maori Neuseelands, A. d. Ü.) und jener auf den Südseeinseln besteht kaum ein Zweifel, daß sie ursprünglich vom selben Ort kamen; wo dieser Ort liegt, mag uns zukünftige Erfahrung lehren. Im Augenblick kann ich nur soviel sagen, daß ich fest daran glaube, ihn im Westen und keinesfalls im Osten zu finden."

Als er dies folgerte, hatte Banks die Menschen auf Tahiti und den restlichen Gesellschaftsinseln, die Bewohner der nahe gelegenen Austral-Inseln im Süden und die Maori Neuseelands kennengelernt. Auf seinen beiden nächsten Reisen stieß Cook auch auf die Osterinsel und Hawaii, die zwei verbleibenden Eckpunkte des polynesischen Dreiecks. Es ist schade für die Wissenschaft und für uns, daß Banks keine der beiden Reisen mitmachte. Hätte er es getan, wäre sein Erstaunen wohl noch gewachsen angesichts der körperlichen und kulturellen Gemeinsamkeiten dieser weit verstreuten ozeanischen Völker, die wir heute als „Polynesier" bezeichnen.

Obwohl sie von kräftiger Statur sind, haben die Polynesier ein „orientalisches" Aussehen; das gilt aber auch für viele der Ureinwohner Nord- und Südamerikas auf der anderen Seite des Pazifiks. Diese Tatsache und einige verblüffende kulturelle Ähnlichkeiten veranlaßten Thor Heyerdahl und andere zu der Vermutung, die Polynesier stammten ursprünglich aus Amerika und wären von dort in westlicher Richtung in den Pazifik vorgedrungen. Heyerdahls legendäre Floßfahrt mit der *Kon-Tiki* von der Küste Perus zu den Tuamotu-Inseln östlich von Tahiti zeigte, daß südamerikanische Indianer die Inseln Ostpolynesiens durchaus hätten erreichen können. Die Eingeborenen des amerikanischen Kontinents kamen ursprünglich zu ihrem Namen „Indianer", weil Christoph Columbus 1492, als er nach seiner Atlantiküberfahrt das erste Land erblickte, fälschlicherweise glaubte, sich in Indien zu befinden. Tatsächlich ähneln sie eher den Bewohnern Indonesiens.

Als James Cook 1768 nach Tahiti lossegelte, waren den Europäern fast alle Teile der Welt gut bekannt. Amerika war zweieinhalb Jahrhunderte lang kolonisiert worden, und nach Osten hin hatte man den Globus bis nach Australien vermessen. Nur der Pazifik blieb rätselhaft. Tausende von Inseln warteten darauf, entdeckt und kartographiert zu werden, und manch einer wähnte einen unbekannten Kontinent irgendwo im Süden. Ein ganzes Jahr segelten Cook und seine Mannschaft nach ihrem Tahiti-Aufenthalt durch den Südpazifik, und die Kartographen vermaßen Neuseeland und die Ostküste Australiens mit erstaunlicher Genauigkeit. Nachdem sie am Großen Barrier-Riff vor Australien fast auf Grund gelaufen wäre, hielt sich die *Endeavour* eng an der Küste, erreichte die Nordspitze Australiens und nahm von dort westwärts Kurs auf die relativ bekannten Gewässer der Timor- und Javasee. Im geschäftigen Handelshafen Batavia, dem heutigen Jakarta, erkrankte fast die gesamte Besatzung, die bis dahin den Strapazen der Reise standgehalten hatte, an Tropenfieber, Ruhr oder Malaria. Viele starben daran, unter anderem auch Cooks tahitianischer Führer Tupaia, der sonst wohl als erster Polynesier Europa gesehen hätte.

Von Niederländisch-Ostindien aus segelte Cook westlich über den Indischen Ozean, umschiffte Afrika am Kap der Guten Hoffnung und machte sich auf den langen, aber vertrauten Heimweg durch den Atlantik. Der Verlust guter Freunde trübte den ansonsten triumphalen Empfang der *Endeavour,* deren Reise man als Meilenstein in der Vermessung des Erdballs feierte. Nach zwei weiteren Expeditionen war Cooks Pazifik-Mission erfüllt. In kaum mehr als einem Jahrzehnt hatten die europäischen Geographen ihre Aufzeichnungen der bewohnten Welt vervollständigt. Nun richtete man alle Aufmerksamkeit auf die Geheimnisse, die sich um die Herkunft und die langen Wanderungen der eingeborenen Menschen und Tiere der gerade entdeckten Inselwelt rankten.

Die pazifische Inselwelt kann entsprechend ihrer Bevölkerungsgruppen in drei Regionen unterteilt werden: Melanesien („schwarze Inseln“) umfaßt die Inseln von Neuguinea bis Fidschi, auf denen vorwiegend dunkelhäutige Menschen leben. Mikronesien („kleine Inseln“) enthält das Archipel der Carolinen sowie unzählige winzige Inseln nördlich von Melanesien; die Einheimischen tragen hier in Wuchs und Erscheinung eher mongolide Züge. Polynesien („viele Inseln“) gewinnt seine Identität aus den erstaunlich gleichartigen sprachlichen, kulturellen und körperlichen Eigenschaften seiner verstreut lebenden Bewohner. Von den eingeborenen Hawaiianern im äußersten Norden über die Maori Neuseelands im Südwesten bis zu den Ureinwohnern der entfernten Osterinsel im Ostpazifik fühlen sich alle Polynesier trotz der europäischen Überformung derselben Kultur zugehörig. Ihr Name ist zwar griechisch, aber ihr Selbstbild erwächst aus einer gemeinsamen Geschichte, die auf dieselben Vorfahren zurückgeht und die noch heute den Geist Polynesiens prägt.

Die Fidschianer sind zwar kraushaarig und dunkelhäutiger als ihre polynesischen Nachbarn auf Tonga und Samoa, haben aber trotzdem viel mit ihnen gemeinsam.

Das polynesische Dreieck kann man sich am besten vorstellen, wenn man Rapa Nui – die Osterinsel – als Scheitelpunkt nimmt. Diese Spitze zeigt direkt in die aufgehende Sonne; sie bildet den östlichsten Vorposten der polynesischen Kultur. Hawaii im äußersten Nordwesten und Neuseeland im Südwesten sind die beiden übrigen Eckpunkte des Dreiecks. Westlich der Linie Hawaii-Neuseeland liegen die Inselregionen Mikronesiens und Melanesiens, und jenseits davon beginnen Asien und Australien. Vielleicht verstehen wir die Geschichte der Polynesier besser, wenn wir uns ihre Welt als einen mächtigen Speer vorstellen, der über dem Pazifik liegt: seine Spitze zeigt gen Osten, und sein Schaft reicht zurück bis nach Südostasien.

Für die Polynesier symbolisiert der Sonnenaufgang Leben, Hoffnung und neue Inseln, während der Sonnenuntergang Tod, die Geister der Ahnen und ihr Abstammungsgebiet verkörpert. Wenn die Vorfahren der heutigen Polynesier tatsächlich von Westen her kamen, könnten sie vom asiatischen Festland oder den vorgelagerten Inseln losgesegelt sein. Wer diese Menschen waren und wie sie das riesige polynesische Dreieck besiedelten, hat Fachleute wie Hobbyforscher schon seit jenen Tagen fasziniert, in denen Captain Cook mit seinen Berichten aus der Neuen Welt zurückgekommen war. Ihre Reiseroute, ostwärts von Insel zu Insel springend, mag etwa dieselbe gewesen sein, die auch Tiere und Pflanzen nahmen. Die Pfade des Menschen und der Natur vermischten sich, und jeder schlug Schneisen für den anderen.

Dort, wo sich die großen Archipele Melanesiens und Mikronesiens zum „Schaft" des polynesischen Speers verbinden, liegen drei Inselgruppen. Die Fidschi-Inseln an der Basis des Dreiecks gelten allgemein als östlicher Rand Melanesiens, während Samoa und Tonga zweifellos zu Polynesien gehören. Die drei Inselgruppen sind jeweils nur durch wenige hundert Kilometer voneinander getrennt – in pazifischen Maßstäben nicht mehr als ein Steinwurf. Fidschianer haben vorwiegend dunkle Haut und einige körperliche Merkmale, die sie deutlich von den Polynesiern auf Tonga und Samoa unterscheiden. Experten haben lange darüber gegrübelt, wann und warum diese scharfe Trennlinie entstanden ist.

Zur Republik Fidschi gehören mehr als 300 Inseln. Diese liegen auf demselben Breitengrad wie das 3000 Kilometer östlich gelegene Tahiti, und ebenso wie Tahiti zählen Fidschis Hauptinseln zu den hohen Inseln vulkanischen Ursprungs. Mitten in den Tropen gelegen, haben sie ein warmes Klima, das durch die Südostpassate an den windwärts gelegenen Küsten auch recht feucht ist. Die Hauptinsel Viti Levu ist im Vergleich zu den weiter östlich gelegenen Inseln deutlich größer und höher. Man braucht schon einen ganzen Tag, um sie zu umfahren, und das gebirgige Landesinnere steigt bis auf 1500 Meter an.

Mehr als eine halbe Million Menschen leben auf Viti Levu, die meisten von ihnen im Großraum der Hauptstadt Suva in der regnerischen Südostecke der Insel. Der Hafen von Suva ist ein fröhlicher Sammelplatz für Melanesier, Inder, Mikronesier, Polynesier, Chinesen und Europäer. Nur wenige Orte im Südpazifik bieten mehr ethnische Vielfalt, die sich wegen Fidschis zentraler Lage von selbst einstellt. An der trockeneren Westküste liegt der internationale Flughafen Nadi („Nandi" gesprochen), von wo aus Direktflüge nach Sydney, Auckland, Tokio, Hawaii und zu all den anderen Inselstaaten des Südpazifiks starten. Wer die lebendige Atmosphäre von Fidschis geschäftiger Hauptstadt schon einmal erlebt hat, wird verstehen, warum Viti Levu und die übrigen Inseln der Gruppe seit Tausenden von Jahren im Mittelpunkt des pazifischen Lebens stehen.

Fidschi hat drei weitere hohe Vulkaninseln: Vanua Levu, Taveuni und Kadavu. Zusammen mit Viti Levu bilden diese Inseln über 90 Prozent der Land-

masse Fidschis, die teilweise mehr als 50 Millionen Jahre alt ist. Selbst das ist in „kontinentalen" Zeiträumen nicht viel, aber immerhin älter als die meisten anderen ozeanischen Inseln, und auch die Regenwälder im Landesinnern haben eine urzeitliche Qualität. Fast die Hälfte der Landfläche ist bewaldet, und einige Baumarten wie der Dakua *(Agathis vitiensis)* sind mit Bäumen verwandt, die sich vor 200 Millionen Jahren auf Neuseeland entwickelt haben. Andere Pflanzen, wie die imposanten Palmfarne *(Cycas* spp.*)*, die über sieben Meter hoch wachsen können, stammen aus Australien, aber die meisten der 6000 Pflanzenarten auf Fidschi kommen vom asiatischen Festland. Hier auf diesem ausgedehnten Kontinent entfaltete sich der gewaltige Artenreichtum der östlichen Flora und Fauna.

Wenn man bedenkt, wie weit Fidschi von diesem natürlichen Gewächshaus der Evolution entfernt liegt, kann man über die botanische Vielfalt der Insel nur staunen. In den üppig-grünen Wäldern wachsen 300 Farnarten, von denen die stattlichen Baumfarne besonders auffallen. An jedem Baum im Regenwald hängen Orchideen und andere bunte Epiphyten. Stämme, Wurzelwerk und der Waldboden sind von einem Teppich aus Flechten, Moosen und exotischen Pilzen bedeckt. Wer von Tahiti aus nach Westen reist, stößt in Fidschi auf eine unvergleichlich buntere Pflanzenwelt. Einige Waldbäume gibt es hier wie dort. Wie in Ostpolynesien schätzt man viele Baumarten wegen der besonderen Eigenschaften ihrer Hölzer. Nokonoko *(Casuarina equisetifolia)*, auf Tahiti *aito* genannt, ist das gängige Eisenholz dieser Regionen und diente als Material für Keulen und Waffen. Dilo *(Calophyllum inophyllum)* ist ein Hartholz, das beim Häuserbauen Verwendung fand. Einige andere Arten heißen auf Fidschi *damanu;* interessanterweise gelangte dieser Name nach Tahiti, wo der Baum *tamanu* genannt wird. Der Vau (tahitianisch: *purau; Hibiscus tiliaceus*) ist der Hibiskus, der in ganz Polynesien das Material für den Rindenbaststoff liefert; Ivi *(Inocarpus fagifer)* nennen die Fidschianer die Tahiti-Kastanie *mape*. Allem Anschein nach haben die Wälder Ostpolynesiens ihren Ursprung hier auf Fidschi.

Viele weitere Arten sind endemisch, das heißt, sie kommen nur hier vor; ihre große Zahl und Vielfalt sind deutliche Anzeichen dafür, daß Fidschi schon seit sehr langer Zeit von den anderen Inseln getrennt gewesen ist. Die Pflanzen und Tiere, denen der Sprung über die weite Wasserfläche geglückt ist, waren vornehmlich

*Oben:* Beide Geschlechter der *Nephila maculata*-Spinne sind von sehr unterschiedlicher Form und Größe; hier wirbt das deutlich kleinere, rötlich gefärbte Männchen auf dem Rücken seiner Partnerin.
*Links:* Fidschianische Stabinsekten werden bis zu 30 Zentimeter lang und sind im grünen Buschwerk gut getarnt. Diese Art heißt *Hermachus appolonius.*

solche, die leichte, windgängige Samen hatten oder selbst fliegen konnten. In der feuchtheißen Isolation der Fidschi-Inseln entwickelten sie sich – manche über Jahrmillionen – ungestört vom Rest der Welt. Mehr als 3500 verschiedene Kerbtiere leben heute auf Fidschi, und die Hälfte findet man auf keiner anderen Insel. Ein endemischer Langhornkäfer *(Xixuthrus heyrovski)* gilt mit einer Körperlänge von über 15 cm als das größte Insekt der Welt. Zu weiteren Giganten der fidschianischen Tierwelt zählen Stabinsekten (*Cotylosoma* sp.), ein 30 cm langer und drei Zentimeter dicker Tausendfüßler (*Salpidobolus* sp.) und eine mehr als 15 cm lange Spinne (*Nephila* sp.) mit schwarzglänzenden Beinen. Ihr Netz ist derart groß und stabil gewebt, daß sich schon kleine Vögel darin verfangen haben. Diese Spinnengattung ist auf Neuguinea und den Solomon-Inseln recht verbreitet; dort benutzten die Einheimischen die Spinnweben als Fischnetze.

Ebenso wie Kerbtiere und Spinnen begannen auch Fidschis Vogelarten ihren langen Weg auf diesen großen Inseln im Westen. 60 Landvögel zählen heute, zusammen mit einigen Neuankömmlingen, zur einheimischen Fauna auf Fidschi. Viele sind auffällig gefärbt, und alle gehören zu Vogelfamilien aus den Tropen Südostasiens. Ihre leuchtenden Farben und kräftigen Stimmen geben dem fidschianischen Busch seinen typischen „Dschungel"-Charakter. Obwohl sie fliegen können, war die Entfernung nach Fidschi für viele asiatische Vögel zu groß, zumal die Winde meist in die Gegenrichtung bliesen. Die wenigen Vögel, die zufällig hier gelandet sind, haben sich in der Isolation zu eigenen Arten entwickelt; nicht weniger als 23 Vogelarten leben nirgendwo anders als auf Fidschi.

Herrlich anzuschauen sind besonders die Papageien und Fruchttauben. Das Rothöschen *(Charmosyma amabilis)*, das die Fidschianer *kulawai* nennen, ist ein kleiner grüner Papagei, dessen langen Schwanz eine leuchtend gelbe Spitze ziert. Die Federn der Kopfunterseite und Schenkel sind fast scharlachrot. Pfeilschnell fliegen sie in kleinen Gruppen hoch in den Wipfeln der Bergwälder auf Viti Levu, wo sie Pollen und Nektar suchen. Auffälliger und deutlich größer ist der Pompadoursittich *(Prosopeia tabuensis)*, ein stattlicher flachköpfiger Papagei mit langem Schwanz. Seine Flügel und Schwanzfedern leuchten hellgrün, Kopf und Unterseite sind rot oder rotbraun. Dieser hübsche, kräftige Vogel, der nach seinem typischen Ruf auf Fidschi *kaka* heißt, ist hier mit fünf Unterarten vertreten. Jede trägt ein leicht anderes Gefieder, und der *kaka* der Insel Kadavu wird von den Einheimischen – wohl wegen seines lebhaft roten Gefieders – besonders bewundert. Die Vorliebe für rote Federn teilen die Fidschianer offenbar mit allen anderen polynesischen Inselbewohnern. Kein Wunder also, daß *kakas* gelernt haben, sich ihres Gefieders zu wehren. In Gruppen stürzen sie sich laut krächzend auch auf den zurückhaltendsten Vogelbeobachter und ziehen sich unter empörtem, schrillem

Der Maskensittich *(Prosopeia personata)* lebt heute nur noch auf Fidschis Hauptinsel Viti Levu.

Pfeifen auf hohe Äste zurück, um von dort zu beäugen, was der Eindringling unternimmt. Leider ist dieser herrliche, charaktervolle Papagei als Käfigvogel sehr begehrt. Gegen moderne Vogeljäger mag all seine List vergebens sein.

Doch der rote Vogel Fidschis par excellence ist der *kula,* dessen Name für die Fidschianer inzwischen etwas ähnlich Wertvolles bezeichnet wie „Gold“ für uns. In Deutschland als Einsiedlerlori *(Phigys solitarius)* bekannt, ist dieser gedrungene kleine Papagei seit langem der Liebling der Einheimischen, und zwar – wen wundert's – wegen seiner tiefroten Federn, die im Lauf der Zeit als Zierde, besonders für fein gewebte Schmuckmatten, so begehrt wurden, daß man sie wie ein Zahlungsmittel eintauschte. Noch heute nennen die Fidschianer die bunten Fransen ihrer Matten *kula,* wiewohl sie meist aus Wolle und auch nicht immer rot sind.

Glücklicherweise findet der *kula* noch einige Zufluchtsorte auf der Insel. Es ist ein echtes Erlebnis, bei einer Wanderung durch den Busch einem Schwarm dieser possierlichen, schwatzhaften Papageien zu begegnen. Nomadenhaft durchsuchen sie den Urwald nach Pollen und Nektar und verschmähen auch saftige Früchte oder eine fette Raupe nicht. Mit schwirrenden Flügeln taucht eine Bande von vielleicht zehn oder zwanzig Vögeln wie aus dem Nichts auf und besetzt den nächsten lukrativen Baum. Besonders gern mögen sie den Korallenbaum *(Erythrina variegata)* mit seinen leuchtend roten Blüten. Diese Blüten sind reich an Pollen und haben am Grund Honigdrüsen, auf die sich die *kulas* mit Wonne stürzen. Dabei rupfen und schlecken sie mit ihren pinselartigen Zungen oft so ungestüm, daß der Boden unter ihnen mit abgerissenen Blütenblättern übersät ist. Dieser gesellige Vogel straft seinen deutschen Namen eindeutig Lügen, denn Einsiedler sind diese Loris wirklich nicht. Sie lieben die Gesellschaft. Kopfüber an den dünnsten Zweigen hängend, jagen sie in spielerischer Verfolgung durch das Blätterdach. Manch einer fällt beim Necken seiner Kameraden schon einmal vom Baum; andere hangeln akrobatisch an einem Fuß am Ast, während sie mit dem anderen ihrem Partner „die Hand geben“. Paare kuscheln sich aneinander und zausen sich liebevoll die flammend roten Halsfedern. Wenn der wehrlose Baum dann leergefressen ist, steigt der ganze Schwarm gleichzeitig mit Zetern und Pfeifen in die Luft und ist binnen Sekunden im dichten Laubwerk verschwunden.

Kaum weniger zauberhaft sind die Fruchttauben der Insel. Sie sind zwar nicht so akrobatisch wie die Papageien, aber ähnlich bunt und selbstbewußt. Die vielfarbige Perouse-Fruchttaube *(Ptilinopus perousii),* die die Fidschianer als *kuluvotu* kennen, trifft man überall dort, wo es wilde Feigen gibt. Oft zu hören, aber selten zu sehen, leben die Tauben weit oben im „Dachgeschoß“ des Regenwaldes. Mit kämpferischem Einsatz verteidigen sie die besten fruchttragenden Bäume gegen jede Konkurrenz, ob groß oder klein. Dieser erfolgreiche Vogel hat sich

Herrlich buntgefiederte Einsiedlerloris *(Phigys solitarius),* die auf Fidschi *kula* heißen, tun sich an Blüten des Korallenbaumes gütlich.

nicht nur auf Fidschi, sondern auch in Tonga und Samoa ausgebreitet, wo er die Feigen- und Banyanbäume ebenso gründlich aberntet.

Die auffälligste Vogelstimme der fidschianischen Urwälder stammt von der Braunschwanz-Fruchttaube *(Ducula latrans)*. Dieser große, majestätisch aussehende Vogel verkündet seine Anwesenheit mit einem Bellen, das einem Hundegebell täuschend ähnelt. Meist erklingt sein Ruf in der Nacht und hat schon manch ahnungslosem Neuling im Busch einen Schreck eingejagt. Braunschwanz-Fruchttauben sind recht schwer und stämmig und von ihren Verwandten leicht zu unterscheiden, da ihnen der fleischige Knoten an der Schnabeloberseite fehlt.

All diese Tauben haben auf Fidschi kaum natürliche Feinde zu fürchten. Einer davon ist der Fidschihabicht *(Accipiter rufitorques)*, ein kühner Jäger des Urwaldes. Eher klein gewachsen, verfolgt dieser schmucke Raubvogel seine Beute äußerst hartnäckig und scheut sich auch nicht, Tiere, die größer sind als er selbst, anzugreifen. Nach dem Fressen nimmt er oft ein Sonnenbad, entweder in den obersten Wipfeln oder auf Lichtungen. Viele Fidschianer haben diesen furchtlosen Vogel als Familientotem gewählt und behandeln ihn mit großem Respekt.

Manch kleineren, friedfertigeren Vögeln ist es dagegen weniger gut ergangen. 1883 wurde auf Fidschi der Mungo ausgesetzt, um die Ratten auf den Zuckerplantagen zu bekämpfen, und das hat von den Vögeln, die am Boden nisten, seinen Tribut gefordert. Acht Arten sind auf den beiden Hauptinseln schon jetzt ausgestorben. Auf Taveuni hingegen, berühmt als die „Garteninsel" Fidschis, gibt es keine Mungos und eine entsprechend vielfältige Vogelwelt. Taveuni liegt als drittgrößte Insel der Gruppe östlich der beiden anderen und ist zum großen Teil von einem dichten Teppich tropischen Regenwaldes eingehüllt. Viele Wasserfälle stürzen aus dem gebirgigen Inselinneren hervor, oft direkt in den Ozean. Wenngleich ein Teil des fruchtbaren Landes für den Ackerbau genutzt wird, sieht und spürt der Betrachter dennoch seine ursprüngliche Natur, die ganz anders als auf Tahiti ist. Artenarmut dort, natürliche Vielfalt hier.

Noch vor weniger als tausend Jahren tobten hier die letzten Vulkanausbrüche. Als sich Staub und Hitze gelegt hatten, konnte eine reiche Pflanzenwelt die neue Landschaft besiedeln. Wie im entfernten Tahiti läßt die Mischung aus Vulkanerde, Wärme und Regen das Leben aufblühen. Die Unterschiede zwischen beiden Inseln, die über 4000 Kilometer voneinander entfernt auf demselben Breitengrad liegen, dienen als Gradmesser ihrer jeweiligen Isolation. Je weiter östlich man sich von dem biologischen Warenhaus Südostasiens entfernt, desto ärmer wird die natürliche Flora und Fauna der pazifischen Inseln. Tahiti sieht üppig und grün aus, besitzt aber nur wenige Arten von Landtieren und -pflanzen. Im Vergleich wirkt die Insel Taveuni wie der wahre Garten Eden.

Taveuni verdient seinen Namen als „Garteninsel" Fidschis.

Als wolle sie diesen Anspruch bekräftigen, wartet Taveuni mit zwei außergewöhnlichen Vogelarten auf, die Vogelkundler aus der ganzen Welt hierher ziehen. Beide sind zahlreich vertreten, aber sehr scheu. Lamprolias *(Lamprolia victoriae)* sehen mit ihrem samtschwarzen, metallisch-blau gesprenkelten Gefieder durch und durch exotisch aus. Wenn sie im Sonnenlicht schillert, könnte man sie für einen Paradiesvogel halten. Vermutlich ist sie mit den Monarchen-Vögeln Südostasiens verwandt, aber doch so einzigartig, daß sie Fidschi seinen eigenen Zauber verleiht. Das andere Juwel von Taveuni ist die Orangetaube *(Chrysoena victor)*. Das Männchen ist so strahlend orange gefiedert, daß es fast unwirklich scheint. Manche Europäer nennen sie „Flammentaube", die Fidschianer schlicht *bune*. Wenn es die Wälder von Taveuni auf der Suche nach Früchten und Insekten durchstreift, verrät sich das Männchen durch ein einfaches, aber durchdringendes „Tok"; allerdings scheint es ein Meister im Bauchreden zu sein, denn sein Ton scheint aus ganz anderen Ecken des Waldes zurück zu tönen. Wer den Klang schnell genug verfolgen kann, wird vielleicht durch einen kurzen Blick auf diesen wunderbaren Vogel belohnt, den die Natur wohl erfunden hat, um die Einzigartigkeit Fidschis zu feiern. Diese Inselgruppe liegt nahe genug am Nabel der Evolution, um in natürlichem Reichtum zu schwelgen, aber weit genug entfernt, um ein ganz eigenes Gesicht zu besitzen.

Das moderne Fidschi ist ein derart buntes Völkergemisch, daß man schwerlich sagen kann, was für Leute hier vor den Tagen von Captain Cook gelebt haben. Damals hießen die Inseln noch „Kannibaleninseln", ein Ruf, der allem Anschein nach berechtigt war. 1840 verbrachte dort eine amerikanische Expedition unter dem eigenwilligen Leutnant Charles Wilkes drei Monate, begleitet von einem Expertenteam aus Landvermessern, Geologen, Naturforschern, Sprachkundlern und Künstlern, die die Inseln auf die Landkarten brachten. Ein steter Fluß an europäischen Reisenden wagte sich auf der Suche nach weltlichen Gütern und „heidnischen" Seelen in dieses „Land der Wilden". Mitte des 19. Jahrhunderts veröffentlichte der junge Methodistenprediger Thomas Williams in England einen aufschlußreichen Bericht über das Inselleben. Williams war mit seiner Frau ausgezogen, um die Kannibalen auf christliche Pfade zu lenken. Er bewies nicht nur gute Nerven, auch die weniger appetitlichen Seiten des Eingeborenenlebens zu beobachten und zu beschreiben, sondern zeigte zudem Einfühlungsvermögen für die Insulaner und ihre besondere Rolle im Pazifik.

„Was die Herkunft der heutigen Bewohner von Fidschi angeht", schreibt Williams, „so ist die Zeit der Besiedlung dieser Inseln recht früh anzunehmen, wahrscheinlich ebensoweit zurückliegend wie die Besiedlung des amerikanischen Kontinents." Er hebt hervor, daß sich auf Fidschi die bestimmenden Merkmale der Polynesier und Melanesier zu verbinden scheinen. „Viele von ihnen vermischen sich und begründen so den Zusammenfluß beider Rassen. Am Ostende der Gruppe herrschen die Merkmale der

Asiaten vor, verringern sich jedoch, je weiter wir uns westwärts wenden und gehen in solche über, die entschieden afrikanisch, wenngleich nicht negerartig sind. Wenn man die Tonganer ausnimmt, so gleicht der Fidschianer in seiner Körperform den Insulanern im Osten, unterscheidet sich von diesen aber in der Farbe . . . wiewohl er durch seine Sprache mit ihnen allen verbunden ist."

Reverend Williams bewunderte vor allem das acker- und gartenbauliche Geschick der Fidschianer, was sie nach seinen Worten von den Bewohnern der Nachbarinseln hervorhob. „Seite an Seite mit der wildesten Barbarei finden wir eine Hinwendung zum Ackerbau und eine treffliche Auswahl an Feldfrüchten." Yams waren seinerzeit das Grundnahrungsmittel. Dieses Knollengemüse findet im Vulkanboden und warmen Klima so ideale Bedingungen, daß, wie bei Kartoffeln, aus jedem eingesetzten Stückchen Knolle eine neue Pflanze sprießt, die ohne viel weitere Mühe reichlichen Ertrag bringt. Hunderte von Unterarten hat man von der Yamswurzel gezüchtet, deren Heimat in Südostasien liegt. In Fidschi heißt sie *uvi,* und der Jahresablauf der Fidschianer dreht sich traditionsgemäß um ihre Saat und Ernte. In der heißen und feuchten Jahreszeit wurden die Knollen in kleine Erdhügel eingegraben, auf die der Landmann zum Abschluß einmal spuckte, was Glück für eine gute Ernte bringen sollte. Eine einzige Frucht wiegt gewöhnlich fünf bis zehn Pfund; man hat aber schon Exemplare von über hundert Pfund aus der Erde geholt. Yams haben den Vorteil, daß man sie praktisch ohne Konservierung monatelang lagern kann. In diesem Teil der Welt, der von Wirbelstürmen und anschließenden Hungersnöten heimgesucht wird, hängt der Mensch vom Anbau einer solch wichtigen Knollenfrucht ab. Gleich der Brotfrucht auf Tahiti, war die Yamswurzel unentbehrlich für das Leben auf Fidschi.

Wie die Tahitianer bauten auch die Fidschianer den Taro an, das pazifische Allzweckgemüse, das hier *dalo* heißt. Jüngere archäologische Arbeiten des Museums von Fidschi haben gezeigt, daß *dalo* oft sehr intensiv und in anspruchsvollen Terrassengärten kultiviert wurde, deren Anlage zweifellos enorme Anforderungen an Arbeitsaufwand und sozialem Einvernehmen stellte. Das Land war peinlich genau gestuft und wurde von derart geschickt umgeleiteten Bergbächen bewässert, daß jedes *dalo*-Beet die gleiche Menge Wasser bekam. Wie auch auf den Inseln Melanesiens und Indonesiens wirkt diese Technik selbst in Dürrezeiten hochproduktiv. Sie nutzt das Land effizient, ohne den Boden abzutragen.

Die Fidschianer kultivierten mehr als 30 Bananensorten, neben dem Brotfruchtbaum eine der nützlichsten Nahrungspflanzen der Inseln. Auch Zuckerrohr gab es in großen Mengen, ebenso wie das heute der Fall ist. Die Stengel erreichten einen Umfang von 15 Zentimetern, und ihr Saft stillte sowohl Hunger als auch Durst. Die Pflanze jedoch, die seit Jahrhunderten das Nationalgetränk auf Fidschi liefert, ist die *kava (Piper methysticum).* Den Einheimischen als *yaqona* (gesprochen: yanggona) bekannt, stammt diese Pflanze ebenfalls aus Südostasien. Die For-

Yams-Anbau mit Grabstock. Auf den Fidschi-Inseln drehte sich der Kalender traditionell um die Pflanz- und Erntezeiten dieser unverwüstlichen und nahrhaften Knollenfrucht.

scher nehmen an, daß sie zuerst in Vanuatu angebaut wurde, von wo sie die ersten Fidschianer als kostbare Kulturpflanze in ihre neue Heimat brachten. Vor allem die Wurzel ist begehrt. Wird sie in noch grünem Zustand verwendet, heißt sie *yaqona droka*. Der fleischige Teil der Wurzel wird geraspelt und dann zu einem Mus gequetscht, was in alter Zeit wohl junge Männer und Frauen durch langandauerndes Kauen bewerkstelligten. *Yaqona madu* machte man aus Wurzeln, die gewaschen und in der Sonne getrocknet waren. Das ist auch heute der übliche Weg, und wer das ländliche Fidschi schon einmal besucht hat, wird nie den Klang vergessen, den das Stampfen der Wurzel in ausgehöhlten Holztrögen, den *tabili*, allerorten hervorruft. Das recht trockene Mus wurde anschließend mit etwas kaltem Wasser in einer speziellen Holzschüssel, der *tanoa*, verrührt und zum Schluß durch ein Sieb aus Hibiskusrinde gestrichen. Heute benutzen die Fidschianer dazu zwar Stofftücher, aber das Prinzip ist dasselbe.

Für einen Europäer sieht das Endprodukt höchst unappetitlich aus, aber die Fidschianer behandeln *yaqona* nahezu ehrfürchtig. Das lehmfarbene Getränk enthält keinen Alkohol, dafür aber leichte Narkotika aus den Pfefferwurzeln. Seine Wirkung kann von Schwindelgefühl bis zur leichten Euphorie reichen. Aber eigentlich geht es beim *yaqona*-Trinken um seine soziale Funktion. Mit Fidschianern eine Schüssel zu teilen, barfuß und mit gekreuzten Beinen auf dem Boden ihres Hauses sitzend, ist ein Zeichen ihrer Anerkennung. Mit großer Zeremonie wird die polierte Kokosnußhälfte vom Gastgeber zum Gast gereicht, und bald gewinnt die übel aussehende, seltsam schmeckende Flüssigkeit ein Fluidum des Besonderen. Das rituelle *yaqona*-Trinken haben die Fidschianer mit den Tonganern gemeinsam; dort ist es seit Jahrhunderten ein wichtiger Baustein im sozialen Gefüge der polynesischen Kultur. Der Brauch wanderte von dort nach Fidschi, wo er heute zum Alltag gehört. Wann immer es etwas Wichtiges zu besprechen gibt, sei es eine Frage des Dorflebens oder der großen Politik, ist die *yaqona*-Schüssel dabei. Die Ursprünge der Rituale verlieren sich im Nebel der Zeit, aber die geistige Kraft, die die *tanoa* umgibt, ist spürbar und sehr wirklich.

Wie viele andere Pflanzen, die Fidschi von den westlichen Inseln erreichten, breitete sich auch die *kava* in Polynesien aus. Wenngleich nicht mit derselben Ehrfurcht behandelt, gehörte sie schon zum Leben der Tahitianer, als Cook die Insel besuchte. Von den Gambier-Inseln im Osten bis Hawaii im Norden ist ihr Gebrauch dokumentiert. Sie fehlt allerdings – vielleicht wegen des Klimas – in Neuseeland und der Osterinsel, den beiden anderen Eckpunkten des Dreiecks. Doch fanden die Völker dort Pflanzen, die eine vergleichbare Wirkung hervorriefen.

Auch spirituell haben die Fidschianer eine Menge mit den Bewohnern der entfernten Inseln Polynesiens gemeinsam. Ihre alte Religion, die die Missionare zusammen mit dem Kannibalismus auslöschen wollten, verehrte eine Vielzahl von Göttern und Geistern. Zentraler Punkt ihres Glaubens war die Achtung der Ahnen, besonders derjenigen, die sich zu Lebzeiten als tapfere Krieger bewährt hatten. Jede Sippe besaß ihre eigenen Gottheiten und baute ihre eigenen Tempel, in denen sie mit den Geistern der Verstorbenen in Verbindung traten. Jeder Ahnengeist wiederum erfüllte eine bestimmte Rolle. Wer von einem berühmten Krieger abstammte, wurde in Kriegsfragen konsultiert; andere waren für Ernte, Fischfang oder den Bau von Häusern und Booten zuständig. Wie auf Tahiti spiegelten die Götter von Fidschi die Gesellschaft wider, aus der sie kamen.

*Vanua* bedeutet Land, Erde oder Ort. Für alle Fidschianer hat dieses Wort eine physische, soziale und kulturelle Dimension. Es bezeichnet nicht einfach Steine und Boden, Wasser und Urwald, sondern schließt all ihre gesellschaftlichen, kulturellen und religiösen Werte und Vorstellungen ein. Es vermittelt ein Gefühl der Identität und der Heimat, das von den Vorfahren geprägt wurde. Auf spiritueller Ebene ist die *vanua* eine Quelle von *sau. Sau* entspricht dem polynesischen *mana,* jener unsichtbaren Kraft, um das Leben zu bestehen. Für die meisten Fidschianer bedeutet die Trennung von ihrer *vanua* im Grunde den Abschied vom Leben. Dieses Gedankengut der *vanua* kam schon vor langer Zeit nach Fidschi, wahrscheinlich mit den ersten Siedlern, und die Fragen der Landnutzung haben Fidschis turbulente und oft gewalttätige Geschichte mitbestimmt.

Jene Vorfahren brachten auch das wichtige gesellschaftliche Regulativ des *tabu* mit. Dieses Wort, auf Fidschi eher *tambu* und andernorts *tapu* ausgesprochen, bedeutet hier aber fast dasselbe wie überall in Polynesien. *Vanua tabu* ist ein heiliger Ort, zum Beispiel das Grab eines Oberhäuptlings oder ein Felsen, der von Göttern und Geistern bewohnt wird. Alle Götter gehören zu der sterblichen Welt und wachen über den Lebensweg der Menschen. Nach dem Tod entschwinden die Seelen der Menschen in die Geisterwelt *bulu;* von dort wirken sie weiter auf die Geschicke derjenigen ein, die sie im Leben zurückgelassen haben. Ein Häuptling, der wegen seiner *sau* zu Lebzeiten gefürchtet war, wird auch nach seinem Tod noch respektiert werden, weil seine *sau* jetzt, da er zu den Übernatürlichen gehört, mitunter noch mächtiger geworden ist. Im traditionellen Denken der Fidschianer ergänzen und verstärken sich *sau* und *tabu* gegenseitig. Heute würde niemand mehr offen zugeben, dieser alten Religion zu folgen, aber kaum jemand würde bestreiten, daß sie immer noch einen mächtigen Einfluß auf die Geschicke der Inselgruppe ausübt.

Wenn Sie einen Fidschianer treffen, finden Sie sofort Kontakt. Von klein auf lernen diese Menschen, daß Familie und Freunde wichtiger als materielle Güter sind. Es scheint heute kaum glaublich, daß noch vor 200 Jahren Kannibalismus zum täglichen Leben gehörte. Wie im alten Tahiti erfüllten Menschenopfer eine religiöse Funktion. Ohne solche Geschenke an die Götter wurde das Land, die *vanua,* nicht fruchtbar und blieben die Menschen nicht gesund. Die großen Kriegsgötter schwelgten in solch rituellem Töten. Sie waren Kannibalen, die sich

Alle Häuser des Dorfes Navala im Hochland von Viti Levu haben die für Fidschi typisch längliche Rechteckform; weiter westlich, auf den Lau-Inseln und in Tonga sind sie meist oval – so, wie fast überall in Polynesien.

an der *sau* der Geopferten gütlich taten. Die Unglücklichen waren meist Kriegsgefangene, denen man größte Schmach zufügen konnte, wenn man ihre Ahnenreihe besudelte, und dazu aß man sie – vorzugsweise Augen und Herz – halt auf. Kunstvoll geschnitzte Gabeln mit vier Zinken dienten dazu, die Delikatessen verzehren zu können, ohne sie berühren zu müssen. Allerdings aß nicht jeder Menschenfleisch. In einigen Sippen galt ein *tabu*. Bei großen Festen war es jedoch eine willkommene Bereicherung des Speisezettels. Das Opfer wurde *bokola* genannt, und wenn ein Fidschianer heute auf jemanden richtig wütend wird, kann es vorkommen, daß er ihn mit der Bezeichnung *kaisi bokola* schwer beleidigt.

In den Bergen von Viti Levu findet man traditionelle Dörfer, die in Aussehen und Lebensart ihre Geschichte fortsetzen. Auf eine Weise, die es nur noch auf

Fidschi gibt, bestehen hier christlicher Glauben und Ahnenkult Seite an Seite. Manches Dorf hat sowohl eine Kirche als auch „Ahnenhäuser“, wo man die Geister der Vorfahren ehrt. Offenbar können die Bewohner beide Religionen problemlos verbinden. Es ist eine Stärke der fidschianischen Gesellschaft, daß überlieferte Werte und Gesetze noch immer ihren Alltag bestimmen. So ist Reinlichkeit hier ebenso wichtig wie auf Tahiti. Die Gemeinschaft pflegt ihr Dorf mit Stolz und hält es in einem Zustand, der ihren Vorfahren gefallen würde.

Feuer symbolisiert für die Fidschianer das Leben. Ein Haus ohne Rauch ist ein Haus ohne Leben. Früher kochte man in irdenen Töpfen, und für festliche Mahlzeiten wurde der *lovo,* der Erdofen, angeheizt. Die Technik entsprach fast genau dem tahitianischen *umu,* und auch die Nahrung war ähnlich – mit Schweinefleisch als besonderem Leckerbissen. Eine fidschianische Spezialität ist allerdings der Gebrauch von Keramik zum Kochen und anderen Hausarbeiten. Hier gibt es geeignete Tonerde in großen Mengen, und die Kunst des Formens und Brennens kam schon vor über 3000 Jahren mit den ersten Siedlern nach Fidschi.

Auf allen Inseln von Fidschi und Melanesien war das Töpfern bestimmten Sippen vorbehalten. Die Männer spezialisierten sich auf den Fischfang, und die Frauen stellten Tonwaren her. Die Technik hat sich seither wohl nicht verändert. Der Ton wird mit Sand zu einer Mischung geknetet, die das Schrumpfen vermeidet und die Struktur festigt. Die Werkzeuge sind einfach. Töpferscheiben waren damals und sind auch heute noch auf Fidschi unbekannt. Statt dessen benutzen die Töpfer einen großen Kiesel, um das Innere zu formen und ein hölzernes Paddel, um die Außenseite in Form zu klopfen. Mit diesen simplen Hilfsmitteln gelingt den Frauen jedoch eine bemerkenswerte Symmetrie. Der fertige Topf trocknet dann einige Tage in der Sonne, bevor er zur Aushärtung in einem offenen Steinofen gebrannt wird. Gelegentlich wird das Stück noch mit dem Gummi des Dakua-Baumes lasiert, wenn es warm aus dem Ofen kommt.

Rätselhaft ist, warum die Töpferkunst auf den nahe gelegenen Inseln von Tonga und Samoa nicht überliefert ist, obwohl es auch dort Tonerde gibt. Nach wenigen Jahrhunderten war dieses Handwerk ausgestorben. Und auch die restlichen Inseln Polynesiens scheint diese Kunst nicht erreicht zu haben. Man hat zwar Tonscherben auf den Marquesas-Inseln einige hundert Kilometer nordöstlich von Tahiti ausgegraben, aber diese stammen wohl von Töpfen, die auf Fidschi gefertigt und von den ersten Siedlern hinübergebracht wurden. Manche Inseln, wie Tahiti, haben überhaupt keinen oder keinen brauchbaren Ton, während es auf anderen, wie der Osterinsel, Hawaii oder Neuseeland, durchaus nutzbare Lagerstätten gibt, die von den Polynesiern aber nie abgebaut wurden. Wenn überhaupt, scheinen nur wenige der Töpferfamilien nach Osten gereist zu sein. Als dann auch die entferntesten Teile des Pazifiks besiedelt waren, war ihr Handwerk irgendwo auf dem Weg verlorengegangen.

Interessanterweise hat gerade die Töpferei den Archäologen die sichersten Hinweise geliefert, daß die ersten Polynesier tatsächlich aus Südostasien lossegelten. Sie erzählt ihnen auch, wann das geschah, und bestätigt, daß Fidschi ein bedeutender Etappenposten auf ihrer Wanderung in den Ostpazifik war. Man hat die Töpferfunde *Lapita* genannt, nach dem Ort in Neukaledonien, an dem die ersten Teile freigelegt wurden. Die Stücke waren eher schlecht als recht gefertigt; offenbar wurden sie aus einem mürben, roten Ton geformt, der hier und da mit Meersand vermengt war. Auffällig sind jedoch die Verzierungen. Die meisten Töpfe scheinen mit bestimmten Mustern gestempelt worden zu sein und weisen im oberen Teil und an den Rändern dekorative Einschnitte und Kerbungen auf. Es ist gut möglich, daß man hierzu Tätowiernadeln aus Tierknochen und Korallen benutzt hat. Einige wenige Stücke tragen Bilder, die man deutlich als Vogelköpfe, Schweine und menschliche Gesichter erkennen kann. Verglichen mit den heutigen, schlichten Keramiken auf Fidschi muß die *Lapita* mit ihren künstlerischen geometrischen Schmuckformen der ganze Stolz ihrer Zunft gewesen sein. Wer immer diese Leute waren, sie trugen ihr Können durch ganz Melanesien, über Fidschi bis nach Westpolynesien. Weil man ihren Weg anhand der Tonscherben nachvollziehen kann, nennt man sie in der Archäologie heute einfach die *Lapita*-Menschen. Das ist recht irreführend, bezeichnet *Lapita* doch einen Stil der Töpferkunst und nicht unbedingt die dazugehörige Kultur. Aber bis heute bleiben diese Keramiken der greifbarste Hinweis auf den Ursprung der Polynesier.

*Lapita*-Stätten hat man westlich bis zum Bismarck-Archipel in der Nähe Neuguineas gefunden. Andere bedeutende Fundstellen haben das Augenmerk der Forscher auf Neukaledonien und Vanuatu gerichtet, zwei große Inselgruppen, die auf mehr als dem halben Weg von dort nach Fidschi liegen. Mancherorts fand man Reste von Bauholz, Dachmatten, Staukammern, Brunnen, Feuerstellen und Erdöfen. Mit der Radiocarbonmethode konnte man die Ausbreitung der *Lapita*-Kultur über den Westpazifik auch zeitlich bestimmen. Die Hinweise mehren sich, daß die Vorfahren der Polynesier vor sechstausend Jahren an der Küste Südostasiens gelebt haben. Die *Lapita*-Spur reicht zwar kaum soweit zurück, aber das mag einfach daran liegen, daß dieses Handwerk erst später entwickelt wurde oder daß die Archäologen noch keine älteren Stücke gefunden haben. Die älteste dieser Stätten liegt auf den Admiralitäts-Inseln und ist rund 5000 Jahre alt. Ähnlich der *Lapita* gestaltete Tonwaren wurden auch auf den Philippinen, auf Borneo und weiteren Inseln des östlichen Indonesiens gefunden. Alles deutet auf eine West-Ost-Wanderung eines äußerst seetüchtigen Volkes, das sich und seine Kultur von Insel zu Insel bis in die Mitte des Pazifiks trug.

Nach Studium der Sprachen und Blutgruppen vermutet man, daß diese Vorfahren der Polynesier im Laufe ihrer Wanderung durch Melanesien nicht nur eine eigene Kultur entwickelten, sondern auch ihre körperlichen Wesensmerkmale

*Oben:* Diese *Lapita*-Scherben, die man auf den Santa-Cruz-Inseln 1500 Kilometer nordwestlich von Fidschi fand, sind mit einem menschlichen Gesicht und geometrischen Figuren verziert. Die Motive wurden vor dem Brennen eingedrückt, vermutlich mit einem Werkzeug, das dem weitverbreiteten Tätowiermeißel ähnelte. Vielleicht haben die geometrischen Tätowierungen auf den Marquesas und Tahiti ihren Ursprung ja in den Töpfereien dieser – viele tausend Kilometer westlich gelegenen – Kultur.
*Rechts:* Ein Ahnenbild – das fidschianische Gegenstück zum polynesischen *tiki* –, geschnitzt aus dem heiligen *vesi*-Holz *(Intsia bijuga)*.

bewahrten. Skelettreste, die man bei den *Lapita*-Töpfen und anderen Fundstücken freigelegt hat, zeigen keine typisch melanesischen Charakteristika. Diese Menschen müssen groß und kräftig, mit sehr langen Unterarmen und schlanken Händen und Füßen gewesen sein. Ihre Schädel hatten kleine Zähne, aber breite Unterkiefer mit der geschwungenen Form, die für heutige Polynesier typisch ist. Ihre große und etwas schlaksige Physis war für ein Leben auf dem Land, wie zum Beispiel in Neuguinea, wenig geeignet und entsprach eher dem Leben an der Küste kleiner Inseln; für die Anforderungen einer langen Reise war sie geradezu ideal.

Vor etwa 3300 Jahren dann schafften einige dieser Menschen den weiten Brückenschlag nach Fidschi. Als sie dort ankamen, waren die Inseln unbewohnt. Wahrscheinlich mehr als tausend Jahre lang hatten sie den fruchtbaren Boden und die fischreichen Lagunen für sich allein. Irgendwann kamen dann von den westlich gelegenen Inseln die Melanesier hinzu; vielleicht wurden sie auch als Handwerker o. ä. mitgebracht. Zweifellos gab es Auseinandersetzungen, aber es wurde auch untereinander geheiratet. Viele der polynesischen Merkmale der damaligen Fidschianer vermischten sich mit denjenigen der dunkelhäutigen Neulinge aus Melanesien. Die typische Körpergröße blieb erhalten, aber auch viele kulturelle Errungenschaften übernahmen die neuen Fidschianer von den Siedlerpionieren. Die Menschen, die heute dort leben, sind äußerlich Melanesier, gehören aber sprachlich und kulturell zu Polynesien.

Fidschis geographische Lage als Tor zum Pazifik hat die Lebensweise der Polynesier entscheidend geformt. Hier, weit weg vom asiatischen Festland, durften sie ihre eigene Kultur zur Blüte führen. Auf den vielen Inseln von Fidschi und den benachbarten Tonga- und Samoa-Gruppen entwickelten sie eine unabhängige, unverwechselbare Lebensart. Hinter ihnen im Westen lag Melanesien mit seiner enormen Vielfalt an Völkern, Tieren und Pflanzen. Vor ihnen lag der Beginn einer neuen, unerforschten Welt, in die die Polynesier vorstoßen sollten.

# 4
# *Die Wiege Polynesiens*

Keine Verbindung ist inniger als die eines polynesischen Kindes zu seiner *fenua,* seinem Land. Es wird dem Menschen Lebensraum bieten, ihn ernähren und ihn eines Tages zurückfordern. Wenn auf Tahiti ein Kind geboren wird, ist es Brauch, die Nachgeburt – die *pu fenua* – einzugraben und einen Baum an dieser Stelle zu pflanzen, damit er mit dem Kind zusammen wachsen kann. Bäume stehen für das fruchtbare Leben, aber sie werden auch von Ahnengeistern bewohnt, die auf das Leben des Kindes Einfluß nehmen. In Aotearoa, wie die Maori Neuseeland nennen, wurde die Nabelschnur, die *iho,* oft unter einen *kahikatea*-Baum gelegt, der ihnen Holz und Früchte in Fülle schenkte. Auch die Maori glauben, daß Bäume eine Seele haben. Diese respektvolle Verehrung des Waldes ist aus der gemeinsamen Tradition heraus in ganz Polynesien verbreitet. Sie steht im Mittelpunkt des Selbstverständnisses und der Kultur jenes Inselvolkes, dessen Anfänge im Westpazifik mehr als 3000 Jahre zurückreichen.

Am westlichen Saum des polynesischen Dreiecks liegen die Samoa-Inseln, ihre schroffen Klippen hoch über das Azurblau der Lagunen ragend. Südwestlich hiervon tüpfeln deutlich kleinere niedrige Inseln, das Königreich Tonga, den Ozean. Zusammen mit Fidschi, etwas weiter westlich gelegen, wurde diese Pazifikregion zur Wiege der polynesischen Welt. Hier entwickelten die ersten Polynesier eine Lebensweise, die ihre Nachfahren über die ganze weite Inselwelt im Osten verbreiten sollten. Auf ihrem Weg folgten sie den Tieren und Pflanzen, die lange vor ihnen aus den üppigen Ökosystemen Südostasiens in die Weite des Pazifiks hinausgedrängt waren.

Die einheimische Fauna und Flora von Tonga und Samoa ist mit derjenigen Fidschis verwandt. Diese Inseln bilden für Landtiere, die die pazifischen Entfernungen ohne Hilfe nicht überbrücken konnten, eine Reihe natürlicher Trittsteine. Im Vergleich zu Fidschi ist die Tier- und Pflanzenwelt auf Samoa weniger artenreich. Die Inseln sind geologisch noch jung, manche noch nicht einmal eine Million Jahre alt. Sie zeigen Spuren vulkanischer Aktivität aus neuerer Zeit, und an manchen Orten ist der Boden knapp unter der Oberfläche sogar noch warm. Samoa liegt nahe genug an den Fidschi-Inseln, um gelegentlichen Kolonisatoren einen Stützpunkt zu bieten, aber weit genug weg, um solche Ereignisse relativ selten zu halten. Das heißt, wer dort landete, hatte genügend Zeit, um seinen eigenen evolutionären Pfad zu beschreiten. Diese Mischung aus Geschichte und Geographie hat den Wäldern von Samoa ihren unverwechselbaren Charakter gegeben.

Die Inselgruppe ist heute ein geteiltes Land. Amerikanisch-Samoa besteht aus den sieben Inseln im Osten und einigen Felsbrocken im Meer. Diese Inseln waren einst genauso polynesisch wie ihre westlichen Nachbarn, aber die amerikanische Besetzung seit dem Jahr 1900 hat deutliche Spuren in der eingeborenen Kultur hinterlassen. Westsamoa konnte seine Unabhängigkeit wahren und bezeichnet sich mit Stolz und zu Recht als Geburtsstätte Polynesiens. Seine Legenden berichten sogar davon, daß die Menschen von Samoa bereits am ersten Schöpfungstag dort lebten, als der Gott Tagaloa diese Felseninseln aus dem gewaltigen Nichts emporstampfte. Wer die Hauptinseln Upolu und Savaii erkundet, findet überall Hinweise auf ihre vulkanische Entstehung, die nicht lange zurückliegt. Die Nordküste von Savaii ist mit erstarrten Lavaflüssen übersät, die aus diesem Jahrhundert stammen und auf denen sich spärliche Vegetation zu behaupten sucht. Ansonsten sind die Berge Savaiis sanft und grün. Die Südhänge sind die meiste Zeit des Jahres feucht und von einem nahezu undurchdringlichen Dschungel bedeckt. Rund um die Insel strömt Süßwasser aus dem porösen Gestein, und deshalb leben hier an den Rändern auch die meisten Menschen. Im bergigen Innern nährt der reichliche Niederschlag gewaltige Baumfarne und langsam wachsende Harthölzer, die, mit Moos und anderen tropischen Epiphyten bedeckt, diesem Wald etwas Urtümliches ver-

Vom Wind herbeigeweht, wurzeln die Sporen tropischer Farne in abgekühlter Lava auf der geologisch jungen Samoa-Insel Savaii.

leihen. Hier, ungestört von den Menschen, leben etliche von Samoas wunderbaren Tieren.

Die großen Papageien, die es auf Fidschi gibt, haben den Sprung hier herüber nie geschafft. An ihrer Stelle hat sich eine Taube zum großen Fruchtfresser dieser Inseln entwickelt. Die Zahntaube *(Didunculus strigirostris)* hat ihren wissenschaftlichen Namen von ihrem mächtigen gekrümmten Schnabel, der ihren Entdecker 1848 an den legendären Dodo erinnerte. Die Ähnlichkeiten zwischen beiden Vögeln sind keineswegs zufällig. Beide besaßen kräftige Schnäbel und waren sehr anpassungsfähig. Der Drontevogel Dodo lebte früher auf der Insel Mauritius, auf demselben tropischen Breitengrad wie Samoa, aber im Indischen Ozean liegend. Wie die Zahntaube landete er auf Inseln, die keine Raubtiere, dafür aber ein Füllhorn an Pflanzen aufwiesen, deren großkörnige Samen nur Vögel mit starken Schnäbeln knacken konnten. Die Evolution machte aus diesen Umständen eben das, was zu erwarten war: Beide Vogelarten wurden größer, entwickelten kräftige Schäbel – und verloren ihr fliegerisches Geschick.

Auf Samoa ist die Zahntaube eine Partnerschaft mit einem Baum namens *Dysoxylum* eingegangen. Dieser Waldriese bringt zähe grüne Früchte hervor, die die Taube mit den beiden Hälften ihres papageienartigen Schnabels regelrecht aufsägt. Danach zieht sie die Samen mit artistischem Geschick von Schnabel und Zunge aus der Hülle. Unverdaute Samen werden über den ganzen Wald verteilt und können so neu keimen, was den Bäumen ebenso nützt wie den Tauben. Auf Mauritius entwickelte der Dodo eine ähnliche Beziehung zu einer Waldpflanze. Der Vogel brauchte also nicht mehr zu fliegen, um Nahrung zu beschaffen, und weil es auch keine Raubtiere zu fürchten gab, verlor er mit der Zeit die Flugfähigkeit. Als hungrige Europäer auf der Insel landeten, bedeutete dieser Mangel für den Dodo das Todesurteil. Heute ist er ausgestorben. Die Zahntaube hingegen konnte noch einigermaßen fliegen, als die Polynesier mit ihren Hunden und Schweinen kamen. Als die Europäer den Vogel zum ersten Mal sahen, nistete die Taube am Boden und war, wie der Dodo, leicht von den Ratten und Hauskatzen zu fangen. Fast wäre sie deshalb dem Weg des Dodos gefolgt und konnte sich nur deshalb in unsere Zeit hinüberretten, weil einige Brutpaare sich auf die Bäume zurückgezogen hatten. Einst kurz vor dem Aussterben, ist diese außergewöhnliche Taube heute wieder zur Lebensweise ihrer Vorfahren zurückgekehrt.

Andere Vögel, die über die Jahrtausende auf Samoa gelandet sind, haben die Pflanzen, die sie für ihre Ernährung brauchten, gleich mitgebracht. Der Kardinalhonigfresser *(Myzomela cardinalis)* kommt im westlichen Pazifik häufig vor, allerdings nicht weiter östlich als Samoa. Er ist ein kleiner Vogel und könnte vom Wind leicht von Insel zu Insel getragen worden sein. Vermutlich ist er direkt von den melanesischen Inseln herübergekommen, als nektarhaltige Blumen auf den kargen Böden Wurzel gefaßt hatten. In der Folge hat Samoa seine eigene Art, den Mao-

honigfresser *(Gymnomyza samoensis)* hervorgebracht, hier schlicht *mao* genannt. Wahrscheinlich ist er ein direkter Abkömmling seines fidschianischen Gegenstücks, dem Grünhonigfresser *(G. viridis)*.

Wie schon die Vorfahren der Zahntaube erfahren durften, ist Samoa ein Land der ökologischen Chancen. Selbst die junge Vulkanerde bietet manchen Vögeln eine neuartige Nische. Megapoden nennt man Hühnervögel mit großen Füßen. Sie leben in Australien, Neuguinea und auf einigen melanesischen Inseln, wo sie sich in viele Arten verzweigt haben. Ihre kräftigen Beine dienen vor allem dazu, aus Sand und verrottender Vegetation kegelförmige Hügel aufzuschütten, in denen sie ihre Gelege ausbrüten können. Die Eier sind groß genug, daß die Küken gleich nach dem Schlüpfen selbständig sind. Das Besondere an denjenigen Megapoden, die Inseln mit aktiven Vulkanen erreicht haben, ist, daß sie bei ihrem Nistverhalten jetzt aus der Erdwärme Nutzen ziehen. Anstatt die Eier in die üblichen Bruthügel zu legen, scharren sie mit ihren großen Füßen Erdlöcher und überlassen ihre Brut in diesem warmen Versteck sich selbst. Die nahrhaften Eier sind natür-

*Oben:* Kardinalhonigfresser *(Myzomela cardinalis)*.
*Oben links:* Junge Brauntölpel *(Sula leucogaster)*.
*Links:* Erwachsener Rotfußtölpel *(Sula sula)* mit Jungvogel.

lich bei hungrigen Tieren, aber auch dem Menschen, sehr begehrt. Deshalb dauerte es nach der Ankunft der Polynesier nicht lange, bis fast alle dieser einst weit verbreiteten Hühner ausgestorben waren.

Die Ausnahme lebt auf der Tonga-Insel Niuafo'ou, die abseits der gängigen Route zwischen Savaii und den Nordinseln von Tonga liegt. Hier buddelt ein scheuer, schiefergrauer Vogel mit orangenen Beinen noch immer seine Brutlöcher in die warme Vulkanerde. Das Pritchardhuhn *(Megapodius pritchardii)* ist der einzige überlebende Megapode in ganz Polynesien. Das verdankt der Vogel zweifellos der Abgeschiedenheit seiner winzigen Insel, die er durch Zufall oder Schicksal zu seiner Heimat gemacht hat.

Die einzigen Säugetiere, die Fidschi, Samoa und Tonga aus eigener Kraft erreicht haben, sind Fledermäuse. Ihre Flugkünste waren sicher eine wesentliche Voraussetzung dafür, aber selbst für diese Luftathleten waren die gewaltigen Wasserflächen zwischen den Inseln nicht leicht zu überwinden. Fledermäuse sind ausgesprochene „Landratten“ und würden sich ohne triftigen Grund nicht auf einen Langstreckenflug über das offene Meer begeben. Wahrscheinlich wurden sie von Wirbelstürmen auf die See hinaus verschlagen und landeten, wenn sie Glück hatten, auf einer entfernten Insel. Fidschi hat auf diese Weise sechs Fledermausarten gesammelt, von denen drei auch bis Samoa gelangt sind. Und hier ist für Fledermäuse Schluß. Keine Art hat sich weiter nach Osten vorgewagt.

Die kleinste der samoanischen Fledermausarten ist der insektenfressende Glattnasen-Freischwanz *(Emballonura semicaudata)*, der, wie so viele seiner Verwandten, den Tag schlafend in einer Höhle verbringt. Zum Sonnenuntergang steigen diese Fledermäuse dann in die Lüfte über den Wäldern auf und jagen mit Hilfe ihrer Ultraschallpeilung während des Fluges Insekten. Weit auffälliger sind die beiden früchtefressenden Fledermausarten Samoas, die Flughunde. Diese größten Fledermäuse der Welt sind auf den Inseln des Westpazifiks verbreitet. Westlich von Fidschi wetteifern sie mit zahlreichen Vögeln um die begehrten Früchte des Waldes und vertrauen dabei auf ihre Sinnesleistungen als Nachtjäger. Hier auf Samoa haben sie kaum Konkurrenten und überhaupt keine natürlichen Feinde, ausgenommen den Menschen. Der samoanische Flughund *(Pteropus samoensis)* ist tagsüber aktiv, entweder mit der Pflege seines Nachwuchses beschäftigt oder auf der Suche nach Früchten gemächlich über die Baumwipfel flatternd. Seine Flügel spannen immerhin eineinhalb Meter und ermöglichen diesen großartigen Geschöpfen einen Flug wie ein Greifvogel. Wenn sie in der Abenddämmerung über den Urwald der Halbinsel Falealupo im Nordwesten von Savaii kreisen, mag das so manchem schon einen Schauer einjagen. Hier ist Polynesien so wild wie am ersten Tag. Wirbelstürme haben ihre Spuren hinterlassen, vom Menschen ist kaum etwas zu sehen. Ein Feldweg umgibt die Anhöhe und verbindet freundliche Dörfer miteinander, die sich in der Lavaerde an die Küste schmiegen. Nach altsamoanischer

Wenn es in seinem Bruthügel ausgeschlüpft ist, buddelt sich das Küken des Pritchardhuhns *(Megapodius pritchardii)* durch die Erde hervor und betritt seine neue Welt bereits flügge.

Überlieferung haben die Geister, die *aitu,* hier ihren Eingang zur Unterwelt. Eigentlich sind es zwei Eingänge: einer für Häuptlinge, der andere für das gewöhnliche Volk. Einer führt zu einer tiefen, dunklen Höhle am Kap Mulinu'u, der andere folgt dem blutroten Pfad der untergehenden Sonne. Hier, an der Westspitze von Savaii, schlüpfen die riesigen Fledermäuse in die Gestalt von Geistern, während sie am roten Abendhimmel langsam ihre Kreise ziehen.

Die ersten Polynesier, die *Lapita*-Menschen, erreichten Samoa und Tonga vermutlich nur wenig später als Fidschi. Sie kamen aus westlicher Richtung über die gefährlichen Weiten des Ozeans auf der Suche nach neuen Ländern. Einige mögen vielleicht, ähnlich den Fledermäusen, von Stürmen hierher getrieben worden sein, aber ihnen folgten andere, die sehr bewußt diese unbekannten Inseln ansteuerten. In dieser Hinsicht unterscheidet sich die Kolonisierung der Menschen deutlich von der eher zufälligen Ausbreitung der Wildtiere und -pflanzen. Sie suchten hohe, fruchtbare Inseln mit einer möglichst breiten Küstenebene und guten Böden sowie reichlich Süßwasser. Unter solchen Bedingungen konnten die frühen Siedler ihre Fähigkeiten bestens nutzen: In den Lagunen und im Meer als tüchtige Fischer und an Land als kundige Ackerbauern und Viehzüchter. Unter ihnen gab es auch Handwerker, die töpfern, weben und mit Steinäxten und Messern aus Muschelschalen umgehen konnten. Schon damals ordnete sich die polynesische Gesellschaft nach Sippen, und jede dieser Familien besetzte ein besonderes Aufgabengebiet. Nur ein gut organisiertes und zielstrebiges Volk konnte sich so weit über den Pazifik ausbreiten. Den größten Anteil am erfolgreichen Siedlungszug dieser Menschen aber hatten wohl ihre Bootsbauer und Steuermänner.

Das letzte stärkere Ansteigen des Meeresspiegels war wohl einer der auslösenden Faktoren für die ozeanische Wanderung der allerersten Polynesier vom südostasiatischen Festland über die vorgelagerten Inseln bis in den westlichen Pazifik. Die jüngste Eiszeit erreichte vor 17 000 Jahren ihren Höhepunkt. Enorme Wassermengen lagerten ungenutzt als kilometerdicke Gletscher auf den Landmassen, und der Meeresspiegel sank. Zu jener Zeit lagen die Ozeane mehr als 100 Meter tiefer als heute. Und obwohl vom eiszeitlichen Klima die tropische Luft- und Wassertemperatur kaum betroffen war, wandelten sich doch Größe und Form der tropischen Inseln gewaltig. Viele waren deutlich größer, als sie es heute sind; andere, die zu wärmeren Zeiten unterseeische Korallenriffe waren, standen nun hoch und trocken als Inseln im Meer. Die ganze Geographie des westlichen Pazifiks änderte sich durch das Absinken der Ozeane. Viele Tier- und Pflanzenarten dehnten in dieser Phase ihren Lebensraum dadurch aus, daß sie zwischen Landflecken, die heute wieder im Meer versunken sind, hin- und herpendelten.

Das Südchinesische Meer, das China von den Philippinen, Malaysia und Indonesien trennt, ist sehr seicht und liegt voller Schiffswracks, die so weit vom Festland entfernt von Korallenriffen überrascht wurden. Während der letzten Eiszeit war ein Großteil dieses Meeres trockenes Land. Den einstigen Meeresgrund bedeckte tropische Vegetation; viele Tierarten fanden hier Zuflucht, während die gemäßigten Klimazonen der Erde im eisigen Griff eines schier endlosen Winters erstarrten. Als vor 15 000 Jahren das große Tauwetter endlich einsetzte, entließen die schmelzenden Gletscher ungeheure Wassermassen. Jahrhundert für Jahrhundert erwärmte sich das Weltklima, und die Ozeane schwollen an.

Allerdings verlief der Temperaturanstieg nicht gleichmäßig. Vor gut 7000 Jahren setzte die Wärmeperiode des Atlantikums ein und löste die Restschmelze der verbliebenen Eiskappen aus. In dieser Phase stieg der Meeresspiegel rasch an und verursachte in vielen Teilen der Welt ausgedehnte Überschwemmungen. In Europa bildete sich die Nordsee, und der Ärmelkanal trennte nun Frankreich und England. An der flachen Ostseite des Mittelmeeres geriet der „fruchtbare Halbmond" plötzlich unter Wasser (die biblische Sintflut?). Menschen flohen aus ihren Dörfern auf höher gelegenes Land. Manche mögen sich und ihre Familien nur durch Boote gerettet haben. Wie Noah nahmen sie die wichtigsten Tiere und Pflanzen mit an Bord und machten sich auf die Suche nach einer neuen, trockenen Heimat.

Nach diesem Muster müssen die Menschen überall auf der Welt, wo die steigenden Fluten ihre Siedlungen bedrohten, verfahren sein. Die warme Phase dauerte fast 2500 Jahre, und für eine kurze Zeit war der Meeresspiegel sogar gut zwei Meter höher als heute.

Stellen Sie sich nun vor, was dies für die Fischer an den Küsten Südostasiens bedeutete. Seit Generationen hatten sie zwischen den zahllosen kleinen Inseln der seichten Gewässer, die später das Südchinesische Meer werden sollten, ihren Fang eingeholt. Dann stieg der Ozean Jahr für Jahr. Zunächst überschwemmte er die Felder, auf denen die wichtigsten Knollengemüse angebaut wurden, und zwang die Bewohner, auf sicheres Land auszuweichen. Doch das asiatische Festland war damals schon stark bevölkert, so daß für eine weitere Zivilisation kaum Platz war. Den Küstenfischern blieb keine Wahl. Sie luden alles Wichtige in ihre Boote und vertrauten ihrem seemännischen Geschick.

Rasch zogen Gruppen dieser Heimatlosen durch die im steten Wandel begriffene Inselwelt Südostasiens und fristeten ein weitgehend nomadenhaftes Dasein. Einige wurden seßhaft und betrieben Handel mit den anderen Stämmen. Sie

Wechselnde Meereshöhen und geologische Bewegungen lassen Inseln auftauchen und wieder verschwinden. Dieser begrünte Felsen ist einer von vielen, die über die Lagune der Lau-Insel Fulaga verstreut sind.

tauschten ihre Fische und Töpferwaren gegen Lebensmittel aus dem Hinterland der Inseln. Andere aber segelten weiter nach Osten, um irgendwo eine Heimat zu finden. Im Laufe von wenigen hundert Jahren entwickelten diese Menschen eine ausgesprochene Seefahrerkultur, drangen immer weiter in den Pazifik vor, durchforschten die Inseln und befischten das Meer. Wahrscheinlich werden wir nie genau wissen, woher diese Leute kamen und warum sie ihre Heimat verließen. Die Geschichte dieser ersten „Nomaden des Windes" verliert sich im Laufe der langen Zeit. Vor gut 4000 Jahren dann beginnt ihre Spur von neuem, diesmal als *Lapita*-Menschen und Vorfahren der heutigen Polynesier. Auf dem Weg nach Osten ließen sie eine Spur ihrer Tontöpfe zurück. Im großen, weiten Pazifik entdeckten sie Inseln, die nicht nur fruchtbar, sondern auch unbewohnt waren. Für einige wurde es nun Zeit, seßhaft zu werden.

Als die ersten Polynesier vor rund 3000 Jahren die Inseln von Fidschi, Tonga und Samoa erreichten, sah die Region fast genauso aus, wie wir sie heute kennen. Seit dem Ende der Eiszeit ist der Meeresspiegel zwar durchschnittlich alle hundert Jahre knapp einen Meter gestiegen, aber die Gletscherschmelze war schon nach wenigen tausend Jahren weitgehend abgeschlossen. Auch in jüngerer Zeit hat sich der Wasserspiegel im Verhältnis zu den Inseln leicht erhöht, aber deutlich langsamer und oftmals eher durch das Absinken der Inseln als durch das Steigen des Wassers. Und weil die ersten Polynesier natürlich an der Küste lebten, ist es wahrscheinlich, daß ihre frühen Siedlungen heute unter Wasser und für Archäologen kaum erreichbar liegen. Vielleicht werden Taucher eines Tages in Unterwasserhöhlen Hinweise entdecken, daß Menschen viel früher, als wir glauben, auf Fidschi und den anderen Inseln des Westpazifiks gesiedelt haben. Vor fünf- oder sechstausend Jahren hätten die Seefahrer wohl eine etwas andere Topographie vorgefunden. Wegen des noch niedrigeren Meeresspiegels wären manche Inseln nicht von einer schützenden Lagune, sondern von einem steil abfallenden Kalksteinriff umgeben gewesen. Das hätte sowohl die Landung als auch den Zugang zum Landesinneren erschwert, und manche Bootsbesatzung wäre enttäuscht an diesem abweisenden Eiland vorbeigesegelt. So oder so ähnlich sahen wohl die meisten der heutigen Fidschi-Inseln noch vor 6000 Jahren aus. Die Garteninsel Taveuni wäre unter diesen Umständen, abgesehen von ihrer schroffen Felsküste, noch der angenehmste Siedlungsort gewesen. Vielleicht haben es die ersten Polynesier ihrem Schicksal – oder ihren Göttern – zu verdanken, daß sie just zu dem Augenblick hier ankamen, als die geologische und biologische Evolution ihnen die besten Voraussetzungen anbot.

Gut hundert Kilometer südöstlich von Taveuni liegt die kleine Insel Vatuvara, die bei Seefahrern wegen ihres verblüffenden Profils als „Hutinsel" bekannt ist. Sie sieht von Ferne aus wie ein abgeschnittener Kegel, dessen Seiten steil auf ein niedriges Riff abfallen, das von Wellen ständig überspült wird. Für zahllose Gene-

Vatuvara bei Sonnenaufgang – einst ein niedriges Korallenatoll, erhebt sich das Hutprofil heute mehr als 300 Meter über den Meeresspiegel.

rationen von Seeleuten ist dieser schwimmende Hut eine Orientierung gewesen; seine auffällige Form ist meilenweit zu sehen. Übrigens sollten Seefahrer diese Insel meiden, denn unberechenbare Strömungen und das Fehlen einer sicheren Durchfahrt durch das Riff machen die Annäherung gefährlich.

Früher gab es eine polynesische Siedlung auf Vatuvara, heute lebt dort niemand mehr. Geologisch ist die Insel faszinierend. Ihre seltsame Form rüht daher, daß diese alte Koralleninsel durch Erdbewegungen am Meeresboden an die Wasseroberfläche gedrückt worden ist. Die scheinbar glatte Oberkante entpuppt sich als eingebeulte Hochebene, ebenso wie der Kniff eines Filzhutes. Diese Delle war einst die Lagune eines Korallenatolls und ist heute von dichtem Wald und Buschwerk bewachsen. Riesige Kokoskrabben *(Birgus latro)* leben dort, mehr als 300 Meter über dem Meer, zu dem sie nur zurückkehren, wenn sie ihre Eier legen. Auch als Räuberkrabben bekannt, haben diese Krustentiere unglaublich starke Scheren, mit denen sie sogar Kokosnüsse aufbrechen können, um an das nahrhafte Fleisch zu gelangen. Das Innere ihrer großen Scheren ist bei der vegetarischen Ernährung der Tiere sicher schmackhaft, und daß es trotzdem noch so viele Krabben hier gibt, zeugt von der geringen Anziehungskraft der Hutinsel für menschliche Siedler. In den Wäldern lebt auch eine beachtliche Vogelschar. Der allmorgendliche Chor klingt zauberhaft, vor allem, wenn der Gelbbauch-Dickkopf *(Pachycephala pectoralis)* gut bei Stimme ist. Dann verschönert er mit seinem melodischen Pfeifen nicht nur den Morgen, sondern blendet den Betrachter auch mit seiner leuchtend gelben Brust. Auf den Fidschi-Inseln, einschließlich Vatuvara, ist er mit mehreren Unterarten vertreten.

Die steilen Seiten des Hutes bestehen aus Kalksteinklippen, die früher den Rand eines Korallenriffs bildeten. Vor langer Zeit sah diese Insel genauso wie Tausende anderer Atolle aus, aber ebenso schnell, wie sie auf den Meeresboden zurücksank, wuchsen die Korallenkalke knapp unter der Wasseroberfläche ringsumher in die Höhe. Heftige Erdbewegungen schoben das ganze Atoll dann 300 Meter empor. Auf dem blanken Kalk, über dem Haie einst den Riffischen nachstellten, bauen heute Falken ihren Horst und jagen Fruchttauben. Vatuvara ist ein nüchterner und lebendiger Beweis für die Unbeständigkeit aller Natur.

Ein breiter Küstensaum, der den Kegel umringt, bildet schließlich die Hutkrempe. Von fern sieht er glatt und eben aus, erweist sich bei näherem Hinsehen aber als zerklüftete, scharfkantige Fläche. Für Menschen nur schwer zu begehen, bietet das alte Riff einen idealen Lebensraum für exotische Wildtiere. Wer sich trotzdem über das Riff tastet, wird aus dem Gewirr aus wildem Hibiskus und Scaevola-Büschen von Reptilienaugen mißtrauisch begutachtet. Der Kurzkamm- oder Fidschi-Leguan *(Brachylophus fasciatus)* ist eine sehenswerte Echse, die bis weit über einen halben Meter lang werden kann. Ihr stämmiger Körper schimmert wie ein Mosaik aus grünen bis türkisfarbenen Streifen, mit denen das Reptil sich an seine Umgebung anpassen und binnen weniger Minuten sogar fast schwarz erscheinen kann. Allein die flinken Augen reflektieren dann noch das Licht. Steht der Leguan gegen die Sonne, kann man durch die transparenten Ohren geradewegs in den Kopf hineinsehen. Seine starken Beine sind mit eindrucksvollen Klauen bewaffnet, die allerdings eher zum Klettern als zum Angreifen dienen.

Ein anderes Reptil, das es irgendwie geschafft hat, diese abgelegene Insel zu erreichen und hier zu überleben, ist die Südseeboa *(Candoia bibroni)*. Diese Schlange kann bis zu 1,8 Meter lang werden; sie erwürgt ihre Beute und verschlingt sie ganz. Südseeboas sind nicht giftig, aber dennoch tüchtige Jäger. Die Früchte der Banyanbäume locken Fledermäuse und Tauben, und diese wiederum ziehen die Schlangen an. Zusammengerollt warten sie in den Ästen auf eine unvorsichtige Taube. Mit weit geöffneten Kiefern prüfen sie züngelnd die Luft und stoßen dann, sich blitzartig streckend, auf ihr Opfer zu. Selbst für eine große Boa reicht eine fette Taube mehrere Tage.

Woher diese beiden Kriechtiere gekommen sind und wie sie das Meer überquert haben, ist eine Geschichte für sich. Jedenfalls zeugt ihre Anwesenheit – und die der vielen anderen Tiere – davon, daß der Mensch auf dieser ungewöhnlichen Fidschi-Insel kaum störend eingegriffen hat. Sogar das tückische Riff, das sie umgibt, wimmelt von farbenprächtigen Korallenfischen. Wie Noahs Arche hat

Kokoskrabben *(Birgus latro)* – auch Räuberkrabben genannt – klettern auf hohe Palmen und trennen die Nüsse mit ihren kräftigen Scheren ab. Von den Insulanern wird das gegrillte Fleisch als Leckerbissen geschätzt.

*Oben rechts:* Papageifisch *(Scarus sordidus). Oben links:* Gestreifter Fidschi-Leguan *(Brachylophus fasciatus). Unten:* Südseeboa *(Candoia bibroni).*

Vatuvara den Stürmen der Zeit getrotzt und seine kostbare Ladung von Tierarten gehegt. Heute ist die Insel in Privatbesitz. Man kann diesem einzigartigen biologischen Rettungsboot nur wünschen, daß sein Besitzer sich zeit seines langen Lebens möglichst weit fernhält.

Solch eine bunte Mischung aus Pflanzen und Tieren also trafen die ersten Siedler auf Fidschi und seinen Nachbarinseln an. Viele Vögel, besonders die Bodenbewohner wie Megapoden und Rallen, waren nicht nur zahlreich vertreten, sondern auch gänzlich unvorbereitet auf die Nachstellungen durch die zweibeinigen Jäger. Bevor sich die Ankömmlinge durch Ackerbau und Viehzucht ernähren konnten, mußten die Wildtiere als Nahrungsquelle herhalten. Flughunde galten als Delikatesse, und noch heute jagt man sie auf einigen Inseln – zum Beispiel Savaii –, deren Wildtierbestand durch Wirbelstürme ohnehin arg gebeutelt worden ist. Vatuvara blieb wegen des Mangels an Süßwasser und seines ungünstigen Reliefs vom Menschen weitgehend verschont, aber fast alle anderen Fidschi-Inseln wurden von den Siedlern nach ihren Bedürfnissen umgestaltet.

Wenig östlich von Vatuvara liegt das Nordende einer Kette kleiner Inseln, die zum nächsten großen Archipel hinführt. Die Lau-Inseln verbinden Fidschis hohe Inseln mit den Atollen von Tonga. Ohne Zweifel haben auch die frühen Polynesier diese bequeme Reisehilfe auf ihrem Weg nach Osten benutzt. Die Hauptinsel der

Lau-Gruppe heißt Lakeba (gesprochen: Lakemba) und war jahrhundertelang ein Zentrum politischer Macht. Das mag erklären, warum die Insel in letzter Zeit die Aufmerksamkeit von Archäologen und Historikern auf sich gezogen hat. Offenbar wurde Lakeba vor etwa 3000 Jahren von Menschen besiedelt, die als Fischer, Jäger und Sammler lebten. Sie ernährten sich vorwiegend von großen Fischen und Schildkröten, die gelegentlich in die Lagune schwammen, sowie von Riffischen und Schalentieren, die ständig dort lebten. Ihre Angelhaken schnitzten sie aus Muschelschalen und ihre Jagdspeere aus Hartholz. Netze und Fallen wurden aus Pflanzenfasern geflochten, und auch mit giftigen Pflanzenextrakten wurden Fische der Lagune getötet. Wenn die harten Früchte der Barringtonia zermahlen und zu einer Paste verrührt werden, wirken sie tödlich für Fische, sind für Menschen jedoch harmlos. Ein weiteres, noch heute illegal von den Fidschianern benutztes, hochwirksames Pflanzengift wird aus der *duva (Derris trifoliata)* gewonnen. Die Wurzeln dieser Kletterpflanze werden faserig breitgeklopft und dann durch kleine Riffteiche gezogen; wenig später treiben die betäubten Fische bäuchlings an der Oberfläche und können eingesammelt werden.

Die ersten Bewohner der Lau-Inseln ergänzten ihre Nahrung aus Meeresfrüchten durch verschiedene Waldvögel und den Flughund. Mit Fallen und Jagdbögen durchkämmten sie die Wälder nach eßbaren Tieren. Archäologische Funde beweisen, daß auf der Insel einmal Megapoden und eine große Taubenart weit verbreitet waren, bevor sie durch hungrige Siedler innerhalb weniger hundert Jahre völlig ausgelöscht wurden. Auch die Einführung von Haustieren hatte eine nachhaltige Wirkung auf die Natur. Wahrscheinlich wurden die ersten Tabus zur Schonung des Wildbestands von den Häuptlingen erst dann verhängt, als viele Tierarten bereits auszusterben drohten. Solange es etwas zu erlegen gab, war scheinbar alles erlaubt.

Lakeba war früher auch wegen seines alljährlichen rituellen Massenschlachtens von Haien berüchtigt. Vor dem Dorf Nasaqalau (gesprochen: Nasanggalau), der angeblich ältesten Siedlung auf der Insel, erstreckt sich eine flache Lagune fast zwei Kilometer ins Meer hinaus. Zahlreiche mangrovenbedeckte Inselfragmente erheben sich aus ihrem schlammigen Grund. Vor diesem idyllischen Hintergrund fand jahrhundertelang ein denkwürdiges Ereignis statt. Jedes Jahr im Oktober oder November kamen die Haie in Gruppen zur Lagune, um dort, wie man heute annimmt, in der vermeintlichen Sicherheit des geschützten Wassers ihre Jungen lebend zu gebären. Wochen vorher hielten die Bewohner Ausschau; ein Tabu wurde erklärt und durch einen Holzpfosten mit einer Bastfahne kenntlich gemacht. Traditionell hatten nur bestimmte Sippen das Recht, mit den Haien zu reden, aber im Dorf vertraute man dennoch darauf, daß die heilige Immunität gegen die Haie die ganze Bevölkerung einschloß. Sie verstanden das große Raubtier als ihren Beschützer, was die Haie vermutlich anders sahen. Jedenfalls watete ein Priester, sobald die Tiere gesichtet wurden, zum Eingang der Lagune hinaus und beschwor sie von einem Korallenriff aus mit überlieferten Gesängen, doch in die Lagune zu schwimmen. Man erzählt sich, daß vorneweg ein auffallend kleiner Hai geschwommen sein soll, der seine Artgenossen wie ein ozeanischer Judas geradewegs zum Priester führte, dessen Gesänge die Tiere in die Lagune und vor die Speere ihrer Mörder lockten. Nur der schmächtige Verräter durfte entkommen. Wochenlang labten sich die Einwohner an der Beute ihrer traditionellen Schlächterei.

Die letzte ist nun schon über fünfzig Jahre her, weil die Haie inzwischen die Lagune meiden, aber die Insulaner sind immer noch überzeugt, immun gegen die Tiere zu sein und versuchen das auch durch abenteuerliche Geschichten zu beweisen. Im November 1992 wollten sie ihren alten Brauch neu beleben und die Haie erneut in die Bucht locken. Wiederum hielt man bereits Wochen zuvor nach ihnen Ausschau, und als sie endlich kamen, watete ein Auserwählter mutig voran und begann seine Gesänge. Die Haie aber verschwanden.

Der biologische Reichtum der Gewässer um Fidschi, Tonga und Samoa stammt aus derselben Quelle, die den „Feuergürtel" am westlichen Saum des Pazifiks erschuf. Dort wandert die pazifische Platte stetig nach Westen, und wo sie mit einer anderen Erdkrustenplatte zusammenstößt, werden gewaltige Energien freigesetzt. Es entstehen Vulkane und Inseln. Der Meeresgrund schiebt sich hier mit Urgewalt unter die indisch-australische Platte und reißt auf diese Art einen riesigen ozeanischen Graben, der sich bei Tonga verengt und daher als Tongagraben bekannt ist. Alle Inseln in diesem Teil des Pazifiks profitieren von den aufwallenden Nährstoffen, die aus der Tiefe emporgeschleudert werden. Vor der Nordküste Taveunis verläuft ein Seitenarm dieser Unterwasserschlucht, den Taucher als „Große Weiße Wand" kennen. Er fällt mehrere hundert Meter senkrecht in die Tiefe und ist von weichen, weißen Korallen bewachsen, die in der nährstoffreichen Strömung prächtig gedeihen.

Vom stark mineralhaltigen Seewasser umspült, haben sich auch die Riffe um Fidschi und Tonga zu wahren biologischen Kraftwerken entwickelt. Die Korallenwände von Taveuni und den Lau-Inseln bersten geradezu vor farbenprächtigem Leben. Auch die Lagunen um die Inseln Viti Levu und Vanua Levu bieten einige der schönsten Unterwasserpanoramen des Pazifiks. Die Beqa-Lagune (gesprochen: Mbengga) südlich von Viti Levu ist für ihre riesigen Korallenbänke berühmt. Diese versunkenen Gärten lebender Korallen entstanden, als die Ozeane anstiegen. In dem Labyrinth von Tunneln und Löchern verbergen sich kühn gefärbte Schalen- und Krustentiere. Hochgiftige Plattschwanz-Seeschlangen (*Laticauda* spp.) jagen auf der Suche nach Aalen und kleinen Fischen durch die Korallenkolonien. Sie bewegen sich auch an Land recht geschickt und verlassen des öfteren die Lagune, um in Felsspalten zu schlafen oder gar auf knotige Barringtonia-Bäume am Strand zu klettern. An Land paaren sie sich und legen auch ihre Eier ab, verbringen ansonsten aber ihr Leben in den Unterwassergärten vor der Küste. Taveuni verdient ihren Beinamen als Garteninsel also über wie unter dem Wasser. Überhaupt leben um die Inseln im Bereich des Tongagrabens mehr Wassertiere und -pflanzen als irgendwo sonst in Polynesien.

Die ersten Polynesier müssen sich auf diesen Inseln wie im Paradies gefühlt haben. Die Lagunen diesseits und der Ozean jenseits der Riffe wimmelten von Meerestieren. Die Wälder standen voller Harthölzer, aus denen die Siedler ihre Häuser und Boote bauten, und die Böden waren nicht nur fruchtbar, sondern enthielten auch viel Ton, aus denen die Töpfer ihre Keramiken brennen konnten. Die Lebensbedingungen dieser Inseln entsprachen genau den Anforderungen und Fähigkeiten derer, die sie bewohnen wollten. In wenigen Dörfern im Rewa-Delta auf Viti Levu gibt es noch heute Sippen, deren Männer zur See fahren und deren Frauen töpfern. Für die meisten anderen Fidschianer aber hat sich das Leben gewandelt.

Lakeba, die Hauptstadt der Lau-Gruppe, ist heute eine moderne Stadt mit Büros und einem Flughafen, aber nur wenige Schiffsstunden entfernt liegen ihre Nachbarinseln Moce (gesprochen Mothe, mit dem „th" wie „thank you"), Kabara (Kambara), Ogea (Ongea) und Fulaga (Fulanga), wo sich das Leben seit den Tagen der ersten Polynesier wohl kaum verändert hat. Natürlich nutzen die Lau-Insulaner heute Metallwerkzeuge und tragen Baumwollkleidung, aber sie halten doch stark an ihren alten und erprobten Lebensweisen fest. Hier schnitzt man noch Holz und klopft Baststoff. Jede Insel hat ihre eigene Spezialität. Auf Fulaga meißeln die Bootsbauer Einbäume aus den langen Stämmen des *vesi*-Baumes *(Intsia bijuga);* auf Kabara schnitzen die Nachkommen angesehener Handwerker aus demselben Holz *yaqona*-Schüsseln; und die Insel Moce ist für ihren *masi,* den Rindenbaststoff berühmt.

Früher durften nur bestimmte Familien den Baststoff herstellen, heute haben viele Frauen dieses Handwerk gelernt. Jeden Vormittag, ausgenommen sonntags, klappern im größten Dorf von Moce hölzerne Schlegel auf amboßartige Holzplatten. Dieses Verfahren stammt von den südostasiatischen Inseln und kam mit den ersten Siedlern nach Polynesien. Weil es in ihrer neuen Heimat keine anderen geeigneten Pflanzenfasern gab, fertigte man Kleidung und bestimmte Haushaltsgegenstände halt aus Rindenbast. Er stammt vom Papiermaulbeerbaum, der in Asien beheimatet ist und von den ersten Seefahrern mitgebracht wurde. Ebenso wie sein Verwandter, der Brotfruchtbaum, wird er aus Sprößlingen gezogen, die sich nur selten verzweigen und lang in die Höhe wachsen. Wenn sie drei oder vier Meter groß geworden sind, werden die *masi*-Stämme gefällt; der weiche Bast wird mit zweischaligen Muscheln oder einfach mit den Zähnen von der Rinde gezogen. Anschließend werden die Fasern eingeweicht und abgeschabt, um Unregelmäßigkeiten zu entfernen.

Und nun beginnt der schwierige Teil der Arbeit, den ausschließlich die Frauen des Dorfes übernehmen. Mit einem Vierkantschlegel aus dem Holz des Nokonoko *(Casuarina equisetifolia)* klopfen die Frauen den *masi* zu papierdünnen Streifen. Jede Seite des Werkzeugs, *ike* genannt, trägt ein unterschiedlich grobes Kerbmuster, um die Bearbeitung zu variieren. Wenn ein Streifen fertig ist, wird er mit einem anderen seitenverkehrt aneinandergelegt und zusammengeklopft, um den Stoff dicker und glatter zu machen. Streifen wird an Streifen gefügt, und mit der Zeit wächst das *masi*-Tuch zu ansehnlicher Größe. Gelegentlich bestreicht man die Teile mit einer Paste aus Pfeilwurz, obwohl heute der Kautschuk des Manioks eher verfügbar ist.

Die fertigen Matten werden in der Sonne getrocknet und zur Zierde oft mit Mustern bedruckt, die man traditionell mit Hilfe von Muschelschalen aus Blättern schnitt. Die Farben und Muster des fidschianischen Rindenbasts sind unverwechselbar. Das lebhafte Schwarz und das erdige Rot stammen aus Pflanzenwurzeln und Tonerden, und die ganze Gestaltung erinnert stark an die kühnen Muster der *Lapita*-Keramik. Hier auf den Lau-Inseln haben die Menschen mehr von ihren überlieferten Fertigkeiten als nur das Fischen und den Yamsanbau bewahrt.

Taveuni und die nördlichen Lau-Inseln führen in Richtung der Samoa-Inseln Savaii und Upolu; jenseits von Fulaga und des Südendes der Lau-Gruppe liegt Tonga, was auf polynesisch „Süden" bedeutet. Obwohl die Seereisen zwischen

Frauen auf der Lau-Insel Moce beim Herstellen von Baststoff; eingeweichte *masi*-Streifen werden mit dem hölzernen *ike* zusammengeklopft.

diesen drei Inselgruppen auch nach heutigen Maßstäben recht lang dauern, scheint doch während der ersten Jahrhunderte der Besiedlung ein reger Verkehr dort geherrscht zu haben. Die Bewohner sprachen dieselbe Sprache und hatten dieselben Vorfahren. Auch ihr Glauben wird identisch gewesen sein, wenngleich es heute kaum noch Spuren gibt, die uns über die religiösen Rituale dieser Menschen Aufschluß geben. Auf drei Samoa-Inseln haben Archäologen Plattformen freigelegt, auf denen steinerne Vorsprünge sternförmig nach außen führen. Diese Sternhügel enthalten keine Grabstellen, und wir haben auch keine mündliche Überlieferung über ihre einstige Funktion.

Mit der Zeit bildeten sich auf den Inseln je nach deren natürlicher Beschaffenheit spezielle Fertigkeiten und Kulturen heraus. Holzschnitzer bevorzugten Inseln, auf denen es *vesi*-Bäume gab, während die Töpfer wohl jene Inseln wählten, die genügend Tonvorkommen boten. Als tüchtige Seefahrer schifften die Insulaner ihre Waren auch über große Entfernungen und etablierten allmählich ein Handelsdreieck zwischen Fidschi, Tonga und Samoa. Auf Samoa gab es Wälder und hochwertige Steine; die Samoaner konnten mit Axt und anderen Werkzeugen geschickt umgehen und erwarben sich einen Ruf als Handwerker. Die Tonganer wurden zu Händlern und Unternehmern; ihre Häuptlinge brachten samoanische Handwerker nach Fidschi, damit sie dort Boote bauten. Vom ersten Tag an nutzten die Siedlerpioniere das, was sie von alters her am besten konnten, um ihre neue Umgebung zu gestalten.

Ein natürlicher Schatz der Fidschi-Inseln, an dem es auf Tonga und Samoa mangelte, war die Vielfalt der Wildtiere. Folglich entwickelte sich auch ein lebhafter Handel mit roten Federn. Auf vielen Fidschi-Inseln, einschließlich Taveuni und der Lau-Gruppe, lebten Pompadoursittiche *(kakas)* und Einsiedlerloris *(kulas)*. Keine der beiden Arten scheint Tonga oder Samoa auf natürlichem Weg erreicht zu haben, und die Bewohner dieser Inseln zeigten ein unstillbares Verlangen nach dem herrlichen Gefieder. Manche Samoaner hielten sich Fidschi-Papageien in Käfigen und zupften sich gelegentlich einige rote Federn, um ihre Matten und Kleider zu schmücken. Tonganer benutzten die Federn als Zahlungsmittel. Für sie war Rot gleichbedeutend mit paradiesischem Wohlstand. Diese Vorstellung haben übrigens viele Orientalen, und mit der Zeit breitete sich die Wertschätzung alles Roten in ganz Polynesien aus.

Samoanische Legenden erzählen von einer Unterwelt ihrer Ahnen, der Pulotu. Auf Tonga bezeichnet dasselbe Wort ein fernes Land irgendwo im Nordwesten. In der Mythologie beider Völker ist der Herrscher von Pulotu ein schlangenhaftes Unge-

Fidschianischer Rindenbaststoff mit typischen geometrischen Mustern; die erdroten Farbstoffe werden aus örtlichen Tonerden gewonnen, und das Schwarz stammt vom Ruß der verbrannten Kerzennuß. Das abgebildete Stück hat etwa die Größe eines großen Teppichs.

heuer mit einer Vorliebe für Menschenfleisch. In Fidschi spricht man von einem sagenhaften Land namens Burotu, das, wenn man die übliche Lautverschiebung vom „R" zum „L" bedenkt, wohl derselbe Ort ist. Für die Fidschianer allerdings ist Burotu weder das Reich ihrer Ahnen noch der Sitz böser Geister, sondern einfach ein Inselparadies, in dem nur schöne Frauen wohnen und in dem alles rot ist. Auf den Lau-Inseln nannte man den Ort sogar nach den begehrten Federn des *kula* Burotu Kula. Alle fidschianischen Quellen sind sich einig, daß dieses idyllische Land irgendwo östlich von Viti Levu und südlich von Taveuni im Meer versunken ist. Vielleicht findet man ja eines Tages die „Vanuakula", das rote Land des alten Fidschi. Wenn überhaupt, dann liegt es nicht weit vor der Küste der Lau-Inseln, einer der Wiegen polynesischer Kultur.

Tausend Jahre lang hatten die Polynesier Fidschi mehr oder weniger für sich allein. Einige von ihnen hatten sich östlich auf Tonga und Samoa niedergelassen. Sie besaßen eine gemeinsame Sprache und dieselben körperlichen Merkmale, und die verschiedenen Inselstämme tauschten mittels ihrer seetüchtigen Pirogen untereinander Waren aus. Doch mit der Zeit lockerte sich der Kontakt, und die Inseln bildeten jeweils eigentümliche Lebensformen aus. Aus Tonwaren und anderen Artefakten wissen wir, daß die Polynesier auf Fidschi vorwiegend an der Küste siedelten. Dann, vor etwa 2500 Jahren, änderte sich sehr plötzlich die Art ihrer Töpfereien; an die Stelle der feindekorierten Waren traten grobe und unverzierte Schüsseln. Archäologische Funde zeigen auch, daß zur selben Zeit weite Teile der Wälder im Landesinneren gerodet wurden, um Platz für Äcker auf den Hügeln und Berghängen zu schaffen. Man vermutet, daß Viti Levu einen geballten Zustrom an Menschen erfuhr, vielleicht eine Einwanderungswelle der Melanesier. Die ursprüngliche polynesische Gesellschaft wandelte sich, daß sie kaum wiederzuerkennen war. Die Nachfahren der *Lapita*-Kultur wurden vom Schicksal mit einer anderen Rasse zusammengeführt, der es nichts ausmachte, die Küsten zu verlassen und sich im Binnenland niederzulassen.

An der Mündung des breiten Sigatoka, der sich seinen Weg aus den Bergen von Viti Levu bis zur Südküste schneidet, ist das Land sandig. Hier, wo süßes und salziges Wasser zusammenfließen, lebte einmal eine blühende Gemeinschaft von *Lapita*-Menschen. Vermutlich wurde die Siedlung vor 2600 Jahren gegründet. Im Laufe der Jahrhunderte schoben die heftigen Winde die Dünen über das Dorf und begruben die Häuser unter den Sandmassen. Während der letzten fünfzig Jahre haben eben diese Winde die Dünen abermals zerstreut und begonnen, die lange Geschichte von Sigatoka wieder freizugeben. Es ist eine der aufschlußreichsten archäologischen Fundstellen des gesamten Pazifiks. Bruchstücke alter Töpfereien sind aufgetaucht, jede Schicht etwas älter als die vorige. Über Generationen saßen hier töpfernde Frauen am Meer, während ihre Männer unterwegs waren, um die Schüsseln zusammen mit Fischen und Schildkröten gegen benötigte Waren einzutauschen. Die jüngsten Fundstücke wurden alle bereits mit Holzpaddeln geformt, eine Technik, die in den nahen Dörfern heute noch üblich ist, während die tiefer liegenden Teile deutliche Kennzeichen des *Lapita*-Stils aufweisen. Und es werden vom Wind auch Relikte ganz anderer Art aus den Dünen freigeblasen.

Seit 1986 hat man in den Dünen von Sigatoka etwa siebzig menschliche Skelette gefunden. Sie liegen auf einem einstigen Friedhof, der vor fast 2000 Jahren angelegt wurde. Fast alle Toten waren in Rückenlage mit angezogenen Knien begraben worden; die Kniescheiben waren meist das erste, was aus dem Sand hervorguckte. Die Köpfe leicht erhöht, schauten ihre Gesichter nach Osten.

Nach den Auguststürmen des Jahres 1992 fanden Archäologen des Museums von Suva ein einzeln liegendes Skelett, das, rätselhaft, nach Westen blickte. Es stammt von einer etwa 30jährigen Frau. Sie war groß und hatte ein tadelloses Gebiß. Ihr Kiefer zeigte die kufenartig geschwungene Form, die sie, zusammen mit einigen anderen Merkmalen, deutlich als frühe Polynesierin auswies. Weit und breit allein, war sie offenbar eines natürlichen Todes gestorben.

Langsam versinkt die Abendsonne hinter den Dünen von Sigatoka, und lange Schatten jagen über den unruhigen Sand. Die Wellen des offenen Pazifiks donnern an die Küste, und die Luft ist von salziger Gischt erfüllt. Nicht weit vom Wasser entfernt lag das gerade freigelegte Skelett mehrere Tage im Sand. Jeden Abend beschien das Licht der untergehenden Sonne das Gesicht dieser Frau, die vor fast 2000 Jahren hier gestorben war. Ihr Blick ging zurück in alte Zeiten, gerichtet auf die ferne Heimat ihrer Vorfahren.

# 5

# *Nomaden des Windes*

In der Neujahrswoche des Jahres 1993 wurde Fidschi von einem Wirbelsturm geschüttelt. Das Sturmtief namens Kina war von den Satellitenbildern lange, noch bevor es die Salomon-Inseln 1500 Kilometer nordwestlich verließ, angekündigt worden. Fidschianer haben Erfahrung mit Wirbelstürmen. Sie gehören zum Leben aller pazifischen Insulaner. Entlang der windseitigen Küste, von Sigatoka im Südwesten bis hinauf nach Rakiraki, bereitete sich jeder auf die volle Wucht des Sturmes vor. Fenster wurden vernagelt und Dächer mit Stricken festgezurrt, die man an Holzpflöcken verankerte. In den Luxushotels der Touristengebiete wurden alle beweglichen Gegenstände ins Haus geschafft oder im Schwimmbad versenkt. Die Gäste wurden gebeten, in ihren Zimmern zu bleiben oder eine der Parties zu besuchen, die zu ihrer Aufmunterung organisiert wurden.

Zuerst traf es die Yasawa-Inseln. Rechtwinklig zur Bahn des Sturmes gelegen, boten diese felsigen Außenposten ihren Bewohnern kaum Schutz. Das Riff schien zu brodeln, als der Zyklon mitten über sie hinwegfegte, ohne von seinem Kurs abzuweichen. Als Kina dann die Küste Viti Levus erreichte, bebte die ganze Insel. Seit fünfzig Jahren hatte man keinen schlimmeren Sturm erlebt. Gnadenlos wütete Kina die Nordküste entlang und drehte danach ostwärts zwischen Viti Levu und Vanua Levu hindurch. Taveuni blieb verschont, aber Ovalau, Gau und Moala wurden arg geschüttelt. Mit wütendem Toben verließ der Wirbelsturm die fidschianischen Gewässer über die südlichen Lau-Inseln Kabara, Fulaga und Vatoa. Boote waren zerschmettert, Häuser zerlegt. Kokospalmen waren entwurzelt und vom Sturm mitgerissen worden. Als Kina nach Südosten abzog und seine Urkraft über dem freien Ozean ausließ, erwachte Fidschi aus der Erstarrung und zählte seine Toten. 27 Leichen konnte man bergen, vier Menschen wurden vermißt.

Viti Levus Südküste war übel zugerichtet, und in den Dünen von Sigatoka hatte der Sturm zwei weitere Skelette freigelegt. Die Hauptstadt Suva lag dieses Mal an der windabgewandten Seite; gewöhnlich toben die Stürme hier an der Südostecke am schlimmsten, aber der Zyklon war ausnahmsweise von Westen her gekommen. Am Tag danach herrschte schon fast wieder Alltagsstimmung. Die Vögel schmetterten fröhlich von Hausdächern und in den Parkanlagen. Flughunde, deren Schlafplätze zerstört waren, flogen am hellen Tag über die Stadt, um Bäume zu finden, die noch Blätter trugen. Hausbesitzer und Hoteliers nahmen es eher philosophisch, wohlwissend, daß solche Wunden in den Tropen schnell heilen. In wenigen Wochen würden die Sprößlinge nachgewachsen sein und die aufgewühlte rote Erde erneut mit üppig-grüner Vegetation bedecken.

Die Blätter, die der Sturm von den Bäumen gefegt hatte, waren hoch in die Luft gewirbelt und zusammen mit einer Kleinstmenagerie aus Vögeln, Fledermäusen, Insekten und kleineren Reptilien in seinem Strudel fortgerissen worden. Nur wenige – besonders der größeren Tiere – dürften noch am Leben gewesen sein, als der Zyklon abflaute. Einige werden ins Meer gedrückt worden sein, aber andere wurden sicher über Hunderte von Kilometern auf entfernte Landflecken verschlagen. Die Urgewalt lockerte ihren Griff, und Pflanzen und Tiere regneten vom Himmel. Auf Tongas niedrigen Inseln und vielleicht auch auf Samoa hatte das Leben Zuwachs bekommen. Für die meisten Arten war diese gewaltsame Flugreise sicher keine Neuigkeit: Der Wind spielte seit Beginn der Artenwanderung durch den Pazifik eine entscheidende Rolle. Jahr für Jahr, Jahrhundert für Jahrhundert hatte er Pflanzen und Tiere auf seinen mächtigen Schwingen durch ganz Polynesien getragen, lange bevor die Menschen ihnen folgten. Mit jedem großen Sturm landeten auf einer Insel einige Neuankömmlinge. Und gelegentlich war auch das Samenkorn einer Pflanzenart oder das Ei einer Insektenart darunter, die es vorher dort nicht gegeben hatte. Mit etwas Glück kamen bald einige Artgenossen hinzu, so daß sich eine lebensfähige Population entwickeln konnte. Später bildeten sich örtliche Besonderheiten in Form oder Verhalten – eine neue Art war geboren. Dies ist die endemische Natur des Insellebens.

Und auch die Polynesier auf ihren Segelbooten wurden von der Kraft des Windes über den Ozean getragen. Manche vielleicht – wie hilflose Insekten – wider Willen. Viele müssen durch die Wucht der Elemente gestorben sein. Auch wenn sie den Sturm überlebten, würden sich der Mangel an Nahrung und Wasser sowie der Einfluß von Salz und Sonne bald bemerkbar machen. Es ist bemerkenswert, wie widerstandsfähig die Polynesier in solch extremen Umständen sein können. Alle paar Jahre liest man von solchen unfreiwilligen Ausdauerleistungen in der pazifischen Presse. 1992 wurden zwei Fischer von der Weihnachtsinsel von heftigen Südostwinden aus ihrem Riff nach Westen gedriftet. 40 Tage trieben sie im Ozean, ohne Land zu sehen. Sonnenverbrannt, ausgetrocknet, aber lebendig taumelten sie schließlich auf einer kleinen Insel in Mikronesien an Land – 3000 Kilometer von zu Hause entfernt. Und so wird es früher auch gewesen sein: Vom Wind verweht, mögen solche Schiffbrüchigen mit etwas Glück irgendwann an ferne Strände getrieben worden sein, wo sie den Rest ihres Lebens verbrachten. Vielleicht warteten sie auch auf günstiges Wetter, um die Rückfahrt zu versuchen. Nur mit

Das Naturschutzgebiet Falealupo auf Savaii wurde in den letzten Jahren mehrfach durch Zyklone verwüstet.

Glück und Zähigkeit werden sie eine solche Odyssee überlebt und ihren Völkern zu Hause erzählt haben können.

Sicher wurden von den frühen Polynesiern auf diese Weise auch Inseln entdeckt, aber es ist sehr unwahrscheinlich, daß aus solchen Zufallstreffern eine Besiedlung resultierte. Fischen war damals schon Männersache, und wenn ein Boot vom Wind auf eine ferne Insel verschlagen wurde, waren sicher keine Frauen an Bord. Und daran mußte natürlich jeder Versuch einer Kolonisierung scheitern. Es fehlten auch Setzlinge von wichtigen Kulturpflanzen und vermehrungsfähige Haustiere. Nein, eine Siedlungsreise mußte bestens vorbereitet und durchdacht sein, wenn sie erfolgreich verlaufen sollte. Fischer, die von solchen Abenteuern zurückkehrten, beflügelten die Phantasie der Daheimgebliebenen. Jeder brannte darauf, diese fernen Länder hinter dem Horizont selbst einmal zu sehen. Man löcherte die Rückkehrer mit Fragen: Sind dort Berge? Gibt es Frischwasser? Kommt man in die Lagune herein? Wie sehen die Wälder aus? Was für Tiere leben dort? Und vor allem: Gibt es dort Menschen? Vielleicht dauerte es noch Jahrzehnte oder Generationen, bis man tatsächlich eine Expedition dorthin entsandte, aber inzwischen wurde die Legende wieder und wieder erzählt und ausgeschmückt. Die Richtungs- und Entfernungsangaben hielt man in einem Muster aus Stäben und Fäden fest – als wertvolle Navigationshilfe, die eines Tages in die neue Inselheimat führen könnte.

Seit den Tagen von James Cook hat man über die Beweggründe der polynesischen Ozeanreisen spekuliert. Warum verließen sie ihre sichere Insel und suchten unter großer Gefahr eine neue? Inseln haben naturgegebene Beschränkungen. Ihre Ressourcen sind begrenzt und schnell erschöpft. Abgeholzte Wälder versteppen, und auch der marine Reichtum einer Lagune ist nicht unendlich. Aus diesem Grund legte sich die polynesische Gesellschaft in Form von Tabus Selbstbeschränkungen auf. Das System bewährte sich und trug viel zum Überleben dieser Inselkulturen bei.

Die Natur ist nicht nur endlich, sondern auch unberechenbar – besonders auf kleinen Inseln im weiten Ozean. Die Stürme, die Pflanzen und Tiere zu entlegenen Eilanden trugen, bargen auch zerstörerische Kräfte. So ist für die Samoa-Inseln eine Flora und Fauna typisch, die sich fast provisorisch an die junge Vulkanerde zu klammern scheint. Eben jene Kräfte, die neue Arten bringen, bedrohen auch deren Überleben. In jüngerer Zeit haben mehrere Wirbelstürme ausgedehnte Waldflächen auf Savaii und Upolu vernichtet und einige Arten nahezu ausgelöscht. Der ewige Zyklus aus Kolonisierung und Zerstörung muß diese Inseln seit dem Tag begleitet haben, an dem sie aus dem Wasser auftauchten.

Wiederholte Naturkatastrophen und knappe Ressourcen also haben die Insulaner sicher veranlaßt, anderswo nach einem besseren Leben zu suchen. Es ist eine natürliche Reaktion des Menschen. Die sagenhaften Inseln jenseits des Horizontes wurden mit jedem Erzählen schöner, und auch Streitigkeiten innerhalb der Völker mögen die Abwanderungen beschleunigt haben. Der Reiz eines neuen Lebens wurde stärker als die Furcht vor den Gefahren des Meeres. Seit ungezählten Generationen waren die Polynesier tüchtige Seefahrer gewesen. Das lag ihnen im Blut und in der Seele. Sie waren die geborenen Abenteurer und Nomaden. Seit ihre Vorfahren ihre Heimat im Westen verlassen hatten, waren sie von ihrem ruhelosen Pioniergeist bis zu den entlegensten Pazifikinseln getrieben worden. Und je weiter sie sich von Asien entfernten, desto länger wurden auch die Strecken zwischen den einzelnen Inseln. Hinter ihnen, jenseits der untergehenden Sonne, führte die Spur ihrer Ahnen ins Dunkel der Geschichte zurück. Bis hierher hatten sie es geschafft! Und diejenigen, die nun weiterzogen, waren keine Desperados, sondern echte Pioniere. Sie vertrauten auf ihre Fähigkeiten und ihre Ausdauer, jenes Land zu finden und zu besiedeln, das hinter der aufgehenden Sonne lockte.

Was die ohnehin erstaunlichen Ozeanwanderungen der Polynesier noch bemerkenswerter macht, ist, daß sie grundsätzlich von West nach Ost segelten, also genau entgegen den vorherrschenden Winden und Strömungen. Dieser Punkt bereitete den Gelehrten eine Menge Kopfzerbrechen, als sie über die Herkunft der Poly-

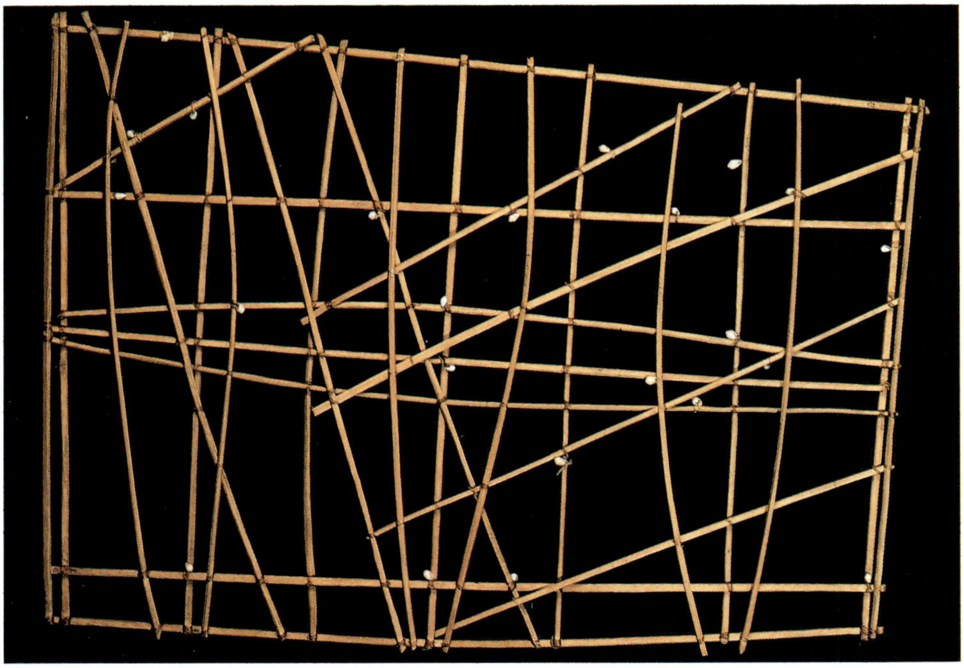

*Oben:* Anstelle von Seekarten benutzten die polynesischen Seefahrer solche Holzgeflechte aus Stäben und Muscheln. Das Wissen über Winde und Strömungen und die Segelzeiten zwischen Inseln tauschten die Seefahrer untereinander aus.
*Seite 114/115:* Fregattvögel – die nomadischen Luftpiraten des Pazifiks.

nesier spekulierten. Die meiste Zeit des Jahres liegen die pazifischen Inseln der Südsee und auch die Hawaii-Inseln der nördlichen Halbkugel unter dem Einfluß von Passatwinden und Meeresströmungen, die von Osten her auf ihre Küsten treffen. Hier fällt der meiste Regen, die geschützten Leeseiten sind trockener. Diese tropischen Windverhältnisse stehen in Wechselwirkung mit den beiden großen Meeresströmungen des Pazifiks, die in etwa den gleichen Weg nehmen. Im Südpazifik bringt der berühmte Humboldtstrom kaltes Wasser aus der Antarktis an die südamerikanische Küste. Bei Sportanglern wegen seiner Großfische bekannt, trägt er aber auch Riesenrochen sowie große Herden von Tintenfischen und Walen nach Norden. In der Höhe von Peru, immer noch südlich des Äquators, dreht der Humboldtstrom westwärts und bringt Kaltwasser in die Spitze des polynesischen Dreiecks.

Ebendiese Strömung nutzten Thor Heyerdahl und seine Mannschaft für ihre legendäre *Kon-Tiki*-Expedition von 1947. Drei Monate lang schwamm ihr kleines Floß aus Balsaholzstämmen mit der Strömung von Peru weg und auf Polynesien zu. Heyerdahl wollte zeigen, daß der Humboldtstrom einst südamerikanische Indianer als erste Siedler in die Südsee hätte tragen können. Und als die *Kon-Tiki* am Ende ihrer Fahrt auf das Riff von Raroia östlich von Tahiti auflief, hatte Heyerdahl ohne Zweifel bewiesen, daß es möglich war, allein mit der Kraft von Wind und Strömung von Südamerika nach Polynesien zu treiben.

Ähnlich verläuft im Nordpazifik ein Kaltwasserstrom in südlicher Richtung an Kalifornien vorbei nach Mexiko, dreht ebenfalls westwärts und passiert als Nord-Äquatorialstrom die Hauptinseln von Hawaii. Heyerdahl vermutete nun, daß auf ebendieser Strömung, unterstützt durch kräftige Ostwinde, auch nordamerikanische Indianer die Hawaii-Inseln in der Mitte des nördlichen Pazifiks besiedelt haben könnten.

Aber trotz dieser handfesten Argumente und aufsehenerregenden Ozeanreisen Heyerdahls deuten immer mehr Hinweise darauf, daß Polynesien aus der anderen Richtung besiedelt wurde. Es bestehen kaum noch Zweifel daran, daß die polynesischen Völker von den Inselgruppen Samoas und Tongas aus ostwärts – auch gegen die vorherrschenden Winde und Strömungen – vorrückten. Wie Heyerdahl richtig sagt, liegen Welten zwischen dem, was möglich ist, und dem, was wahrscheinlich ist. Es ist auch allzu leicht, das Wie mit dem Warum zu verwechseln. Das Szenario, nach dem sich die Polynesier von den Inseln Südostasiens aus in den Westpazifik fortbewegten, entspricht unserem wachsendem Verständnis dieser Völker selbst. Je mehr Erkenntnisse über ihre Lebensweise und die Natur ihres Inseldaseins ans Licht kommen, desto schlüssiger fügt sich die epische Geschichte ihrer Besiedlung des Pazifiks zu einem logischen Muster.

Buckelwale *(Megaptera novaeangliae)* auf dem Weg nach Süden.

Im Unterschied zu den Tieren im Meer sind die Seefahrer auf seiner Oberfläche von Winden abhängig. Und im ganzen tropischen Pazifik kommen diese Winde vornehmlich aus dem Osten und machen es natürlich schwer, in diese Richtung zu segeln. Mit modernen Segelbooten ist es wohl möglich, hart am Wind zu kreuzen, aber die Polynesier mit ihren schwer beladenen Doppelkanus dürften gegen die scharfen Südostpassate kaum vorangekommen sein. Doch das Windmuster ist durchaus variabel. Kurzzeitig kann sich die Windrichtung, vor allem im Westpazifik, nämlich umdrehen, und in manchen Jahren bringt „El Niño" nicht nur das Wetter auf der ganzen Welt durcheinander, sondern auch beständige Westwinde in die südlichen Tropen. Diese wiederum können auf die Oberflächenströmung drücken und sie in östliche Richtung umlenken. Das geschah Ende 1982 und zehn Jahre später noch einmal. Biologen sind überzeugt, daß die periodischen Einflüsse von „El Niño" dazu beigetragen haben, viele Arten von Meerestieren vom westlichen in den östlichen Pazifik zu bringen. Und ebendiese Umkehr der Winde und Strömungen könnte auch polynesische Seefahrer mit Rückenwind in ihre neue Heimat getragen haben.

Denn das Segeln gen Osten ist eine überlebenstechnisch durchaus logische Strategie. Früher oder später würden die Passatwinde wieder auf ihre übliche Ost-

*Oben:* An Bord eines Siedlerkanus bot eine kleine Hütte aus Pandanus-Blättern den einzigen Schutz gegen die Elemente.
*Rechts:* Polynesier sind groß und kräftig; Wochen auf See verlangten schon eine robuste Natur.

West-Richtung drehen, und wenn man bis dahin kein Land gefunden hatte, war wenigstens die Rückfahrt gesichert. Für die Polynesier war die Welt ein riesiger inseldurchsetzter Ozean. Immer wieder werden sie versucht haben, ihren Legenden oder Instinkten folgend, diese Welt nach Osten hin zu erschließen. Seefahrer seit ungezählten Generationen, wußten sie natürlich, daß die Chancen, große, fruchtbare und unbewohnte Inseln zu finden, desto größer wurden, je weiter sie nach Osten vordrangen. Bei gutem Wetter und kräftigem Westwind konnten ihre Segelboote viele hundert Kilometer in nur wenigen Tagen zurücklegen und durch fächerartiges Durchkämmen des Ozeans auf die eine oder andere Insel stoßen. Und wenn die Vorräte, die Begeisterung oder die Rückenwinde unterwegs nachließen, bevor sie ihr Ziel erreicht hatten, drehten sie ihre Piroge einfach in den Ostwind und segelten volle Kraft in die Sicherheit des Heimathafens zurück. Schließlich war es einfacher, einen bekannten Punkt zu orten als unbekanntes Land zu suchen.

Hohe Inseln ziehen Wolken an – ein erstes Zeichen, daß irgendwo am Horizont Land liegt. Während sie ihr Kanu prüfend näher segeln, treffen die Reisenden auf erste Spuren von Leben. Kokospalm- und Pandanusblätter treiben im Wasser. Der Steuermann spürt, wie sich der Seegang unter dem Fahrzeug verändert. Selbst seine Farbe scheint das Meer zu wechseln. Langsam senkt sich die Sonne. Neugierig kreisen Seevögel über der kleinen Expedition. Später drehen sie zielstrebig zur Wolkenbank im Osten ab, und die Reisenden fiebern erwartungsfroh der Morgendämmerung entgegen.

Die Wolken, die sich über den Inseln sammeln, spiegeln oft die Farbe des Landes unter ihnen. Das satte Grün eines Regenwaldes wird sich in den Wolken reflektieren. Ist die Insel ein Atoll mit weiter Lagune, wird ein blauer Wolkensaum die Natur des Landes unter sich preisgeben. Noch bevor die Reisenden einen Fuß auf das neue Land gesetzt hatten, wußten sie also schon eine Menge über das, was sie dort erwartete. Und wenn sich obendrein erste Bergspitzen am Horizont zeigten, durften die Seefahrer sicher sein, daß vor ihnen tatsächlich eine hohe Insel mit üppigen Wäldern und klaren Bächen lag.

Am Morgen lauschen sie auf den Klang des Riffs. Jetzt beginnt der gefährlichste Teil ihrer Reise. Nicht jede Insel hat eine schiffbare Zufahrt durch die turbulenten, seichten Riffgewässer. Sofern es der Wind gestattet, wird der Steuermann sein Gefährt im sicheren Abstand zu den umgebenden Korallenbänken an die Leeseite der Insel bugsieren. Scharfe Augen forschen über die Gischt, um eine Durchfahrt zu finden, die breit und tief genug ist. Nähert man sich jedoch von der Windseite, riskiert man, von den Wogen an das Riff geschmettert zu werden. Manchmal aber bleibt den Seefahrern keine Wahl. Dann werden die Segel eingeholt, und die stärksten Männer legen sich ins große Steuerruder, um ihr Kanu sicher in die Lagune zu bringen. Jeder hilft mit; mit Paddeln und Stangen hält man das Boot in der Mitte der schmalen Fahrrinne, damit es nicht gegen die scharfkantigen Korallenwände gedrückt wird. Wenn das Kanu endlich auf den sanften Strand aufläuft, springen alle erschöpft, aber erleichtert an Land und danken den Geistern ihrer Ahnen, die sie sicher auf diese grüne Insel geleitet haben. Tangaroa, der Gott der Seefahrer, ist ihnen gnädig gewesen. Mit Freude stellen die Ankömmlinge fest, daß das entdeckte Eiland nicht nur fruchtbar, sondern auch menschenleer ist.

Die Wildtiere und -pflanzen der pazifischen Inseln kamen lange vor den Polynesiern dort an. Über ungezählte Jahrtausende waren die unterschiedlichsten Arten

Eine Siedlungsreise konnte nur gelingen, wenn die kostbare Fracht aus Pflanzen und Tieren heil ankam.

per Zufall auf diese oder jene Insel verschlagen worden. Mit Hilfe kräftiger Westwinde waren sie – durch die Luft segelnd oder auf Treibholz schwimmend – nach Osten gelangt. Für die Ausbreitung von Westen nach Osten kam vielen, sehr kleinen Lebewesen zudem eine Besonderheit der Windverhältnisse zugute. Nahe der Wasseroberfläche sind die Südostpassate am stärksten. Mit steigender Höhe verlieren sie aber an Wirkung, und schließlich dreht sich der Wind sogar und bläst in entgegengesetzter Richtung von West nach Ost.

Die häufigen Zyklone des Westpazifiks wirbeln kleine Tiere und Pflanzenteile hoch in die Atmosphäre. Samen, Sporen und Insekten fliegen auf diese Weise hunderte, sogar tausende Kilometer weit. Einige Spinnenarten sind ausgesprochene Ballonflieger: Sie spinnen ihr Netz in die aufsteigende Thermik hinein, bis sie von ihr in die Luft und in neue Länder getragen werden. Selbst Vögel ändern ihre Flughöhe, um aus den verschiedenen Windrichtungen größten Nutzen zu ziehen. Fruchttauben haben sich von Südostasien aus auf fast jede Insel in Melanesien, Mikronesien und Polynesien verbreitet – nomadenhaft auf der Suche nach den süßesten Früchten. Die Tongafruchttaube (*Ducula pacifica*) Westpolynesiens und Melanesiens mag als klassisches Beispiel dieser Überlebensstrategie dienen. Wo immer diese Vögel Bäume mit reifen Früchten finden, lassen sie sich nieder und brüten schon bald. Wird die Nahrung knapp, fliegen sie geschlossen zur nächsten Insel.

Auf diesen Reisen nehmen sie auch Pflanzen und Tiere als blinde Passagiere mit. Pflanzensamen in ihrer Nahrung verweilen einige Tage im Darm, bevor sie – mit einer guten Portion Dünger gratis – auf einer anderen Insel von der Taube ausgeschieden werden. Die Samen wachsen dort zu Bäumen, und schon ist eine neue Pflanzengeneration geboren. Andere Samen sind so ausgelegt, daß sie im Gefieder der Vögel hängenbleiben. Die klebrigen Früchte des Pisonia-Baumes (*Pisonia grandis*) gehören dazu und haben sich so über ganz Polynesien verbreitet. Diese Methode ist übrigens für Vögel nicht immer ungefährlich: Wenn sie an unreifen Pisonia-Früchten klebenbleiben, brechen diese noch nicht von den Zweigen, und die Tiere stecken in einer tödlichen Falle. Eine andere Pflanze mit „anhänglichen“ Samen, *Bidens pilosa*, ist mit der Sonnenblume verwandt. Ihre Früchte sind mit gabelförmigen Zacken ausgestattet, die sich so fest im Gefieder der Vögel verhaken, daß sie unter Umständen monatelang mitreisen. So kam die Pflanze als eine der wenigen Arten von ihrer südamerikanischen Heimat bis nach Tonga, von wo aus sie ihren Zug über die ganze pazifische Inselwelt begann.

Sogar Schnecken reisen im Gefieder oder in Schlammresten an den Füßen der Vögel mit. Wenn sie klein genug sind, bleiben sie dort unentdeckt und können so große Strecken zurücklegen. Es ist bezeichnend, daß die meisten Schnecken der pazifischen Inseln sich aus Vorfahren mit winzigen Gehäusen entwickelt haben, die im „Reisegepäck“ der Vögel über den Ozean geflogen sind. Einmal gelandet,

Die Samen des *Bidens pilosa* sind mit Haken versehen, die sie im Gefieder von Vögeln wie der Tongafruchttaube *(Ducula pacifica)* mitreisen lassen.

haben sich manche Schneckenarten in ihrer neuen Heimat zu wahren Riesen entwickelt – zum Teil sehr erfolgreich, aber natürlich nicht mehr reisetauglich.

Andere Weltenbummler erreichen ihr fernes Ziel auf Treibholz oder schwimmenden Pflanzenteilen. Nach heftigen Stürmen werden manchmal sogar ganze Bäume ins Meer hinausgeschwemmt, in deren Laubwerk sich zahlreiche Passagiere versammelt haben. Die Rinde beherbergt die Maden einiger Kerbtiere wie holzbohrender Käfer oder die Eier von Holzläusen und Spinnen. Wenn sie ihre salzige Reise überstehen und der Stamm sich nicht mit Wasser vollsaugt, enden diese kleinen Geschöpfe vielleicht eines Tages als „Schiffbrüchige" auf einer fernen Insel.

Fidschi hat vermutlich zwei Froscharten auf diese Weise gewonnen. Der Fidschianische Runzelfrosch (*Platymantis vitiensis* und *P. vitianus*) hat nämlich keine schwimmenden Kaulquappen. Seine großen Eier enthalten genügend Dotter, um die Larven zu Mini-Fröschen reifen zu lassen, bevor sie schlüpfen. Das bedeutet, daß beide Arten für die Entwicklung ihres Nachwuchses nicht mehr auf Süßwasser angewiesen sind. Die Weibchen legen wenige, dafür riesige Eier in die Blattwinkel von Palmen, wo die Kleinen ohne Bedarf an Wasser im Ei zu Fröschlein heranreifen. Dies mag erklären, warum sie die einzigen Amphibien geblieben sind, die den westlichen Pazifik bis nach Fidschi überquert haben. Erwachsene Frösche würden auf See bald verenden, aber ein großes, dottergefülltes Ei könnte, in Palmblätter sicher eingeklemmt, die weite Reise überstehen.

Reptilien sind da schon bessere Seefahrer. Die zähe Schuppenhaut von Eidechsen und Schlangen widersteht dem Salzwasser, und die meisten Reptilien überstehen auch etliche Wochen ohne Nahrung. Viele Glattechsen und Geckos sind vermutlich als Flößer von Insel zu Insel gelangt, und selbst die Südseeboa konn-

*Oben:* Aus den Eiern des Fidschifrosches *(Platymantis vitiensis)* schlüpfen keine Kaulquappen, sondern Miniaturausgaben der erwachsenen Tiere.
*Rechts:* Die ausgewachsenen Frösche leben nur auf Fidschi und variieren stark in Form und Farbe.

te eine lange Zeit auf See überleben, bevor sie auf ihrem Stück Treibholz an einen fernen Strand gespült wurde. Die hartschaligen Reptilieneier sind sogar noch besser gegen Salz und Sonne geschützt, und es ist gut möglich, daß einige Arten als Embryos über das Meer gereist sind. Höchstwahrscheinlich fand dies während der Eiszeiten statt, als viel mehr Land über dem Meeresspiegel lag. Inseln, die heute längst vom Ozean verschluckt worden sind, dienten damals als Trittsteine für landlebende Tiere. Es gab mehr Inseln, und die Entfernungen zwischen ihnen waren kürzer, so daß der Ozean leichter überwunden werden konnte. Aber selbst während der Eiszeiten waren die Strecken zwischen den Inseln noch beachtlich. Für Amphibien jedenfalls und viele andere Tier- und Pflanzenfamilien bedeuteten die Fidschi-Inseln und ihre unmittelbaren Nachbarn die endgültige Grenze ihrer Wanderung nach Osten.

Eine bemerkenswerte Ausnahme ist der Kurzkamm- oder Fidschi-Leguan *(Brachylophus fasciatus)*. Dieses stattliche Reptil, das auf Fidschi-Inseln wie Vatuvara lebt, hat Verwandte auf der entfernten Ostseite des Pazifiks, aber keine im Westen. Es scheint, als seien seine Vorfahren aus den Küstenbereichen des fast 12 000 Kilometer weiter östlich gelegenen Mittelamerikas gekommen. Diese Land-

echse kann zwar ausgezeichnet schwimmen, hätte aber im Salzwasser wohl kaum überlebt. Auch auf einem Stück Treibholz wäre so eine Reise für ein erwachsenes Tier vermutlich zu lang, selbst wenn kräftige Wellen und Strömungen nachgeholfen hätten. Die wahrscheinlichste Erklärung ist, daß die Leguane als Eier von der anderen Seite des Pazifiks bis nach Fidschi gereist und dort ausgeschlüpft sind. Die Eier dieses Leguans reifen sechs Monate oder länger und sind, wie Reptilieneier überhaupt, äußerst widerstandsfähig. Versteckt im Wurzelwerk eines Baumes in Amerika hätte das Gelege an Bord eines natürlichen Floßes den Pazifik überqueren und Monate später als kleine Leguane auf einem Strand in Fidschi schlüpfen können. Von dort aus war es viel einfacher, die Nachbarinseln zu besiedeln und sich in der neuen Heimat der fidschianischen Wälder zu behaupten.

Auf einer Insel, Yaduataba, lebt eine Leguanart mit eindrucksvollem Kamm. Dieses erst kürzlich entdeckte Reptil (*Brachylophus vitiensis*) ist mit seinem amerikanischen Vorfahren, dessen Eier vielleicht schon vor etlichen Millionen Jahren nach Fidschi gelangten, möglicherweise noch enger verwandt.

Meerestieren bereitet eine Ozeandurchquerung naturgemäß weniger Probleme. Seeschildkröten, die vielleicht bekanntesten und beliebtesten Meeresreptilien, verbringen fast ihr ganzes Leben im Ozean und schwimmen nur an Land, wenn sie dort ihre Eier ablegen. Ein Reptil allerdings hat sich vom Land vollständig gelöst. Die Plättchen-Seeschlange (*Pelamis platurus*) lebt ausschließlich im

Der spektakuläre Fidschi- oder Kurzkamm-Leguan *(Brachylophus vitiensis)*.

offenen Meer; dort paaren sich Männchen und Weibchen, und dort jagen sie inmitten des Treibgutes, das sich zwischen den Wasserströmungen ansammelt, kleine Fische. Das Geheimnis ihrer Unabhängigkeit vom Landaufenthalt liegt in ihrer Fortpflanzungsmethode. Die Weibchen brüten ihre Eier im Leib aus und bringen lebende Junge zur Welt, die vom ersten Augenblick an schwimmen können. Daher sind diese Nomaden des Meeres das weitestverbreitete Reptil der Welt geworden.

Viele Meerestiere, wie Haie und andere große Fische, können lange und zielstrebige Ozeanreisen unternehmen. Der Graue Riffhai (*Carcharhinus amblyrhynchos*) ist im gesamten tropischen Pazifik verbreitet. Seine Mobilität hat ihn so erfolgreich gemacht. Unabhängig von Wind und Strömung kann er den Ozean durchwandern und dort leben, wo er genug Beute findet. Noch zielstrebiger durchqueren Wale den Pazifik im Gleichschritt mit ihrer Nahrung. Buckelwale (*Megaptera novaeangliae*) verbringen den Sommer der Südhalbkugel in antarktischen Gewässern und fressen dort den überreichlich vorhandenen Krill. Etwa im März ziehen sie dann an Neuseeland vorbei und wandern durch die Tonga-Inseln nach Norden, um sich in den seichten Meeresgebieten zu paaren. Im September zieht ein anderer Bestand auf ähnliche Weise durch die Tahiti-Gruppe nördlich bis nach Hawaii. Buckelwale scheinen auf ihren Wanderungen den Tiefseegräben zu folgen, aus denen kaltes Wasser aufwallt und Plankton nach oben schwemmt. Pottwale (*Physeter catodon*) profitieren ebenfalls von diesen Kaltwasserströmen, aber sie fangen dort im tieferen Wasser deutlich größere Meerestiere ab. Tintenfische fressen sie besonders gern, und große Walbullen wagen sich auch an 20 Meter lange Exemplare heran. Die Welt der Wale ist der ganze Pazifik.

Andere Meerestiere sind auf die warmen Gewässer der Tropen angewiesen. Viele Fischarten, die aus dem Korallenmeer nördlich von Australien stammen, haben sich in einem breiten Gürtel ostwärts verbreitet und sind immerhin bis nach Hawaii und die entferntesten Inseln Ostpolynesiens gelangt. Strömungen haben den Laich viele hundert Kilometer weit getragen. Korallen, zum Beispiel, wandern auf diese Weise. An den Riffen um die melanesischen Inseln wetteifern unzählige Arten um die besten Plätze. In einer schillernden Vielfalt an Farben und Formen haben diese koloniebildenden Tiere das Material für ebendiese Koralleninseln geliefert. Hier in den warmen Flachwässern am äußersten Westsaum des Pazifischen Ozeans liegt die evolutionäre Kinderstube, die so viele verschiedene Arten hervorgebracht hat.

Um ihre Fortpflanzung zu sichern, laichen alle Korallenarten zur selben Zeit. Dies bringt eine solche Masse an Milch und Eiern hervor, daß noch genügend befruchteter Laich übrigbleibt, wenn sich die Räuber gütlich getan haben. Bezeichnend ist, daß an den weniger bevölkerten Korallenriffen von Tahiti eine Synchronisation des Laichens nicht stattfindet. In einem tiefen Meer wie dem

Der Graue Riffhai *(Carcharhinus amblyrhynchos)* lebt im tropischen und subtropischen Pazifik zwischen Hawaii und der Osterinsel und kommt westlich bis an der afrikanischen Küste des Indischen Ozeans vor.

Pazifik brauchen Korallen das Land ebenso wie Vögel oder Blütenpflanzen. Nur dort, wo vulkanische Erhebungen die Wasseroberfläche erreichen, ist das Wasser für Korallen flach genug. Und je weiter östlich die Korallen treiben, desto geringer wird die Chance, einen solchen Ort auch zu finden. Die abgelegenen Inseln Ostpolynesiens besitzen auch nur wenige Korallen und wenige Landtiere. Auf dem Weg nach Osten haben viele Arten die Grenzen ihres Verbreitungsgebietes vorzeitig erreicht.

Wenn eine polynesische Expedition zufällig oder gezielt auf eine unbekannte Insel stieß, die sich zur Besiedlung eignete, pflanzte sie dort eine Handvoll Samen, bevor sie den Heimweg antrat. Sollte sie jemals in das neue Land zurückkehren, würde dort eine reiche Ernte nützlicher oder eßbarer Pflanzen auf sie warten. Und wenn sie nicht wiederkamen, würde ihre Vorsorge irgendeinem anderen Volk helfen, das an ihrer Stelle die Insel besiedelte.

An einem Tag mit günstigem Ostwind werden die heimkehrenden Pioniere ihr Kanu vorsichtig aus der Lagune durch das Riff gesteuert haben. Vor ihnen lag die offene See. Der Wind füllt das dreieckige Segel aus Pandanusmatten, und das Boot dreht westwärts. Tagsüber geben ihnen Sonne und Strömung, nachts die Sterne den Weg an. Nach wenigen Tagen schon passieren sie ein bekanntes Riff oder eine von der Herfahrt vertraute Insel, so daß sie noch genauer auf Kurs gehen können. Die meisten pazifischen Inselgruppen reihen sich in Ketten aneinander. Findet man eine dieser Inseln, kann man sich an ihrer relativen Lage bestens orientieren und den Heimweg eigentlich kaum noch verfehlen. Und sollte man doch einmal am Ziel vorbeisegeln, liegt irgendwo westlich die nächste Inselkette, die das Boot wie ein Sicherheitsnetz auffängt.

Es gibt mehrere solcher Gruppen nordwestlich von Samoa, Tonga und Fidschi. Sie liegen sämtlich im östlichen Teil Mikronesiens. Dieser gewaltige Gürtel winziger Inseln reicht über 3000 Kilometer weit in Richtung Japan und der Philippinen. Durchaus schlüssig haben Pazifikexperten in der Vergangenheit argumentiert, daß die ersten Polynesier über diese lange Kette bis an die Basis des polynesischen Dreiecks vorgerückt sind. Sie wiesen darauf hin, daß manche dieser Inseln von Menschen bewohnt sind, die nach Aussehen, Sprache und Kultur deutlich polynesischer und nicht mikronesischer Herkunft sind. Zusammen mit den übrigen polynesisch geprägten Inseln, die sich über Melanesien verteilen, versteht man diese Gruppen heute als „polynesische Vorposten“.

Die Erfolge der Polynesier gründeten sich vor allem auf ihre Boote und die Kunst, mit ihnen umzugehen und auf ihnen zu leben. Das Kanu war ihnen heilig. Vom schlichten Einbaum bis zum mächtigen Doppelrumpfkanu waren diese Wasserfahrzeuge schließlich ihr Verbindungsstück zur Welt, und damit ihr Kulturträger. Heute legen die Polynesier keine großen Entfernungen in solchen Kanus mehr zurück, es sei denn, sie feiern in besonderen Veranstaltungen die Leistungen ihrer Vorfahren. Nur auf wenigen Inseln findet man noch einfache Auslegerboote im Einsatz. In seiner schlichtesten Form bestand ein Kanu aus einem ausgehöhlten Baumstamm, an den man mit Verstrebungen einen Schwimmer – meist einseitig – angebracht hatte, um dem Gefährt größere Stabilität zu verleihen.

Solche Kanus eigneten sich für kürzere Fahrten innerhalb einer Inselkette, aber nicht für Ozeanreisen. Um die entferntesten Inseln Ostpolynesiens zu erreichen, brauchte man große, robuste Fahrzeuge, die auch einem Sturm trotzten und die ganze Besatzung samt Tieren und Pflanzen für Wochen ohne Landgang versorgen konnten. Als Cook und die anderen europäischen Entdecker in Tahiti ankamen, sahen sie Kanus von über 30 Meter Länge. Zwei mächtige Rümpfe waren durch ein solides Deck miteinander verbunden; vermutlich hatten schon die ersten Polynesier mit derartigen Booten ihre Pionierfahrten unternommen. Diese stabilen Boote brauchten keine zusätzlichen Ausleger, und die Decks lagen mehr als einen Meter über der Wasseroberfläche. Kleine Hütten boten hier Mannschaft und Tieren schützenden Unterschlupf, und die hohlen Rümpfe dienten nebenbei als nützlicher Stauraum. Diese mächtigen Katamarane trugen eine beeindruckende Nutzlast. Denn die polynesischen Seefahrer mußten ja alles mitführen, was ihr Überleben auf den neu zu besiedelnden Inseln sicherte.

Wochenlang hatte man sich auf dieses Ereignis vorbereitet. Das große Kanu lag in der Lagune. Schon vor über einem Jahr waren zwei gewaltige Bäume mit großer Zeremonie gefällt worden. Sorgsam wählten die Baumeister einen passenden Ort, an dem sie ihre überlieferte Kunst ausüben wollten. Man schlachtete ein gemästetes Schwein und bereitete es für den Erdofen zu. Einige seiner Borsten opferte man Tane, dem großen Gott der Wälder und der Handwerker; den Schwanz behielt man als weiteres Geschenk an Tane, sobald das Festmahl beginnen sollte. Am folgenden Morgen weckten die Baumeister ihre Steinäxte, indem sie sie ins Meer tauchten. Dann begannen sie mit dem Bau; nach und nach entstanden die Rümpfe, das Deck, Planken und Ruder. Monatelang lebte das Dorf im Rhythmus ihrer Arbeit.

Frauen durften sich nicht in der Nähe des überdachten Bauplatzes aufhalten; ihre Aufgabe bestand darin, die feinen Segelmatten zu flechten und die Männer mit Nahrung zu versorgen. Andere stellten bereits den Reiseproviant zusammen. Gegorener Brei aus zerstampften Brotfrüchten wurde in *ti*-Blättern portioniert. Gebacken hielt sich diese Trockennahrung über Monate. Bananen und andere Früchte wurden ebenfalls getrocknet, und ein reichlicher Vorrat an geschnittenem Zuckerrohr sollte den Reisenden die nötige Energie liefern. Aus Kürbisschalen und großen Bambussegmenten wurden Gefäße gefertigt, die Trinkwasser, sonstige Nahrungsmittel und auch die Setzlinge verschiedener Nutzpflanzen aufnehmen sollten. Samen, Wurzelstöcke, Ableger und Sprößlinge hatte man sorgsam aus Wald und Garten geerntet. Viele wichtige Knollen wie Yams und Taro würden auf See leicht eingehen, wenn man sie nicht in feuchter Erde am Leben hielt. Wurzeln des Papiermaulbeerbaums wurden geschnitten und in Erde gelegt, damit die Siedler im fernen Land aus dem gewohnten Rindenbast ihre Kleider und Matten fertigen konnten. Selbst die genügsamen Kokosnüsse brauchten die richtige Pflege, wenn sie die lange Fahrt schadlos überstehen sollten.

Aus den Haustieren wählte man die besten Zuchttiere aus. Schweine waren ebenso wichtig wie die domestizierten Wildgeflügel, die den Polynesiern das nötige Fleisch lieferten. Auch Hunde gingen mit auf die Reise – nicht nur als Jagdbegleiter, sondern auch als Nahrungsquelle; diese Hunde wurden vegetarisch herangezogen, so daß sie während der Reise mit Pflanzenresten und Abfällen gefüttert werden konnten. Wenn die Seefahrer nicht genügend Fisch fingen, konnten sie immer noch ihre Hunde schlachten, die offenbar auch den Vorzug hatten, nicht zu bellen. Polynesische Ratten, die sich von Früchten und Pflanzensamen ernähr-

Die polynesische Ratte *(Rattus exulans)* reiste mit den Siedlern an Bord ihrer Kanus durch den Pazifik – aber wahrscheinlich nicht als blinder Passagier, sondern als schmackhaftes Haustier.

ten, wurden ebenso an Bord genommen und in soliden Käfigen aus dicken Blättern gehalten. Ihr Fleisch war bei den Polynesiern begehrt, und sie sollten das Nahrungsangebot in der neuen Heimat vielfältiger machen. Manche Tiere reisten eher ungebeten mit. Eidechsen oder andere blinde Passagiere konnten sich in die geräumigen Hohlrümpfe mogeln und, falls sie die Reise überlebten, am Zielort ihre Art über die Insel verbreiten.

Alles war fertig. Die Menschen, die den Kern der Siedlergruppe bildeten, hatten sich körperlich und geistig auf die große Fahrt vorbereitet. Um Nahrung und Wasser zu sparen, hatten sie sich Genügsamkeit antrainiert. Wer genügend Fettreserven mitbrachte, konnte einige Wochen bei kargen Rationen überstehen und war weniger anfällig für die extreme Mischung aus Sonne, Salz und Nachtkälte. Starke junge Männer sollten das Boot segeln und das neue Leben aufbauen. Gesunde junge Frauen wurden gebraucht, um der nächsten Generation das Leben zu schenken. Ältere Männer und Frauen brachten die Erfahrung ihres langen Lebens und das Wissen der Ahnen mit und kannten die Fährnisse des Ozeans. Nun hieß es Abschied nehmen. Die Augen fest gen Osten gerichtet, wartete man auf den Westwind.

# 6

# *Reise ohne Wiederkehr*

Der Mond, in seinem ersten Viertel, warf ein geisterhaftes Licht über den Ozean. Etwa fünfzig Kilometer östlich der aktiven Vulkaninsel Tofua im Westpazifik hatte ein dreißig Meter langer Schoner gerade seinen Weg durch die Inselgruppe beendet, die wir heute als Tonga kennen. Vor ihm lagen Hunderte Kilometer offenes Meer. An Bord trug der Segler 44 erfahrene Seeleute sowie eine wertvolle Pflanzenfracht. Frauen gab es dort keine, und das Schiff segelte westwärts auf Asien zu. Dies war eindeutig keine Siedlungsfahrt, sondern eine Handelsreise. Die kostbare Ladung an Bord war für tropische Inseln eines fernen Meeres bestimmt. Die Männer waren von weit her nach Polynesien gereist, und in dieser Nacht sollten sie Geschichte machen.

Drei Wochen zuvor hatte die *Bounty* Tahiti verlassen und, von kräftigen Ostwinden begünstigt, in dieser Zeit 2500 Kilometer zurückgelegt. Nach den Maßstäben der europäischen Seefahrt des 18. Jahrhunderts war die *Bounty* ein kleines Schiff, aber der Zweck ihrer Reise war der ungewöhnlichste Auftrag, der je einer Schiffsbesatzung erteilt worden war. Unter dem Kommando von Leutnant William Bligh, der schon mit James Cook den Pazifik besegelt hatte, war die *Bounty* im Dezember 1787 in England ausgelaufen. Ihre Mannschaft sollte in Polynesien Setzlinge des schnellwachsenden Brotfruchtbaumes sammeln und diese nach Mittelamerika bringen, wo man sie in Plantagen anbauen wollte und als billige Nahrung für Sklaven erwartete.

Bislang war die Mission sehr erfolgreich verlaufen. Auf Tahiti hatte man 774 Pflanzensprößlinge in Töpfe gepflanzt und verladen. Die Eingeborenen waren äußerst hilfsbereit und freundlich gewesen. Ein Freund von Captain Cook war auf Tahiti stets willkommen. Bligh war während des fünfmonatigen Aufenthaltes die meiste Zeit an Bord geblieben, aber sein Erster Offizier, Fletcher Christian, hatte zusammen mit der Besatzung die Gastfreundschaft der Tahitianer weidlich ausgenutzt. Und selbst Bligh fiel der Abschied nicht leicht. „Ich verließ diese glücklichen Insulaner nur schmerzlich“, schrieb er später, „denn zwischen uns herrschte äußerste Zuneigung, Ehrerbietung und Kameradschaft während unseres gesamten Bleibens."

Und jetzt, drei Wochen nach dem Fortsetzen der Reise, die sie um den halben Erdball tragen würde, vermißte jeder das Paradies, das sie hinter sich gelassen hatten. Im Morgengrauen des 28. April 1789 erwachte Leutnant Bligh und fand sich als Opfer einer, wie er später sagte, „der abscheulichsten Piraterien, die je begangen wurden". Seit diesem inzwischen legendären Ereignis haben zahllose Romanschreiber und Filmautoren über die Gründe dieser Meuterei spekuliert. Aufschlußreicher für die Naturgeschichte Polynesiens ist aber, was nachher passierte.

Noch am Mittag desselben Tages wurde Bligh mit achtzehn weiteren Männern in einem acht Meter langen Boot ausgesetzt. Mit einem Sextanten und einigen Seekarten ausgerüstet, trieben die Unglücklichen nach den Launen der Strömungen und Winde in der Richtung weiter, die auch die *Bounty* hätte nehmen sollen, also nach Westen. Am Abend hatten sie Tofua erreicht, wo ein junger Seemann auf der Suche nach Wasser und Vogeleiern zu Tode stürzte. Vierzig Tage später und nach einer Odyssee über 6000 Kilometer durch einige der tückischsten Gewässer der Erde landeten Bligh und seine treuen Begleiter auf der Insel Timor, der nächsten europäischen Siedlung in diesen Breiten. Sie hatten eine großartige seemännische Leistung vollbracht.

Indessen hatten Fletcher Christian und die Meuterer ihren modernen Schoner gegen den Wind gedreht und den Rückweg gen Osten angetreten, wo sie nach fast drei Monaten wieder Land betraten. Ihr eigentliches Ziel erreichten die Rebellen am 15. Januar 1790. Hier, weit weg von den Schiffsrouten des Pazifiks, hofften sie auf einer einsamen Insel auf ein neues Leben, ohne die zweifellos entsandte Strafexpedition der Königlichen Marine fürchten zu müssen. Leichtsinnig setzten sie eines Tages die *Bounty* in Brand und zerstörten ihre letzte Verbindung zur Außenwelt. Sie würden diese Insel nie wieder verlassen.

Als sich ihre Wege trennten, hatten Bligh und Christian entgegengesetzte Richtungen eingeschlagen. Während Bligh und seine Getreuen von der Strömung und den vorherrschenden Winden immer weiter westwärts getragen wurden, konnten die Meuterer mit ihrem modernen Segler gegen den Wind nach Osten kreuzen, um das Land ihrer Träume zu finden. Blighs passives Treibenlassen entspricht etwa der Reisemethode vieler Pflanzen- und Tierarten, die aus der Sicherheit ihrer Heimat gerissen und von den Elementen willkürlich an fremde Gestade geworfen wurden. Der Weg der *Bounty* hingegen spiegelt eine Route wider, die Wale, große Seefische und Seevögel einschlagen. Auch diese Meerestiere unternehmen zielstrebig weite Reisen, um größere Nahrungsvorkommen oder besseren Schutz gegen widriges Wetter zu finden. Ähnliche Motive haben die polynesischen Siedler nach Osten getrieben, nur hielten diese im Gegensatz zu den *Bounty*-Rebellen ihre Optionen offen.

Heute nimmt man an, daß die meisten polynesischen Inseln durch mehrere aufeinanderfolgende Fahrten erkundet und besiedelt wurden. Mit jeder Reise wurde das Kommunikationsnetz zwischen der Heimatinsel und ihrem Vorposten erweitert. Man tauschte Waren und Gedanken über große Entfernungen aus. Dazu brauchte niemand mehr die ganze Strecke zu reisen, sondern seine Güter oder Informationen nur bis zur nächsten Insel zu bringen, von wo aus sie in einer Art Stafette durch die Kette weitergereicht wurden. Im Laufe der Zeit wurden die Kolonien immer selbständiger, und die Verbindungen zur Ursprungsinsel brachen irgendwann ab. Nur ganz selten isolierte sich eine polynesische Insel völlig von der Umwelt. Und wenn, aus ökologischen oder gesellschaftlichen Gründen, das neue Leben seinen Reiz einbüßte, konnte man immer noch seine Schritte zurückverfolgen und an bekanntem Ort neu siedeln.

Im Gegensatz hierzu sind Tiere und Pflanzen, die eine Insel kolonisieren, oft zu unwiderruflicher Isolation verurteilt. Anders als die wanderlustigen Fruchttauben spezialisierte sich die Zahntaube derart auf die Lebensumstände auf Savaii, daß sie bald hart an den Rand der Ausrottung gedrängt wurde. Als die Menschen kamen, stand ihr das gleiche Schicksal wie dem Dodo bevor, und nur dadurch, daß sie ihre Flugfähigkeit nicht ganz verloren hatte, konnte sie sich vor der „Reise ohne Wiederkehr" bewahren. Immer wieder hat dieses biologische Dilemma – erfolgreiche Anpassung auf der einen, übermäßige Abhängigkeit auf der anderen Seite – die Naturgeschichte der pazifischen Inselwelt neu geschrieben.

Als die polynesischen Völker auf Samoa und Tonga begannen, ostwärts zu reisen, taten sie das in der sicheren Erwartung, viele neue Inseln zu finden. In ihrer Vorstellung bestand die Welt aus zahllosen Inseln, die von einem gewaltigen Ozean verbunden wurden. Obwohl die Inselgruppen weit auseinander liegen, ist es doch wahrscheinlich, daß die Polynesier recht bald nach ihrer Besiedlung des westlichen Pazifiks weiter nach Osten vordrangen. Bestimmt schon vor 3000 Jahren bauten sie ihre großen Kanus und erforschten die Wasserwelt zwischen der „Wiege Polynesiens" und den fernen Inseln Tahitis. Die Gesellschaftsinseln, zu denen Tahiti gehört, liegen etwa 2000 Kilometer östlich von Samoa und Tonga – vielleicht zu weit für einen direkten Kontakt. Aber auf halber Strecke kreuzt eine 1500 Kilometer lange Inselkette in Nord-Süd-Richtung den Weg nach Osten, und jeder Seefahrer auf der Fahrt von Samoa oder Tonga nach Tahiti würde wohl auf eine dieser Inseln gestoßen sein.

Heute heißt dieser langgestreckte Archipel die Cook-Inseln. Seine Bewohner sind typisch polynesisch, und ihre Sprache ähnelt sowohl dem Tahitianischen als auch der Sprache der neuseeländischen Maori. Überhaupt haben die heutigen

*Seite 136/137:* Das Innere der größten Cook-Insel, Rarotonga, ist zerklüftet und nahezu unberührt. Ihre 10 000 Bewohner leben an der fruchtbaren Küste und entlang der Lagune.

Cook-Insulaner starke kulturelle Bindungen in diese beiden Richtungen. Unsicher ist jedoch, wann ihre ersten Gesellschaften entstanden. Die Legenden der Bewohner reichen nur 600 Jahre zurück, aber handwerkliche Fundstücke deuten auf eine doppelt so alte Kultur hin. Wahrscheinlich dienten die Cook-Inseln, obwohl sie genau auf dem Weg der polynesischen Ostausdehnung gelegen haben, eher als Zwischenstation denn als endgültiges Ziel einer Kolonisierung.

Die Cook-Inseln bilden heute einen gemeinsamen Staat, lassen sich aber in zwei Gruppen mit höchst unterschiedlichem geologischen und biologischen Charakter aufteilen. Die Südgruppe besteht aus jungen Vulkaninseln oder älteren, hoch aus dem Wasser ragenden Atollen, während die Nordinseln niedrige Korallenatolle sind. Alle Inseln entstanden über einem vulkanischen „hot spot" und haben sich im Laufe der geologischen Zeit nordwestwärts bewegt. Die höchste Insel, Rarotonga in der Südgruppe, ist zugleich die jüngste, während – bis auf eine Ausnahme – alle Inseln der Nordgruppe alte Atolle in der klassischen Form eines Korallengürtels um eine Lagune herum sind. Attraktiv sind solche Atolle höchstens für Urlauber, zur Besiedlung eignen sie sich kaum. Sie liegen so niedrig im Wasser, daß während eines Zyklons die Wogen über die ganze Insel hinwegfegen und alles wegschwemmen, was in ihrem Weg steht. Die Lagunen sind zwar fischreich, dafür ist der karge Kalkboden nahezu unfruchtbar, und Süßwasser gibt es wegen fehlender Wolkenbildung selten. Im Vergleich zu den Vulkaninseln ist das Leben auf Atollen hart.

Manahiki im Norden der Cook-Gruppe soll eines der schönsten Atolle im ganzen Pazifik sein. Fast 40 Koralleninseln, manche kaum größer als ein Felsblock, umgürten eine Lagune, die an ihrer breitesten Stelle nur zehn Kilometer Durchmesser aufweist; eine Durchfahrt für Boote gibt es nicht. Wie seine Nachbaratolle Rakahanga und das äußerst westlich gelegene Pukapuka hat es eine kleine Bevölkerung, die für die Schönheit ihrer Frauen berühmt ist. Dieser Ruf hat Seeleute seit der Entdeckung durch den spanischen Seefahrer Alvaro Mendana im Jahr 1595 immer wieder ermutigt, die gefährliche Landung zu versuchen. Legenden auf Pukapuka berichten von einer gewaltigen Flutwelle, die vier Generationen vor der Ankunft der Spanier über die Insel hinwegging. Nur zwei Frauen und fünfzehn Männer überlebten, um die Gemeinschaft erneut aufzubauen.

Und nicht nur die Menschen, auch die Landtiere und -pflanzen schweben auf niedrigen Atollen in ständiger Gefahr. Sehr wenige Arten haben sich dort fest etabliert, und diese wenigen haben Eigenschaften behalten, die sie gegen die Gefahren des Meeres wappnen. Kokospalmen und Barringtonia-Bäume sind von einem Sturm leicht entwurzelt und davongeschwemmt, aber ihre Früchte eignen sich bestens für eine lange Reise durch das Meer, bis sie irgendwo an einen fremden

Die Kokospalme – nomadische Pflanze der tropischen Inseln – wurzelt überall dort, wohin die Meeresströmung sie trägt.

Strand gespült werden. Vor allem brauchen sie Schwimmfähigkeit und Schutz gegen Salz, außerdem eine lange Keimzeit und genügend eingebaute Nahrungsreserven. Die Kokosnuß ist vorzüglich für ein Leben in den Ozeanwellen gerüstet. Ihre dicke Schale gibt ihr den nötigen Auftrieb, und ihre Form und der innere Aufbau sichern dem Keim größtmöglichen Schutz gegen das Salzwasser. Eine unbeschädigte Nuß kann mehr als hundert Tage im Meer überstehen; in dieser Zeit legt sie bei günstiger Strömung an die 5000 Kilometer zurück. Die Keimzeit dauert oft noch viel länger und stellt dadurch sicher, daß eine neue Palme sprießen wird, wenn die Nuß schließlich irgendwo im Sand einer tropischen Insel angeschwemmt wird. Zum Glück für die Polynesier hat die bescheidene Kokosnuß ihre „seefahrerischen“ Qualitäten nie verloren; ohne sie hätten sie auf den Korallenatollen wohl nicht lange überlebt.

Die Inselchen der nördlichen Cook-Gruppe sind bei Seevögeln als Brut- und Paarungsstätte beliebt. Fregattvögel, Seeschwalben und Tölpel – eigentlich alle auf hoher See zu Hause – bauen ihre Brutkolonien in den Bewuchs oder auf den nackten Boden dieser entlegenen Inseln. Als ausgezeichnete Flieger konnten sie sich geschickt an widrige Umstände anpassen, die ihnen von der Natur oder vom Menschen aufgezwungen wurden. Ihre Brutzyklen sind an den Wetterverhältnissen verschiedener Ozeangebiete ausgerichtet, und wenn ein Sturm einmal all ihre Eier und Jungtiere vernichten sollte, können sie immer noch in die Luft steigen und

Der männliche Fregattvogel *(Fregata minor)* bläst seinen auffälligen Luftsack auf, um das Weibchen zu umwerben.

andernorts neu anfangen. Die Rußseeschwalbe (*Sterna fuscata*) kolonisiert Inseln so erfolgreich, daß sie der häufigste Seevogel tropischer Meere geworden ist.

Die Carolineninsel, zwischen Tahiti und dem Äquator gelegen, hat einen Strand, auf dem sich mehr als eine Million Rußseeschwalben zum Brüten versammeln. Dieses Atoll liegt am südlichen Ende der Kette der Linien-Inseln, die den Äquator kreuzt. Die Weihnachtsinsel – nördlich des Äquators liegend – ist die größte Insel der Gruppe. Siebzehn Millionen Seevögel nisteten regelmäßig hier, bis 1982, einem Jahr des El Niño, plötzlich die Fische ausblieben. Die Brutsaison wurde eine Katastrophe, und die Vögel zerstreuten sich auf ferne Inseln. Allmählich kehren sie nun wieder auf dieses gewaltige Atoll mitten im Pazifik zurück. Die Carolineninsel ist dagegen viel kleiner. Sie bildet den kümmerlichen Rest einer ehemaligen Vulkaninsel, die einst so hoch wie Fidschi im Osten und Tahiti im Süden gewesen ist. Vor vielleicht 60 Millionen Jahren war die Carolineninsel groß und fruchtbar, bedeckt mit mineralreicher Vulkanerde und ständig von feuchten Passatwinden umschmeichelt. Sie wurde zum Lebensraum für ungezählte Tier- und Pflanzenarten, die aus Asien – und vielleicht aus Amerika – hierher gekommen waren. Es entstand eine einzigartige Gemeinschaft. Im Laufe der Jahrmillionen starben viele endemische Arten durch Abtragung und Absinken der Insel aus, ein Zyklus, der an jeder hohen Vulkaninsel im Pazifik nagt. Die einzigen Arten, die den Untergang dieser Insel schließlich überlebt haben, waren diejenigen, die sich ihre Reisefähigkeit zu Wasser oder durch die Luft bewahrt hatten.

Ein uralter Vagabund der Weltmeere gehört dazu: Seeschildkröten sind große Ozeanreisende und legen während ihres langen Lebens enorme Strecken zurück. Wie alle Reptilien sind sie ursprünglich Landtiere gewesen und müssen auch heute noch zur Paarung und Eiablage an die Küste zurückkehren. Eine Meeresschildkröte verbringt den größten Teil des Jahres allein und ernährt sich von den Früchten des Meeres. Wenn sie zur Paarung mit ihren Artgenossen zusammentreffen, suchen sie sich Orte wie die Carolineninsel, wo ein paar Strände seit Ewigkeiten als Brutplatz dienen. Einst war die Insel hoch und mit Wäldern bedeckt, wogegen das kleine Atoll heute kaum noch den Kopf über Wasser halten kann. Trotzdem halten die Schildkröten der Insel die Treue und legen ihre Eier Jahr für Jahr in den weißen Korallensand ihrer Strände. Haben sie diese Pflicht erledigt, verschwindet eine nach der anderen wieder in der Weite des Ozeans.

Die Carolineninsel muß einmal so ausgesehen haben wie das heutige Rarotonga, die jüngste und größte der südlichen Cook-Inseln. Diese nierenförmige Insel bildet den Gipfel eines untermeerischen Vulkans und tauchte vor etwa zwei Millionen Jahren aus dem Wasser auf. Fast zwei Kilometer reichte sie einst hoch, aber bald darauf ist das gebirgige Zentrum eingefallen und bildete einen riesigen Kessel, der von gezackten Felsen umringt war. Später sank auch der Nordrand unter Wasser, und weitere Vulkanausbrüche änderten ihr Profil ein ums andere

Mal. Heute zählt Rarotonga zu den spektakulärsten hohen Inseln des Pazifiks. Ebenso wie das östlich gelegene Bora Bora verbindet sie den optischen Reiz einer teils abgetragenen, grün bewaldeten, hohen Vulkaninsel mit der Schönheit einer Küstenlagune samt Riff.

Rarotonga ist als einzige Insel dieser Pazifikregion hoch genug, um Wolken anzuziehen. Fast 700 Meter über dem Meeresspiegel sind ihre wild zerklüfteten Gipfel von dichtem Wald bedeckt, in dem etliche endemische Pflanzenarten leben. Die beiden auffälligsten sind die große Te Manga Cyrtandra (*Cyrtandra lillianae*) mit ihren herrlichen lilienartigen Blüten und die heimische Sclerotheca (*Sclerotheca viridiflora*), die, wie ihr lateinischer Name schon sagt, vornehmlich grüne Blüten hat. Überdies sind Rarotongas Wälder auch Heimat für 88 Farne, von denen vier Arten nur hier vorkommen.

Im Bereich der Fauna hat die Insel eine beeindruckende Vielfalt an Schnecken gesammelt. Aus Fossilien und anderen Hinweisen kann man schließen, daß es in voreuropäischer Zeit hier 42 Arten von Landschnecken gab, von denen man 24 noch nirgendwo anders gefunden hat. Eine, die Te Ko'u-Schnecke (*Tekoulina pricei*), gilt als einzige Art, die ihre Eier im Körper ausbrütet. Wenn sie ihre Jungen dann zu Hunderten zur Welt bringt, sind die Kleinen voll ausgebildete Miniaturausgaben einer erwachsenen Schnecke. Gäbe es in der Nähe andere hohe Inseln, wären diese Tiere ganz sicher auch dort verbreitet. Vielleicht werden ja in ferner Zukunft neue Vulkaninseln in der Nachbarschaft aufbrechen und mit grünen Wäldern bedeckt sein, die bis in die Wolken reichen. Schneckenarten, die klein genug geblieben sind, werden dann von Vögeln dorthin gebracht und heimisch werden. Das gilt auch für Pflanzen, deren Sporen oder Samen durch die Luft getragen werden. Die einzigen Opfer der Evolution wären diejenigen Landbewohner, die mit dem Verlust ihrer Reisefähigkeit mit der Insel untergehen müßten.

Eine dieser endemischen Pflanzen gibt es schon heute auf Rarotonga. Die *neinei* (*Fitchia speciosa*) ist eine polynesische Sonnenblume, deren Vorfahren aus Südamerika stammen. Heute hat sie nahe Verwandte auf Raiatea und anderen Inseln Französisch-Polynesiens. Wie sie den Ozean überquert hat, ist klar. Die Samen dieses Korbblütlers sind zum Fliegen ausgelegt. Mit ihren Häkchen setzen sie sich im Gefieder von Vögeln fest und reisen mit ihren „Gastgebern" über das offene Meer. Tropikvögel (*Phaeton* spp.) nisten und brüten in den hochgelegenen Waldrücken von Raiatea, wo auch Fitchien wachsen. Deren Samen wurden von den Vögeln westwärts bis zu den südlichen Cook-Inseln getragen. Auf Rarotonga jedoch hat die endemische *Fitchia*-Art ihre Gestalt drastisch verändert. Um sich in den Wäldern dieser Vulkaninsel zu behaupten, kopierte sie den Baumwuchs. Die *neinei* hat einen langen Stamm, der durch ein Geflecht stelzenartiger Wurzeln

Meeresschildkröten *(Chelonia mydas)* gehören zu den ältesten Bewohnern der Ozeane.

gestützt und bis hoch ins Grün der anderen Bäume getrieben wird. Hier oben bringt sie große, leuchtend orangene Blüten hervor, die genügend Insekten und kleine Vögel anlocken, um eine Bestäubung sicherzustellen. Die *neinei* hat für diesen Erfolg einen Preis zahlen müssen. Um ihre Nachkommen in der sonnendurchfluteten Beletage des Waldes in die Welt zu setzen, wuchsen ihre Samen zu enormer Größe. Über acht Zentimeter lang, sind sie die größten aller Korbblütler und natürlich viel zu gewaltig, um von Vögeln oder dem Wind getragen zu werden. Für die *neinei* war die Reise nach Rarotonga tatsächlich eine Reise ohne Wiederkehr, und falls der Mensch nicht nachhilft, wird sie die Insel nie wieder verlassen.

Wenn die frühen Siedler sich unter allen polynesischen Inseln eine hätten aussuchen dürfen, wäre Rarotonga sicher einer der Favoriten gewesen. Die kleine Insel ist verschwenderisch schön. Das zerklüftete Bergland im Innern ist üppig grün, aber zu steil, um dort zu leben. Das hat seinen urwüchsigen Charakter erhalten. Im Gegensatz dazu eignet sich die flache Küstenebene bestens zum Besiedeln und zum Gartenbau. Zwischen all den Kokoshainen und Fruchtplantagen fühlt sich der Betrachter wie im Land arkadischer Glückseligkeit. In den Tälern werden stufenförmig angelegte Taro-Felder von umgeleiteten Bergbächen bewässert. Ein weißer Sandstreifen säumt praktisch ununterbrochen die ganze Insel; das Wasser ist flach und klar und wird vom äußeren Riff begrenzt. Rechts und links der Küstenstraße leuchten gepflegte Gärten in voller Blütenpracht, so daß man meinen könnte, jeden Morgen würde jemand die Insel sauberfegen. Nach Sonnenuntergang trommeln in den Bars der gemütlichen Hauptstadt Avarua Musiker die Rhythmen ihrer Vorväter, während in den Hotels traditionelle Tänzer der Cook-Inseln unter den Blicken ihres stattlichen Meeresgottes Tangaroa wirbeln. Seit Jahrhunderten ist Rarotonga ein geographischer und spiritueller Mittelpunkt Polynesiens.

Erstaunlicherweise gehörte Rarotonga zu den letzten wichtigen Inseln, die von den Europäern entdeckt wurden. Die ersten Ankömmlinge waren vermutlich die Meuterer der *Bounty* auf ihrem Rückweg aus tonganischen Gewässern. Die Insel liegt auf direktem Weg von Tonga nach Tubuai in der Austral-Gruppe, wohin Fletcher Christian mit seinen Kumpanen segelte. Auf Rarotonga stießen sie rein zufällig, denn die Insel war auf keiner Seekarte Blighs verzeichnet. Vom sicheren Schiff aus tauschten die Rebellen Waren mit den Bewohnern; unter anderem ließen sie Kürbisse und Orangen zurück, die für diese Insel der Gärtner zu wichtigen Kulturpflanzen wurden. Doch Rarotonga war noch nicht der sichere Hafen, den sie suchten. Dazu mußten sie, wie die frühen Polynesier, noch viel weiter in Richtung der aufgehenden Sonne segeln.

Die *neinei (Fitchia speciosa)* ist eine baumartige Sonnenblume, die aufgrund ihrer großen Samen nie wieder aus eigener Kraft die Insel Rarotonga verlassen wird.

Die meisten Meuterer an Bord wollten geradewegs nach Tahiti zurückkehren. Sie machten kein Hehl aus ihrer Begeisterung für diese Insel, auf der sie fünf himmlische Monate verbracht hatten. Aber Flechter Christian wußte, daß die Nachricht vom Verlust der *Bounty* bald in England bekanntwerden und die königliche Marine unverzüglich eine Suchexpedition nach Tahiti entsenden würde. Die Insel Tubuai, 800 Kilometer südlich von Tahiti, schien das ideale Versteck zu sein. Sofort nach ihrer Ankunft begannen die Rebellen eine Festung zu bauen. Doch brachten sie bald die Einheimischen gegen sich auf; die Meuterer stahlen Schweine und vergewaltigten junge Frauen. Viele Insulaner wurden kurzerhand erschossen. Als die Lage unhaltbar wurde, segelte Flechter mit der *Bounty* doch nach Tahiti zurück, um dort Proviant und die Frauen, die man zurückgelassen hatte, an Bord zu nehmen. Durch eine betrügerische List überredeten sie die stets großzügigen Tahitianer, ihr Schiff mit 460 Schweinen, 50 Ziegen, ungezählten Hühnern, Katzen und Hunden zu beladen. Sogar den kostbaren Zuchtbullen, den Cook bei seinem letzten Besuch als Gastgeschenk dagelassen hatte, nahmen sie mit. Elf junge Frauen und dreizehn tahitianische Männer wurden auf dem Schiff versteckt, bis die *Bounty* ein Großteil des Rückweges nach Tubuai geschafft hatte. Auch dieser zweite Versuch, die Insel zu besiedeln, scheiterte am Widerstand der Einheimischen, und schon bald sehnten sich viele nach Tahiti zurück. Christian brachte die Männer also nach Tahiti, und trotz der drohenden Verhaftung durch Soldaten der britischen Krone entschieden sich sechzehn Männer zu bleiben. Eines Nachts dann verließ die *Bounty* im Schutz der Dunkelheit mit Fletcher Christian, acht Rebellen und mehreren tahitianischen Männern, Frauen und Kindern an Bord Tahiti mit unbekanntem Ziel.

Auf Pitcairn fanden die Meuterer der *Bounty* ihre letzte Zuflucht.

Zwei Monate lang segelte der Schoner ziellos durch die Südsee, hielt an dieser und jener Insel, um sie zu prüfen und Proviant aufzunehmen, bis Christian zufällig einen Hinweis auf die Insel Pitcairn erhielt. Nach langer Fahrt in östlicher Richtung fanden sie endlich diese kleine, zerklüftete Insel, die ganz für sich allein auf halbem Weg zwischen Neuseeland und Südamerika lag. Sogar die Seekarte hatte Pitcairn drei Grad von ihrer wirklichen Lage abweichend angegeben. Die nächsten Schiffsrouten lagen viele hundert Kilometer entfernt. Endlich hatten die Meuterer einen Ort gefunden, der ihnen sicheres Asyl versprach.

Mehrmals segelten sie die *Bounty* um die felsige Insel herum, um einen sicheren Landeplatz zu finden. Pitcairn ist von keinem Korallenriff umgeben, und der endlose Ansturm der Brandung hatte gefährliche Klippen ausgewaschen. Christian ruderte mit einigen Männern das kleine Rettungsboot der *Bounty* in eine Ausbuchtung zwischen den Klippen, die später als Bounty Bay bekannt wurde. An Land fand er seine Hoffnungen bestätigt. Pitcairn war zwar unbewohnt, aber es gab Hinweise auf eine alte Siedlung. Kokospalmen und Brotfruchtbäume waren überall gepflanzt worden, wo das zerklüftete Gelände Gelegenheit dazu bot. Wenngleich steinig, schien der Boden doch fruchtbar zu sein, und der größte Teil der Insel war von einem wuchernden Grün bedeckt. Christian und seine Begleiter erklommen den Gipfel des Inselkerns, der über 300 Meter aus dem Meer ragte. Von hier aus überblickten sie die Umgebung und sahen nichts außer einem leeren Ozean. Eine warme Brise säuselte durch die Palmen. Pitcairn war ideal.

Auf einem Hügel, von dem aus sie die *Bounty* in den Wellen schaukeln sahen, fanden die Männer die Reste eines steinernen Tempels. Felsblöcke waren sorgsam zu einer rechteckigen Plattform zusammengetragen worden; an jeder der vier Ecken war ein Menschenbild in Stein gehauen. Ihre Rücken waren der See zugewandt, die verwitterten Gesichter blickten landeinwärts. Aus Furcht vor der Rache dieser heidnischen Geister stürzten die Männer die Statuen über die Klippen ins Meer. Unter dem Tempelboden fanden sie ein menschliches Skelett, dessen Schädel auf einem Kissen ruhte, das aus einer einzigen großen Muschel gefertigt war. Auch an anderen Stellen ihrer neuen Heimat gruben sie Skelette aus der Erde, außerdem Steinäxte und Muschelwerkzeuge. In die nahen Klippen waren Bilder von Menschen und Vögeln sowie rätselhafte geometrische Muster aus Kreisen und Sternen gemeißelt worden. Wer immer diesen abgeschiedenen Außenposten Polynesiens einst bewohnt hatte, war offenbar schon lange fort. Die Meuterer waren nun allein auf Pitcairn.

Sanft auf den Wellen schaukelnd, ankerte die *Bounty* deutlich sichtbar vor Pitcairn. Es gab keine Buchten, in denen man sie verstecken konnte. Flechter Christian befahl, das ganze Schiff zu räumen, und die Männer trugen überdies alle brauchbaren Planken und Metallteile von Bord, bis nur noch der leere Rumpf übrig war. Am 23. Januar 1790 besiegelten sie dann ihr Schicksal, indem sie die

*Bounty* anzündeten. Vom Strand aus sah das zusammengewürfelte Häuflein aus englischen Seeleuten und Tahitianern schweren Herzens zu, wie ihre einzige Verbindung zur Außenwelt in Flammen von den Wogen verschluckt wurde.

Die heutigen Pitcairner feiern den 23. Januar, indem sie ein Modell der *Bounty* über die Bucht ziehen und abbrennen. Sie sind stolz auf ihre Herkunft und verkennen keineswegs, wie und von wem ihre kleine Gemeinschaft gegründet wurde. Als Fletcher Christian und seine acht Mitverschwörer Pitcairn besiedelten, waren sie nicht gerade von Idealen wie Freiheit oder Gleichheit beseelt. Ganz offensichtlich behandelten sie ihre tahitianischen Mitbewohner als Untergebene. Ironischerweise fielen sie selbst, einschließlich Fletcher Christian, Gewaltakten zum Opfer. Im Jahr 1800 war nur noch einer von ihnen, Alexander Smith, am Leben. Reuevoll änderte er seinen Namen in John Adams und schwor, seine Kinder und ihre tahitianischen Mütter zu frommen Christen zu

*Oben:* „Großohr", auf den Cook-Inseln der Gott der Fischer, zeigt alle Eigentümlichkeiten der polynesischen *tiki*-Schnitzereien.
*Links:* Dieses romantisch verklärte Familienidyll zeigt den reumütigen *Bounty*-Rebellen John Adams im Kreis seiner polynesischen Frauen und Kinder auf Pitcairn.

machen. Das gelang ihm so gut, daß sich die Flüchtlinge bis zum Jahr 1808, als ihr Versteck entdeckt wurde, zu einem glücklichen Völkchen entwickelt hatten. John Adams wurde begnadigt und durfte seine Vaterpflichten bis zu seinem Tod im Jahr 1829 weiterführen.

Seit sie von der Außenwelt entdeckt wurden, haben sich die Menschen von Pitcairn auf andere Inseln verteilt. Die meisten Nachfahren der *Bounty*-Rebellen leben heute auf Norfolk, über 6000 Kilometer weiter westlich. Nur etwa sechzig Männer, Frauen und Kinder sind auf Pitcairn geblieben. Sie bilden die sechste, siebte und achte Generation der Meuterer, und Christian ist immer noch ein Familienname auf der Insel. Pitcairns spärliche wirtschaftliche Grundlage kommt aus dem Verkauf bunter Briefmarken mit dem Konterfei der Königin und aus Zuschüssen der britischen Regierung. Die Sprache der Pitcairner klingt wie eine Mischung aus rustikalem Englisch und dem geschmeidigen Tahitianisch, was ihr einen angenehm warmen und fröhlichen Rhythmus verleiht. Die kumpelhaften und humorvollen Pitcairner sind bekannt für ihre derben Flüche, wenngleich die meisten tiefgläubig sind. Ihre Familie geht ihnen über alles, und natürlich gibt es in einer Gesellschaft, die auf engem Raum zusammenlebt, auch tiefsitzende Abneigungen und Rivalitäten. Ihre entwaffnend offene Art löst aber Spannungen rasch auf, und mit der Zeit haben die Pitcairner ihr eigenes soziales Regelwerk entwickelt.

Seit der Öffnung des Panamakanals liegt Pitcairn auf dem Seeweg nach Neuseeland, von wo aus es heute für die britische Krone verwaltet wird. Die Insulaner bessern ihre schmalen Einkünfte durch Schnitzarbeiten aus *miro* und anderen heimischen Hölzern auf. Polierte Holzfische und -delphine sind ebenso beliebte Souvenirs wie handgeschnitzte Modelle der *Bounty*. In manchen Monaten legen bis zu dreißig Schiffe auf Pitcairn an, in anderen überhaupt keines. So weit vom Puls der Welt abgelegen, sind die Pitcairner doch erstaunlich aufgeschlossen. Auf ihrer winzigen Insel leben sie ganz im Einklang mit dem Rest Polynesiens. Das Christentum hat die Verehrung von Göttern und Ahnen verdrängt. Anstelle von Häuptlingen gibt es heute die Inselverwaltung von Pitcairn.

Nur selten wagen sich die Pitcairner von ihrer Insel, und dann höchstens auf eine der drei Nachbarinseln, die zur Pitcairn-Gruppe gehören. Das hübsche Atoll Oeno ist bei ihnen wegen der stillen Lagune und weißen Sandstrände als Ferienort beliebt. Hier entfliehen sie dem „hektischen" Alltag der Hauptinsel. Ducie, das andere Korallenatoll der Gruppe, liegt weiter entfernt und wird selten besucht. Dafür bietet es vielen Seevögeln, die in dieser Pazifikregion umherstreifen, einen willkommenen Rastplatz. Die vierte und größte Insel der Gruppe heißt – ganz unpolynesisch – Henderson. Auch sie besteht aus Korallen, ragt aber weit über das Wasser hinaus. Henderson entstand vor etwa 13 Millionen Jahren durch die Lava eines unterseeischen Vulkans. Als dieser Vulkan erlosch, bildeten sich Korallenriffe rings um die Lavainsel, und Henderson wurde ein klassisches Korallenatoll. Vor ein oder zwei Millionen Jahren brach dann Pitcairn aus dem Meeresboden hervor, und das Gewicht der neuen Insel drückte derart auf die Erdkruste, daß Henderson – wie auf der Gegenseite einer Wippe – emporgehoben wurde; dieser Vorgang dauert übrigens heute noch an.

Henderson ist so jung, daß vollständig erhaltene Korallenbänke Seite an Seite mit den Bäumen seines Waldes stehen. Nahezu die gesamte Hochebene ist von dichtem Pflanzenbewuchs bedeckt. Von hier holen die Pitcairner, vielleicht einmal im Jahr, das *miro*-Holz, das sie für ihre Schnitzereien brauchen. Zum Südende der Insel hin wachsen die Bäume spärlicher, und die Erosion hat hier den Korallengrund zu einer wabenförmig zerfurchten Kalklandschaft geformt, die weder Wasser noch Erde bindet. Regen und Kleinstorganismen haben sich an der Südspitze wie Zahnfäule in den ungeschützten Fels gefressen. Zwischen den aufragenden Kalksäulen und den fleischblättrigen Pflanzen, die sich im salzigen Wind an den

Hoch in die Luft ragen die uralten Korallenbänke auf Henderson.
Wind und Regen haben sie zu bizarren Formen geschliffen.

Boden ducken, nisten Tropikvögel. Eine wissenschaftliche Expedition hat vor kurzem 72 verschiedene Arten von Blütenpflanzen auf Henderson gezählt. Die meisten kamen als Samen in den Mägen, den Federn oder an den Füßen von Seevögeln auf die Insel.

Trotz seiner isolierten Lage wird Henderson regelmäßig von Zugvögeln angeflogen, deren Brutplätze viele tausend Kilometer entfernt liegen. Der Borstenbrachvogel *(Numenius tahitiensis)* brütet in Sibirien und Alaska und macht sich dann auf die 15 000 Kilometer lange Reise in den Süden zu solchen Inseln wie Henderson auf. Hier ist er vor dem harten Winter des Nordens sicher und findet an der Küste und auf der Hochebene reichlich Früchte, Insekten und Krustentiere. Wenn dann die Zeit für den Rückflug gekommen ist, hat er sich genug Fettreserven angefressen, um sicher zu seinen Brutplätzen zurück zu gelangen. Es ist übrigens eine Meisterleistung der Navigation, wie der Brachvogel diesen gottverlassenen Flecken Erde findet. Er orientiert sich dazu, wie einst die polynesischen Seefahrer, an der Stellung der Sterne, hat aber den zusätzlichen Vorteil, den Ozean aus großer Höhe zu überblicken und Inseln bereits weit jenseits des üblichen Horizontes zu erfassen.

*Oben:* Einsiedlerkrebs *(Grapsus sp.)* – eines der landlebenden Krustentiere auf Henderson.
*Rechts:* Der Pitcairnrohrsänger *(Acrocephalus taiti)* – auch ein erfolgreicher „Schiffbrüchiger".

Andere Zugvögel ziehen sich auf Henderson zurück, um hier ihre Jungen großzuziehen. Feenseeschwalben, Sturmvögel, Tropikvögel, Noddiseeschwalben und Tölpel nutzen die sichere Abgeschiedenheit, die diese hohe Insel ihnen bietet. Zwar gibt es hier räuberische Fregattvögel, aber zumindest verwüsten keine Stürme oder Flutwellen die kostbaren Gelege. Allerdings beherbergt der Wald auf Henderson einige Räuber. Landkrabben, zum Beispiel, streichen über das Plateau und halten Ausschau nach unbewachten Eiern und Küken. Auch Ratten leben hier, wenngleich die weniger aggressive polynesische Art. Sie kamen mit den ersten polynesischen Siedlern vor über tausend Jahren nach Henderson. Obwohl die Insel genügend Pflanzennahrung bietet, nehmen die Ratten doch jede Gelegenheit zu einer Extraportion Protein in Form von Vogeleiern und Küken gern wahr. Besonders die Nester der sanften Sturmvögel werden von ihnen geplündert, so daß sich kaum ein Küken ins Erwachsenenalter rettet.

Vier Landvogelarten haben Henderson internationale Bedeutung gebracht. Zusammen stehen diese vier stellvertretend für die gesamte polynesische Vogelwelt. Die kleine Silberwangen-Fruchttaube (*Ptilinopus insularis*) ging – ebenso wie die Zahntaube auf Savaii – mit verschiedenen Bäumen eine Art Symbiose ein. Sie kann nur schlecht fliegen und läuft oder klettert statt dessen. Auf einer windigen Insel wie Henderson kann jeder Ausflug in die Lüfte gefährlich sein. Die natürliche Auslese bevorzugt hier solche Tiere, die im schützenden Baldachin des Waldes bleiben. Der Hendersonlori (*Vini stepheni*) ist die einzige Papageienart der Insel. Mit seiner bürstenartigen Zunge fegt er Nektar aus den Blüten niedrig wachsender Büsche, die sich reichlich über das Hochland ausbreiten. Der Pitcairnrohrsänger (*Acrocephalus taiti*) ernährt sich dagegen von den Insekten der Insel. Etwa 15 000 dieser Vögel leben hier und helfen sich oft gegenseitig beim Ausbrüten der Eier und beim Füttern der Jungen. Mit dieser zusätzlichen Überlebenshilfe ausgestattet, hat die Art auf Henderson eine lebensfähige Population halten können, seit ihre Vorfahren auf diesen Inselflecken verschlagen wurden.

Die Krone aller naturgeschichtlichen Rätsel dieser Insel aber gebührt einem Vogel, den die Pitcairner „Hühnervogel“ nennen. Es gab Zeiten, in denen fast jede Pazifikinsel mindestens eine Rallenart beherbergte. Das Besondere an ihnen

*Oben:* Die flügellose Hendersonralle *(Nesophylax atra)* – isoliert, aber erfolgreich.
*Links:* Die Silberwangen-Fruchttaube *(Ptilinopus insularis)* auf Henderson.

war, daß sie zumeist nicht fliegen konnten. Die Hendersonralle (*Nesophylax atra*) ist da keine Ausnahme. Ihre Vorfahren müssen die Insel durch die Luft erreicht und erst nachher den Gebrauch ihrer Flügel, die zu nutzlosen Stummeln verkümmert sind, verlernt haben. Ohne ernstzunehmende Räuber fürchten zu müssen, hat die Ralle das energieaufwendige Fliegen aufgegeben und sich aufs Laufen verlegt. Im übertragenen Sinn hat auch sie die Brücken hinter sich abgebrochen, aber bislang hat sich diese Strategie ausgezahlt. Weil es hier keine Menschen gibt, scheint der Brutbestand von etwa 10 000 Vögeln gesichert. Damit ist Henderson neben Neuseeland der letzte Zufluchtsort in ganz Polynesien, an dem flugunfähige Vögel bis heute überlebt haben. Überall sonst sind sie den tragischen Weg des Dodo gegangen.

Henderson ist als Stätte des Welterbes international anerkannt. Ob ihr das hilft, ist fraglich, aber wenn der Mensch die Insel in Ruhe läßt, dann hat diese einzigartige Gemeinschaft pazifischer Pflanzen und Tiere die Chance, in ihrer wunderbaren Abgeschiedenheit zu überleben.

# 7
# *Das Land des Menschen*

Nach fünf oder sechs Wochen auf See ist die Virgin-Bucht ein ausgesprochen angenehmer Ort, um vor Anker zu gehen und sich an Land die Beine zu vertreten. Zwischen Januar und September segelt ein steter Strom von Hochseejachten die 7000 Kilometer vom Panamakanal bis zu den Marquesas-Inseln im östlichen Pazifik. Zehn Grad südlich des Äquators liegt dieser wenig bekannte Archipel auf direktem Weg nach Tahiti und zu den anderen Traumzielen der Südsee. Fatu Hiva ist die südlichste Insel der Gruppe, und im Dorf Hanavave an der Virgin-Bucht können die Pazifikreisenden die langersehnte heiße Dusche und das erste frische Obst genießen, seit sie Amerika verlassen haben. Wer nach Neuseeland weitersegelt, hat hier etwa die halbe Strecke geschafft.

Den Umweg über die Kokos- oder Galapagos-Inseln einmal ausgenommen, bedeutet Fatu Hiva das erste Mal seit Reisebeginn wieder Land. Die steilen Klippen, die sich 300 Meter über die Virgin-Bucht auftürmen, sind ein Anblick, den es in ganz Polynesien wohl kein zweites Mal gibt. Fatu Hiva liegt genau auf dem Weg der Südostpassate und ist deshalb auch die regenreichste und am dichtesten bewachsene Insel der Marquesas. Sie besteht aus zwei konzentrischen Vulkanen, die auseinandergebrochen und teilweise im Meer versunken sind. Was übriggeblieben ist, ist einfach spektakulär. Von dem über 1000 Meter hohen bergigen Inselkern fällt die Landschaft in rasiermesserscharfen Bergrücken, die in dunkles Grün getaucht sind, zum Ozean hin ab. Am Inselsaum stürzen steile Klippen mehrere hundert Meter tief in den schäumenden Kessel der tiefblauen See. Obwohl sie so nahe am Äquator liegt, gibt es in der Marquesas-Gruppe keine Riffgürtel. Kaltwasserströme aus östlicher Richtung begrenzen den Korallenwuchs auf wenige geschützte Buchten, die nach Nordwesten geöffnet sind. Wind und Wasser treffen mit voller Wucht auf die Klippen; jede Landung ist gefährlich. Gelegentlich ist die Strömung so groß, daß Jachten nicht ankern können und nach kurzem Aufenthalt, um Wasser und Proviant zu laden, weitersegeln.

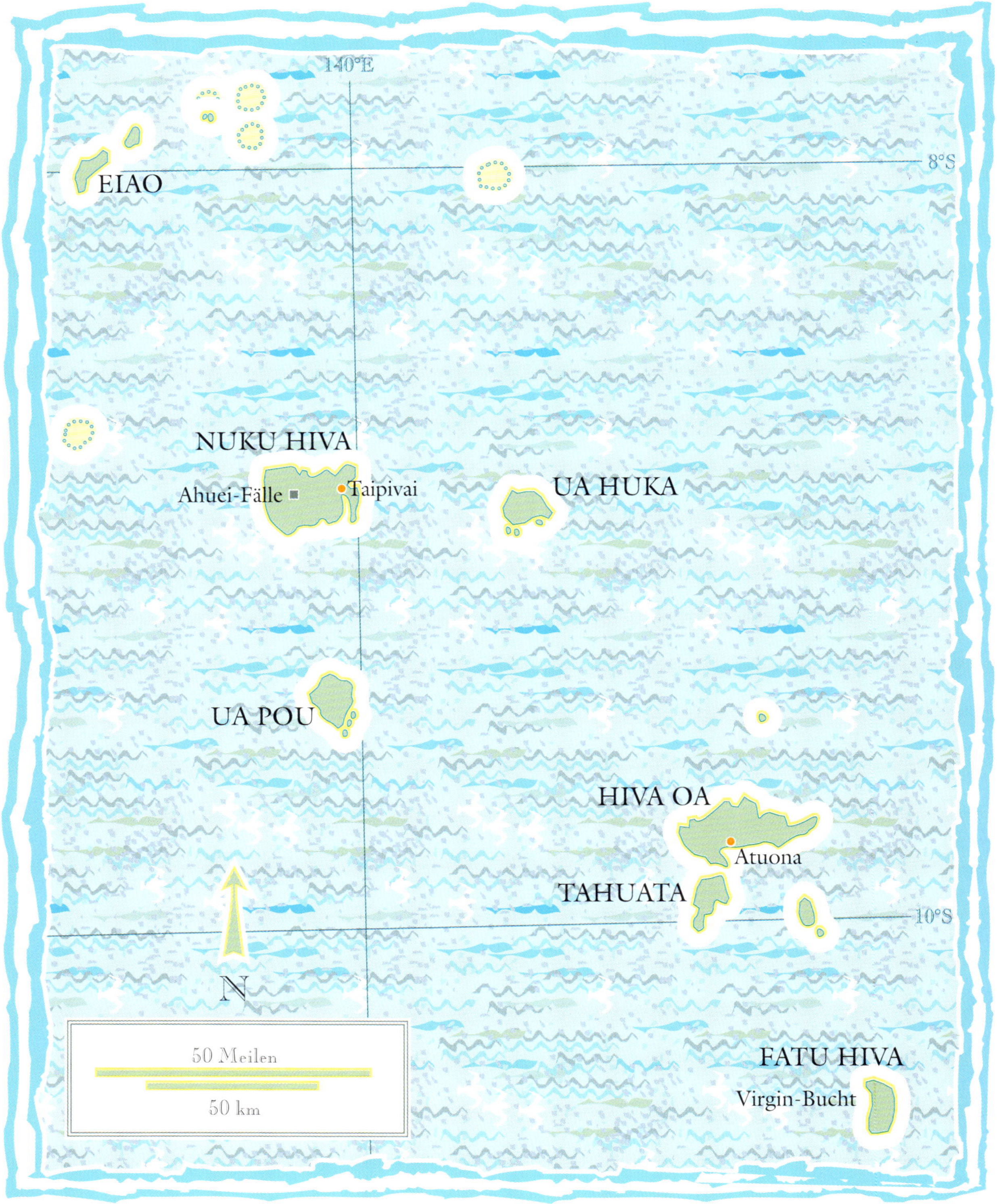
140°E
8°S
EIAO
NUKU HIVA
Ahuei-Fälle
Taipivai
UA HUKA
UA POU
HIVA OA
Atuona
TAHUATA
10°S
N
50 Meilen
50 km
FATU HIVA
Virgin-Bucht

Fatu Hiva war eine der ersten von Europäern entdeckten Inseln Polynesiens. 1595 segelte der Spanier Don Alvaro Mendana von Peru hierher und dachte zunächst, die Insel sei unbewohnt. Doch dann tauchten Dutzende von Auslegerbooten auf, die von etwa 400 kräftigen, hellhäutigen Insulanern gerudert wurden. In unschuldiger Neugier drängten sie auf Mendanas Schiff, von wo sie mit Gewehrschüssen rasch vertrieben wurden. Noch fünfzehn Tage blieben die Spanier auf der Nachbarinsel Tahuata und verabschiedeten sich mit einem blutigen Massaker, dem 200 Insulaner zum Opfer fielen. Doch bevor sie lossegelten, hinterließen sie noch drei große Kreuze und schnitzten das historische Datum in einen Baum. Mendana gab den Inseln auch ihren Namen, und zwar zu Ehren des Marquis de Mendosa, dem Vizekönig von Peru, der diese Expedition zu den Salomon-Inseln befohlen hatte.

Für Historiker zumindest hatte der blutige Auftritt auch eine positive Seite, denn Mendana und sein portugiesischer Steuermann de Quiros lieferten einen authentischen Bericht über den fünfzehntägigen Besuch. Ein interessanter Teil

Die Virgin-Bucht, idyllischer Rasthafen für Hochseeyachten.

dessen, was wir über das voreuropäische Leben auf den Marquesas wissen, stammt aus dieser kurzen Begegnung. Die beiden beschrieben die Siedlungen mit ihren „gut gepflasterten Straßen" und die Kanus, die „kunstvoll und mit einer Art Vordersteven aus einem einzigen Stamm gefertigt" waren. Die Frauen hatten „die hübschesten Gesichter, zierliche Hände, eine gute Figur und schlanke Taille; viele übertrafen an Schönheit die feinsten Damen Limas". Die Insulaner beschrieben sie als „weiß, aber nicht europäisch", und die Frauen waren „von der Taille abwärts mit einer Art Wickelrock, seltsam aus feinen Palmblättern gewoben, bekleidet". Die Inselbewohner ernährten sich von „Schweinen und Hühnervögeln wie solche in Spanien, von Zuckerrohr, Bananen, Kokosnüssen, der Brotfrucht, einer Frucht wie Kastanien . . . viele davon geröstet oder gekocht".

Fast zwei Jahrhunderte vergingen, bevor diese abgelegenen Inseln erneut erwähnt wurden. Als der freundliche Captain Cook auf seiner zweiten Pazifikreise 1774 dort haltmachte, waren die Wunden der ersten Begegnung mit den Europäern noch nicht verheilt. Die Insulaner boten ihm ein kühles Willkommen. Cook und seine Begleiter versuchten ihnen klarzumachen, daß sie weder zur Missionierung noch zur Plünderung gekommen waren, sondern nur zu Forschungszwecken. Er blieb mit seinen Leuten ganze fünf Tage, bevor er an die freundlicheren Strände Tahitis weitersegelte, ohne die anderen Inseln der Gruppe im Norden überhaupt zu Gesicht zu bekommen.

Einige der Kunst- und Gebrauchsobjekte, die Cook von den Marquesas mitbrachte, gehören heute zu gesuchten Ausstellungsstücken in Museen auf der ganzen Welt. In seiner Reisechronik schätzte Cook die Bevölkerung der südlichen Marquesas auf 50 000 bis 100 000, was wohl zu hoch gegriffen war. Heute sind sechs der zehn Hauptinseln von insgesamt 7500 Menschen bewohnt. Die Geschichte dieser wilden und schönen Inseln ist ebenso außergewöhnlich wie traurig. Wer die fast menschenleeren Marquesas heute sieht, kann sich kaum noch vorstellen, daß dieser abgelegene Archipel einmal zu den dichtestbesiedelten und erfolgreichsten der ganzen polynesischen Kultur zählte.

Nur wenige der modernen Jachtkapitäne sehen von Fatu Hiva mehr als die Virgin-Bucht. Das größte Dorf, Omoa, erreicht man nur durch einen anstrengenden Marsch, wird dafür aber durch atemberaubende Aussichten belohnt. Dort angekommen, kann man in einer dreistündigen Fahrt mit dem Schnellboot einmal die Woche nach Hiva Oa übersetzen, wo ein kleiner Flughafen die Marquesas mit Tahiti und dem Rest der Welt verbindet. Die Inseln scheinen recht verloren auf dem Weg nach Nirgendwo zu liegen, waren aber in ihrer blühenden Vergangenheit ein Zentrum polynesischer Kultur. Nördlich, etwa 3700 Kilometer entfernt, liegen die Hawaii-Inseln. Bis zur Osterinsel im Südosten – auf dem Weg nach Südamerika – sind es knapp 3000 Kilometer. Ihre nächsten Nachbarn sind die Inseln Pukapuka und Napuka im Süden – immer noch 500 Kilometer entfernt und Teil des Tuamotu-Archipels. Südwestlich dann stößt der Reisende nach fast 1500 Kilometern auf Tahiti, den Mittelpunkt Französisch-Polynesiens, in das 1880 auch die Marquesas eingegliedert wurden.

Hierher, nach Tahiti und zu den Gesellschaftsinseln, steuern auch die meisten Jachten. Ihr nächster Halt sind die Cook-Inseln, von wo aus sie – je nach Wetter und Jahreszeit – entweder südwestlichen Kurs auf Neuseeland nehmen oder weiter in westlicher Richtung bis nach Tonga, Samoa und Fidschi segeln. Unbewußt folgen sie damit den Spuren der alten polynesischen Siedler, die vor 2000 Jahren dieser Fährte in Gegenrichtung folgten. Über Hunderte von Jahren dienten die rauhen Inseln der Marquesas dem Seefahrervolk als Sprungbrett, von dem aus es jeden Winkel des gewaltigen Dreiecks erreichen konnte.

Heute scheint sicher, daß die ersten Bewohner der Marquesas aus Westpolynesien, höchstwahrscheinlich dem 3500 Kilometer entfernten Samoa, hierher reisten, und damit erfolgreich gegen die vorherrschenden Winde und Meeresströmungen ankämpften. Das Erstaunliche daran ist, daß dies vor 2000 Jahren geschah. Zu einer Zeit, zu der römische Legionen die Germanen und Gallier unterwarfen, segelten polynesische Großkanus, die mit Steinäxten gebaut wurden, über den größten Ozean der Welt. Schon damals müssen die Steuermänner ihre wuchtigen Schiffe am Wind gekreuzt haben. Legenden der Marquesas-Insulaner erzählen, daß die Vorfahren von „unten" und „gegen" den Wind gesegelt seien. Für die Seefahrer hieß das: Sie kamen von Westen.

Von Samoa aus gesehen waren die Marquesas ein offensichtliches Ziel. Wenn starke Westwinde einige Tage angehalten hatten, waren die großen Kanus ein gutes Stück vorangekommen, und sobald die üblichen Südostpassate wieder einsetzten, mußte man den Rest des Weges hart am Wind zurücklegen. Ihr Kurs trug sie nicht genau nach Westen, sondern auch stetig nach Norden. Da war es fast unvermeidlich, daß sie schließlich bei den hohen Inseln der Marquesas – und nicht denen der Gesellschaftsinseln – anlangten. Unterwegs hatten sie vermutlich die nördlichen Cook-Inseln und die südlichen Linien-Inseln entdeckt und waren auch dort gelandet. Aber die niedrigen Atolle taugten nicht zur Besiedlung, sondern höchstens zu einem kurzen Zwischenstopp. Vor ihnen lagen neun hohe Vulkaninseln, die als 350 Kilometer lange Kette rechtwinklig ihren Kurs kreuzten. Hatten sie erst eine dieser Inseln gefunden, konnten sie auch die anderen leicht aufspüren.

Es mag uns heute unwahrscheinlich vorkommen, daß die Polynesier ihre Reisen über solch riesige Entfernungen mehrfach unternahmen, aber es spricht alles dafür. Für die Bewohner dichtbesiedelter Inseln im Zyklongebiet des westlichen Pazifiks muß die Vorstellung einer neuen Heimat im Osten fast magisch anziehend gewirkt haben. Sie sahen in dem weiten Ozean kein Hindernis, sondern einen Weg, der sie zu ihrem neuen Zuhause trug.

Die etwa 20 Inseln der Marquesas-Gruppe sind alle vulkanischen Ursprungs. Ihre Fundamente liegen über vier Kilometer tief am Grund des Meeres. Wie in der Hawaii-Gruppe sind die jüngsten Inseln am Südende der Kette. Fatu Hiva ist kaum älter als eine Million Jahre, während Ei'ao im Norden schon vor etwa sieben Millionen Jahren entstand. In geologischen Maßstäben sind all diese Inseln sehr jung, was an den hohen Felsengebirgen zu erkennen ist. Die Gipfel sind von Wind und Regen zu phantastischen Formen verwandelt worden. Wie mittelalterliche Festungen türmen sie sich bis in die Wolken, ihre Flanken in schimmernde Facetten von Basaltgrau und Grün getaucht, die ihnen der Bewuchs mit Flechten und anderen urtümlichen Pflanzen verleiht.

Bäche aus den Hochebenen vereinen sich oft zu einem einzigen Wasserfall. Der Ahuei-Fall auf der Insel Nuku Hiva ist einer der höchsten der Welt. Er stürzt als ein mächtiger Wasserstrahl vom Basaltgestein und gräbt eine immer tiefere Rinne in den Felsvorsprung. Bevor es das Becken in knapp 300 Metern Tiefe erreicht, verdampft das Wasser zu einem feinen Nebel und überzieht die senkrechten Felswände mit einem ständigen Glanz. Jeder Spalt ist mit Zwergfarnen bewachsen, die in dem warmen Sprühregen prächtig gedeihen. Alle Schluchten der Insel weisen zum Meer. In den steinigen Talsenken schlängelt sich das Wasser bis zum Ozean. Die Talböden sind äußerst fruchtbar und dicht bewachsen.

Die windabgewandten Seiten all dieser Vulkaninseln erhalten indes deutlich weniger Regen und sind oft trocken, ja wüstenartig. Grüne Wälder mit ihrer feuchtheißen Luft gehen in offene Hänge über, auf die die Sonne oft gnadenlos niederbrennt und wo sich höchstens einige unempfindliche Gräser und Büsche halten können. Wie die Menschen leben auch die Tiere und Pflanzen vor allem in den feuchten Tälern; nur Insekten und Eidechsen trotzen dem ausgedörrten Terrain des Nordwestens, hin und wieder auch einige mutige Tauben.

Vor der Küste fällt der Meeresboden fast senkrecht in die Tiefe. Die ganze Wucht der pazifischen Brandung donnert, von keinem Riff gebremst, gegen die Fundamente der steilen Klippen. Wohltuend sanft wirken dagegen die Buchten der Inseln. Wie Fjorde führen sie oft weit ins Landesinnere und gehen dort nahtlos in die Schluchten und Täler über. Diese natürlichen Verbindungswege haben nicht nur den Zugang zu dem schwierigen Gelände ermöglicht, sondern waren seit Urzeiten auch Lebensadern für Menschen, Tiere und Pflanzen.

Von dem Bergpfad, der sich ins Dorf Taipivai auf Nuku Hiva herabwindet, blickt man in eines der fruchtbarsten Täler der Marquesas. Am entfernten Ende schmiegen sich gut gepflegte Bananen- und Kokosplantagen in den Hang. Bunte Gärten leuchten am Fuß des Tales. In jedes freie Plätzchen drängeln sich Brotfruchtbäume oder andere tropische Bäume und Sträucher. Fruchttauben (*Ptili-*

Der Ahuei-Fall im Zentrum der Insel Nuku Hiva stürzt als kompakter Wasserstrahl 400 Meter in die Tiefe.

Die eleganten Flüge des Rotschwanz-Tropikvogels *(Phaeton rubicauda)* werden in Tänzen der Marqueser nachgestellt.

*nopus dupetithouarsii*) schwelgen im Reichtum des Landes, und Langschnabel-Rohrsänger (*Acrocephalus caffer*) flöten ihre Melodien aus dem Urwald, der gleich hinter diesen ertragreichen Pflanzungen beginnt. Hoch über dem Tal kehren Weißschwanz-Tropikvögel (*Phaeton lepturus*) in eiligem Flug von der Fischjagd zurück. Die langen Schwanzfedern gestreckt, fliegen diese anmutigen weißen Vögel zum Kopfende des Tals, wo ihre hungrigen Jungen warten. Sie sind auf dem Land ebenso zu Hause wie auf dem Wasser und deshalb für die Insulaner zum Symbol ihrer Lebensart geworden, die eng mit den Fjord-Buchten und Schluchten verknüpft ist. Jedes Tal und jede Bucht hat einen eigenen Charakter entwickelt und besitzt für die Bewohner eine ganz besondere Bedeutung. Wenn man heute einen Marquesas-Insulaner trifft, wird er sich zunächst nach dem Tal erkundigen, aus dem der Besucher gerade kommt.

Wie nicht anders zu erwarten, ist die Flora und Fauna dieser jungen Inseln durch ihre extrem isolierte Lage beschränkt. Anders als zum Beispiel auf Savaii leben hier nur sehr wenige Arten des asiatischen Festlands. Nur Eidechsen, Geckos und zahlreiche Insekten haben den weiten Weg geschafft. Hier gibt es keine Fledermäuse und nur sehr wenige Vögel. Wahrscheinlich ist das schon immer so gewesen. Wie in Samoa sind auch hier alle Arten, die erfolgreich gelandet sind, endemisch geworden. Mehr als hundert solcher Pflanzenarten hat man gezählt, und auch die Meerestiere der Inseln sind zu einem großen Teil einmalig. Viele Fische, Krusten- und Weichtiere haben sich im kühlen, nährstoffreichen Wasser zu neuen Spezies entwickelt und wegen ihrer idealen Anpassung diese Gewässer zu ihrer ausschließlichen Heimat erkoren.

Früher waren die Inseln von einem schützenden Riff umgeben. Paradoxerweise scheint das Wasser während der Eiszeiten, als der Rest der Welt in eisiger Umklammerung der Gletscher lag, in dieser Gegend des Pazifiks wärmer gewesen zu sein, als es heute ist. Korallenriffe wuchsen rings um die Inseln in die Höhe und zogen ohne Zweifel viele andere tropische Geschöpfe an. Einige solcher Meerestiere haben überlebt und sich zu endemischen Arten weiterentwickelt. Als der Meeresspiegel dann vor gut 12 000 Jahren rasch zu steigen begann, konnten die Korallen mit diesem Tempo nicht Schritt halten. Das Riff tauchte in die Dunkelheit ab, und die Korallen starben. Heute beherbergt das gesunkene Riff in etwa 100 Meter Tiefe Seefische, die hier vor den Strömungen und Stürmen der Oberfläche Schutz suchen. Thunfische, Bonitos und Wahoos leben hier zusammen mit vielen Haiarten. Die marquesischen Gewässer sind für ihre großen und oft spektakulären Fische berühmt. Mächtige Mantarochen gleiten in die tiefen Buchten und suchen nach Plankton, während in den seichteren Gewässern Stachelrochen und Rotfeuerfische zwischen den spärlichen graugrünen Korallen lauern, die sich in einigen geschützten Buchten halten konnten. Manchmal entdeckt man knapp unter der Wasseroberfläche eine Seeschildkröte, und Delphinschulen suchen die Buchten auch zum Spielen und Ausruhen auf.

All dies also erwartete die ersten Polynesier. Wann sie kamen, ist schwer zu sagen; zu lückenhaft sind die Funde. Ihre älteste Hinterlassenschaft ist eine Feuerstelle in einer Felshöhle auf der Insel Ua Pou. Radiokarbonmessungen der Asche ergaben, daß das Feuer ungefähr 150 v. Chr. (± 100 Jahre) gebrannt haben muß. Die Höhle liegt zwar an der Küste, ist aber gegen die Einflüsse von Meer und Wetter gut geschützt. Der Zugang muß für die Bewohner recht mühselig gewesen sein, und man vermutet, daß die Höhle nur gelegentlich von Fischern genutzt und nicht dauerhaft bewohnt wurde.

Aufbau und Klima dieser Inseln begünstigen die Erhaltung solch alter Siedlungsstätten. Im Vergleich zu Tahiti und anderen Inseln mit breiten Küstenebenen lagen die Inselränder der Marquesas vor 2000 Jahren nur zu einem kleinen Teil unter Wasser. Auf Tahiti und den übrigen Gesellschaftsinseln reichen die ältesten Fundstücke gerade bis ins Jahr 700 zurück. Es ist jedoch möglich, daß ältere Stätten durch Sturm oder Abtragung zerstört oder einfach noch nicht gefunden worden sind. Nach den bisherigen Hinweisen meinen viele Fachleute, daß die Marquesas die ersten besiedelten Inseln Ostpolynesiens waren und daß ihre Bewohner aus westlicher Richtung hierher kamen. Bevor sie von Alvaro Mendana aus

ihrer seligen Isolation gerissen wurden, hatten sie rund achtzig Generationen lang Zeit, ihre außerordentliche Inselkultur zu entwickeln.

Als die ersten Siedler eintrafen, werden sie sich nahe der Küste niedergelassen haben. Lagunen gab es hier nicht, also mußten sie ihre gewohnten Methoden des Fischfangs umstellen, um an die Meerestiere der Buchten und Hochsee heranzukommen. Bezeichnend ist, daß die Insulaner im Laufe der Zeit sich weniger auf ihren Fischfang, sondern eher auf ihren Ackerbau und die Tierzucht verließen. Von den einheimischen Pflanzenarten hätten sie sich wohl kaum ernähren können. Bei den steilen Klippen ist es sogar fraglich, ob die robuste Kokospalme hier ihre Wurzeln in den Boden gebracht hätte. Nein, die ersten Siedler brachten ihre Landschaft gleich mit. Die Pflanzen und Tiere, die an Bord der Großkanus mitgereist waren, sorgten dafür, daß die junge Gemeinschaft nicht verhungern mußte.

Vieles von dem, was wir über diese frühe Zeit wissen, hat uns eine archäologische Fundstelle im Nordosten von Nuku Hiva verraten. Im Tal von Ha'atuatua legte eine Sturmflut einen alten Friedhof frei, um den herum man Häuserruinen und zerbrochene Werkzeuge fand, die zum Teil wohl aus Westpolynesien stammten. Die Siedler hatten ihre niedrigen, strohgedeckten Häuser an eine Flußmündung gebaut. Ein wenig landeinwärts stand ein kleiner Tempel in Form einer rechteckigen gepflasterten Einfriedung. Zwei Basaltblöcke bildeten den *ahu*, wo man die Götter bat, herabzusteigen und in die Steine einzuziehen. Um diesen Altar herum lagen die Grabstellen der ersten Siedler. Es gab klare Hinweise auf Kannibalismus, vermutlich ritueller Art. Männliche Schädel waren besonders sorgsam konserviert worden, was auf einen Ahnenkult hindeutet. Alles an dieser kleinen Kolonie erinnert an die Nachfolger der *Lapita*-Kultur auf Fidschi und Samoa.

Mit ihrem Zug landeinwärts entlang der Täler entwickelten die ersten Marqueser neue Lebensformen in ungewohnter Umgebung. Vor den Häusern lag meist ein offener, manchmal auch befestigter Platz, auf dem sich das Alltagsleben abspielte. Wahrscheinlich benutzten die Siedler in den frühen Jahren noch Tongeschirr. Einige Bruchstücke, die man an den ältesten Fundorten entdeckt hatte, waren auf Fidschi getöpfert worden. Obwohl es auf den Marquesas Tonvorkommen gibt, scheint die Töpferkunst hier ausgestorben zu sein, vielleicht, weil man den Ton nicht hart genug brennen konnte. Eine denkbare Erklärung könnte auch sein, daß auf den weiten Siedlungsreisen kein Töpfer an Bord gewesen ist. Jedenfalls ist dieses Kunsthandwerk auf den Marquesas, wie überall in Polynesien, in Vergessenheit geraten. Statt dessen höhlte man dicke Bambusstangen aus – diese Behälter eigneten sich bestens zum Wassertransport und ließen sich luftdicht verschließen, um Trockennahrung und kostbare Federn aufzubewahren.

*Oben links:* Mantarochen *(Birostris)*
*Links:* Rotfeuerfisch *(Pterois).*

Als Kochstelle diente auch hier der traditionelle Erdofen. Große Haufen leerer Muschelschalen weisen darauf hin, daß Schalentiere einen wesentlichen Bestandteil der Ernährung ausmachten. Zum Fischen verwendeten die Marqueser verschiedene Werkzeuge aus Knochen und wunderschön verarbeitetem Perlmutt. Viele der Angelhaken und Steinäxte, die aus dieser frühen Periode stammen, deuten auf Verbindungen mit Tonga und Samoa. Im Sand von Ha'atuatua fand man rundgeschnittene Muschelschalen, die fast identisch mit den Einlegearbeiten in den hübschen – *kapkap* genannten – Kopfbedeckungen aus Schildpatt sind, die vor 2000 Jahren auch in Fidschi und Melanesien Mode waren. Ob die ersten Bewohner der Marquesas also auf direktem Weg aus dem Westpazifik kamen oder ob sie sich von Insel zu Insel vorarbeiteten, bleibt rätselhaft.

Die marquesische Gesellschaft jedenfalls entwickelte sich während der nächsten 1000 Jahre nach bewährtem Muster. Die Menschen siedelten an der Küste und in den nahe gelegenen Tälern, wenngleich mit wachsender Bevölkerung einige sicher auf weniger günstige Inseln oder in entferntere Täler ausweichen mußten. Sie fanden bald heraus, daß der Brotfruchtbaum hier außerordentlich gut gedieh. Irgendwann waren die Früchte dieses Baumes, der von den frühen Siedlern mitgebracht worden war, zum unentbehrlichen Grundnahrungsmittel geworden. In keinem anderen Teil Polynesiens sind die Insulaner derart von einer Frucht abhängig gewesen. Selbst heute noch besitzt jede marquesische Familie wenigstens einen Brotfruchtbaum, und im Wald stehen weitere Bäume bereit, die von den Dorfbewohnern regelmäßig gemeinsam abgeerntet werden.

Diese nahrhafte Frucht ist besonders deshalb so attraktiv für die Insulaner, weil sie konserviert und gelagert werden kann, um für Hungerzeiten gerüstet zu sein. Die Marquesas-Inseln sind für klimatische Extreme bekannt. Manchmal bleibt der Regen mehrere Jahre hintereinander aus und verdörrt die Ernte; in anderen Jahren stürzt er sintflutartig auf die Inseln herab und scheint überhaupt nicht aufzuhören. Die Brotfrucht ist ideal geeignet, um sich in guten Erntejahren einen konservierten Vorrat davon anzulegen. Reife Früchte haben etwa die Größe eines Fußballs und wiegen nicht selten 10 Pfund oder mehr. Zum Ernten verwendeten die Insulaner einen langen gegabelten Stab mit einem kleinen Säckchen am Ende, in das die reife Frucht durch leichtes Drehen des Stabes hineinplumpste; vorsichtig senkte man sie dann zur Erde, um Druckstellen zu vermeiden.

Anschließend entfernte man die Kerne mit einem scharfen Bambusrohr und füllte die Löcher mit zerstoßenen Weinblättern oder Salzwasser, um die Gärung zu beschleunigen. Nach ein oder zwei Tagen wurde dann die gelbe Schale mit einer geschliffenen Kaurimuschel abgeschabt. Schließlich zerteilte man die geschälte Brotfrucht mit Hilfe von Bambusmessern und stampfte das Fruchtfleisch in speziellen Holztrögen, die innen mit *ti*-Blättern ausgeschlagen waren, zu einer breiigen Masse. Für diese Aufgabe wurde ein junger unverheirateter Mann sorgsam

Traditionell dürfen nur junge Männer, die beschnitten, aber noch unverheiratet sind, die Brotfruchtpaste treten; das Gefäß, genannt *opua ma tauna*, ist ein trichterförmiger Holztrog, der mit Bananenblättern ausgelegt ist.

ausgewählt. Die Brotfrucht würde sich – davon waren die Marqueser überzeugt – besonders lange halten, wenn er noch jungfräulich war.

Das Endprodukt, *ma*, wurde unterirdisch in Gruben, den *ua ma*, aufbewahrt. Meist waren diese Gruben mit flachen Steinplatten getäfelt und mit Blättergeflechten ausgelegt. Weitere Steine und grüne Blätter verschlossen die Senke, in der sich die gegorene *ma*-Masse monate- oder gar jahrelang hielt.

Wie das Abernten der Brotfruchtbäume war auch der Verbrauch von *ma* zu Notzeiten mit einem strikten Tabu belegt und wurde vom Häuptling streng überwacht. Während einflußreiche Familien meist genug zu essen hatten, kam es oft vor, daß gewöhnliche Untertanen verhungerten. Das wechselhafte Klima prägt die Marquesas noch heute, und sicher war dies auch ein Grund, weshalb in den letzten 200 Jahren viele Menschen die Inseln für immer verlassen haben. Auch früher schon muß es auf den Marquesas viele Hungerzeiten gegeben haben, die die Bewohner zur Auswanderung in Regionen mit freundlicherem Klima veranlaßten. Vielleicht waren es ja vor allem solche Umweltzwänge, die viele der weiten Siedlungsreisen quer durch den Pazifik begründeten.

Für mehr als 1000 Jahre scheint das Leben auf den Marquesas recht friedlich verlaufen zu sein. Die Menschen hatten gelernt, ihre polynesischen Traditionen an die unberechenbaren Lebensbedingungen anzupassen. Die Verbindungen zu ihrer Heimat im Westen waren abgebrochen. Ihre Ahnen wurden hier begraben, an dem Ort, den sie als Mittelpunkt ihrer Wasserwelt verstanden. Auf den Nordinseln nannten sie ihre neue Heimat „Te Henua Enata" und im Süden „Te Fenua Enana", was beides grob übersetzt „Das Land des Menschen" bedeutet.

Als in Europa die ersten Kreuzzüge begannen, brach auf den Marquesas ein blutiger Bürgerkrieg aus. Die Übervölkerung – besonders in den Küstenebenen und fruchtbaren Tälern der Hauptinseln – hatte den engen Lebensraum zum Bersten gefüllt. Geschlagene Sippen flüchteten in winzige, unzugängliche Täler oder an die trockene Westküste. Die kleineren Nordinseln wurden besiedelt, und Emigranten machten sich auf den Weg nach Süden, wo sie auf die östlichen Tuamotu- und Gambier-Inseln trafen. Dort wurde Mangareva zu einem bedeutenden marquesischen Außenposten. Man erneuerte die Kontakte zu den Gesellschaftsinseln, und vermutlich fand ein reger Austausch von Waren und Gedanken statt. Die Marqueser breiteten sich aus und trugen ihre hochentwickelte Kultur in andere Teile Ostpolynesiens. Was Cook und die übrigen europäischen Entdecker auf Tahiti fanden, war Teil einer Zivilisation, die ihre Wurzeln höchstwahrscheinlich in den wilden und schroffen Inseln der Marquesas hatte.

Um so erstaunlicher mutet es an, daß diese scheinbar lebensfeindlichen Inseln eine menschliche Gesellschaft entstehen ließen, die noch Zeit und Kraft fand, sich künstlerisch und religiös zu entfalten. In den vier Jahrhunderten vor Cooks Landung auf Tahiti blühte auf den Marquesas eine Kultur, die in vieler Hinsicht für die sozialen und spirituellen Werte aller Polynesier beispielhaft steht. Fachleute nennen diese Epoche der Marquesas die „klassische" Phase. In allen wichtigen Tälern wurden große, gepflasterte öffentliche Plätze geschaffen – oft in aufwendiger Gemeinschaftsarbeit. Auf diesen *tohua* fanden sich gewaltige Menschenmassen ein, um ihre Zeremonien zu feiern. Religion und Unterhaltung wurden miteinander verknüpft, und das ganze Dorf war stolz auf sein schmuckes Zentrum. In Kriegszeiten stärkte man hier die eigene Kampfbereitschaft oder führte Kriegsgefangene vor. Einen *tohua* des Feindes zu erobern und zu entweihen galt als größte Schmach, die man dem Gegner zufügen konnte.

Offenbar drückte sich der Wettbewerb zwischen den Sippen benachbarter Täler auch im Bau monumentaler Gebäude aus, mit denen man sich selbst und seine Götter feierte. Große Tikis wurden aus Holz oder Stein geschnitzt, und es entstand das Symbol eines stilisierten Menschen. Marquesische Tikis bestanden aus drei annähernd gleich großen Körperteilen. Der Kopf war gewaltig proportioniert, weil hier die Macht und die *mana* des jeweiligen Gottes ihren Sitz hatte. Die mandelförmigen Augen waren ebenso übertrieben ausgebildet wie der breite, froschartige Mund mit seiner provokativ herausgestreckten Zunge. Der Rumpf war entsprechend kurz und gedrungen; die gefalteten Hände ruhten auf einem rundlichen Bauch. Darunter vermittelten die angezogenen Beine den Eindruck eines Dämonen, der jeden Augenblick sein Opfer anspringen könnte. Diese steinernen Gesichter in den überwucherten Ruinen eines marquesischen *tohua* erinnern uns daran, wie leicht doch die Materie über den Geist herrschen kann.

Für den Handwerker war das Schnitzen eines neuen Objektes ein Akt künstlerischen Schöpfens. Es stellte eine Verbindung mit der Vergangenheit her. Jeder Gegenstand hatte eine praktische Funktion – von der Holzschüssel bis zur Streitkeule. Tradition und ererbtes Können flossen in seine Herstellung. Deshalb waren Gegenstände mit gleicher Funktion auch recht einheitlich gestaltet. Die berühmten Streitkeulen der Marquesas, die heute in Sammlungen auf der ganzen Welt zu bewundern sind, waren alle sehr aufwendig verziert. Die Handwerksmeister, die sie geschaffen hatten, waren vom selben Geist inspiriert. Aus den gleichen Gründen wurden auch Häuser mit großer Zeremonie und Sorgfalt gebaut. Die rückwärtigen Pfosten waren oft mit geometrischen Formen und die vorderseitigen Pfosten mit menschlichen Gestalten dekoriert. Die zahlreichen Verbindungen der Holzkonstruktion hielten Stricke aus Kokosfasern zusammen. Diese oft schwarz oder gelb gefärbten Litzen erinnern an die *magimagi*-Verzierungen, die man heute an fidschianischen Gebäuden sieht.

Wie auf Fidschi erfreute sich auch auf den Marquesas die Wurzel der *kava* hoher Wertschätzung. In fein gravierten Holzschüsseln bereitete man das heilige Getränk der Ahnen zu. Auch *tapas* wurden mit gehörigem Respekt hergestellt und

*Oben links: u'u,* Keulen von den Marquesas, die aus Eisenholz *(Casuarina equisetifolia)* geschnitzt sind; der Baum heißt dort *to'a* – also „Krieger".
*Oben rechts:* Die Kunst des Tätowierens lebt auf den polynesischen Inseln wieder auf. Manche jungen Männer wählen stolz die traditionelle, schmerzhaftere Methode.
*Rechts:* Eine Szene aus Nuku Hiva im späten 18. Jahrhundert: Eine Frau wird an der rechten Hand tätowiert – der Schweinekopf ist ihre Belohnung.

verziert. Oft parfümierte man den Stoff mit gemahlenem Sandelholz und anderen süß duftenden Pflanzen und färbte ihn in verschiedenen Rot- und Gelbtönen. Anders als beim fidschianischen Rindenbast gehörten geometrische Muster hier nicht zur Tradition, vielleicht weil sie von der wichtigsten Form künstlerischen Ausdrucks abgelenkt hätten – der Tätowierung.

Der Name leitet sich vom tahitianischen Wort *tatau* her. Bereits 1769 beobachtete James Cook diese Praxis auf Tahiti und beschrieb sie ausführlich in seinen Aufzeichnungen. Alle polynesischen Kulturen beherrschten diese Körperkunst meisterhaft. Wahrscheinlich war es die helle Haut der Polynesier, die das Tätowieren hier – im Gegensatz zu Melanesien – so beliebt machte. Auch andere Völker haben das Tätowieren zur Kunstform entwickelt – die Japaner, zum Beispiel, oder die Dayak auf Sarawak. Auf der anderen Seite des Pazifiks waren einige Indianerstämme, besonders in Amazonien, Meister dieses Handwerks. In Polynesien erreichte das Tätowieren auf Neuseeland und den Marquesas seinen künstlerischen Höhepunkt; dort hatte es auch die größte soziale Bedeutung.

Frauen waren im allgemeinen weniger tätowiert als Männer, aber beide Geschlechter hatten zumindest Oberschenkel, Hände und Füße verziert. Auf den Marquesas waren geometrische Muster beliebt, während stilisierte Bilder von Fischen, Vögeln und Pflanzen ihre Achtung vor der Natur ausdrückten. Die Träger sollten ihre Kunstwerke mit ins Grab nehmen. Die Haut allerdings ist bei den meisten Leichenfunden schon verwest. Was wir über die frühen Muster wissen, haben wir den Bildern in Felsen und Klippen entnommen. Die grafische Gestaltung aus neuerer Zeit wurde von europäischen Seefahrern detailliert beschrieben. Alle stimmen überein, daß das Tätowieren ein außergewöhnlicher Aspekt des Lebens auf den Marquesas war.

Tätowierungen waren nicht auf bestimmte Gesellschaftsschichten beschränkt, aber natürlich konnten sich die Reichsten auch die besten leisten. Der Tätowierer hieß *ta'ua patu tiki* – der „Meister, der Bilder hämmert". Zusammen mit seinen Gehilfen, den *ou'a*, hatte er Anspruch auf Kost und Logis sowie eine Bezahlung in Form von Schweinen, Rindenbast oder wertvollen Gegenständen wie Streitkeulen. Männer trugen ihre Körperbilder mit Stolz, aber für Frauen waren sie eher Pflicht als Auszeichnung. Bevor sie zwölf Jahre alt waren, mußte ihre rechte Hand tätowiert sein, damit die Mädchen *popoi* aus der Brotfrucht machen und Leichen mit Kokosöl salben durften. Keine ehrbare Frau hätte überdies einen Mann geheiratet, der nicht tätowiert war. Je größer seine Körperzierden, desto größer auch sein Wohlstand und seine Kraft, Schmerzen zu ertragen. Von der Geburt seines ersten Sohnes an sparte der Vater auf den Tag, an dem sein Junge ein *opou*, ein Patient des Tätowierers werden konnte. Der Vorgang war offenbar so schmerzhaft, daß sich für diese Patienten heute der Begriff „Opfer" eingebürgert hat.

Vor dem großen Tag baute der Vater des *opou* eine Hütte eigens für diesen Zweck. Ein Tabu wurde ausgerufen, und der Vater mußte sexuelle Enthaltsamkeit üben. Seine Aufgabe war jetzt, das Pulver für die Tätowierung herzustellen. Dazu konnte er die Hilfe einer Jungfrau in Anspruch nehmen. Schalen des Kerzennußbaumes *(Aleurites moluccana)*, auf den Marquesas *ama* und auf Tahiti *tutui* genannt, wurden durch Erhitzen geöffnet. Die Kerne wurden auf einen großen, glatten Stein gelegt, der seinerseits auf Felsblöcken ruhte, zwischen denen ein Feuer brannte. An der Plattenunterseite bildete sich rasch eine Rußschicht, oft mehrere Zentimeter dick. Den Ruß kratzte man auf ein Bananenblatt und ließ ihn in der Sonne trocknen. Schließlich wurde er mit etwas Wasser in einer polierten Kokoshälfte zur Tätowiertinte vermischt.

Interessanterweise wird derselbe Kerzennußkern und derselbe Vorgang des Rußsammelns heute auf den Lau-Inseln der Fidschi-Gruppe verwendet, um die Druckfarbe für den Rindenbast zu gewinnen. Und in den geometrischen Formen der marquesischen Tätowierungen finden wir alte Muster fidschianischer Kunst und selbst die feinen Muster der *Lapita*-Töpfereien wieder. Über eine Zeitspanne von mehreren tausend Jahren und eine Entfernung von vielen tausend Kilometern hatte sich diese Vorstellung von Schönheit wie ein roter Faden durch die gesamtpolynesische Kultur gezogen. Auf den Marquesas nun hatte man für jene Kunstform nicht Stoff oder Ton, sondern den menschlichen Körper gewählt.

Der *ta'ua* kam mit vier oder fünf seiner Schüler, und der Junge wurde auf den Boden gelegt – einen Gehilfen auf jedem Arm und jedem Bein. Nachdem er den Umriß der Tätowierung mit Holzkohle grob auf die Haut gezeichnet hatte, wählte der Künstler die Werkzeuge aus seinem Bambuskoffer. Dazu zählten gezahnte Hämmer verschiedener Größe und ein schwerer Stab aus Eisenholz. Die kammartigen Zähne der Werkzeuge waren aus Schildpatt, menschlichen Knochen, Fischgräten oder den Beinknochen von Seevögeln gefeilt; manchmal verwendete der Künstler auch Haifischzähne oder die Hauer eines Ebers. Den Tätowierkamm in der linken Hand haltend, trieb er mit dem Stab in seiner Rechten durch Klopfen die Zähne in die Haut; das austretende Blut wurde gleich mit einem *tapa*-Tuch weggewischt. Der Kamm hatte eine Reihe kleiner Punkte in die Haut gebohrt, in die nun das schwarze Pigment verrieben wurde. Das war Aufgabe der Gehilfen, die meist auch das Ausfüllen der Farbflächen besorgten.

Es muß sehr schmerzhaft gewesen sein, aber der *opou* versuchte, durch mannhaftes Dulden seine Tapferkeit zu beweisen. Der Künstler begann, im Rhythmus seiner Hammerschläge zu singen, und auch die Gehilfen sangen oder spielten die Nasenflöte, um den *opou* vom Schmerz abzulenken. Je vollständiger sein Körper tätowiert war, desto sicherer würde der Junge Bewunderung erlangen. Die Männer schätzten seine Tapferkeit, und die Frauen fanden den geschmückten Körper anziehend. Und das war doch eine Menge Schmerz wert.

Dieses erste Tätowieren erstreckte sich meist über drei oder vier Monate; später konnte man dann und wann ein Muster hinzufügen. Jedes Mal entzündete sich die Haut, schwoll an, und ein – manchmal tödliches – Fieber setzte ein. Eine Salbe aus Bananenstauden, *paku* genannt, beschleunigte die Heilung, und Hibiskusblätter linderten die Entzündung. Besonders wirksam war eine Medizin aus dem Nono-Baum, der auf den Marquesas *noni* hieß. Die Frucht dieses Kaffeegewächses wirkte so mächtig, daß man sie nach der Tätowierung den Göttern im *me'ae*, dem hiesigen Gegenstück zum tahitianischen *marae*, zum Geschenk anbot.

Nach seiner Arbeit wurde der *ta'ua* bezahlt, das *tapu* aufgehoben und die Hütte niedergebrannt. Wer mitgeholfen hatte, durfte seinen Körper waschen und mit duftenden Salben einreiben. Ein großes Fest begann, bei dem das ganze Dorf die vollendeten Tätowierungen der jungen Männer und Frauen gebührend bewunderte. Man trommelte und tanzte, praßte und liebte sich die ganze Nacht. Frauen wurde als Belohnung für den erlittenen Schmerz gestattet, Schweinefleisch zu essen.

Für die Marqueser war ihre Leidenschaft für Körperbilder nicht nur fleischliche Zierde, sondern Ausdruck ihrer kulturellen Errungenschaft. Trotz der Entbehrungen, die ihnen ihre wilden Inseln mit dem unberechenbaren Klima aufnötigten, hatten sie doch ein erstaunlich tragfähiges System dort geschaffen. Ihre Äcker und Viehzuchten waren hochproduktiv, und ihre Gesellschaft war straff organisiert. Dieser gesunde ökologische und politische Rahmen unterhielt eine große Bevölkerung: Während der „klassischen“ Epoche lebten auf den wenigen Inseln vermutlich mehr als 50 000 Menschen.

Ermöglicht wurde solch eine hohe Bevölkerungsdichte durch intelligente Landnutzung ganz in polynesischer Tradition. Große Haine von Brotfruchtbäumen wurden durch ausgedehnte, terrassenförmig angelegte Taro-Felder ergänzt, die aus umgeleiteten Bergbächen bewässert wurden. Unter Aufsicht der Häuptlinge speicherte und verteilte man die Überschüsse der Ernten. Die herrschende Klasse setzte ihren Reichtum auch dazu ein, Gemeindeprojekte wie den Bau eines neuen *me'ae* oder eines größeren *tohua* zu finanzieren. Die Wohlhabenden wurden zu Schutzherren der Künste, und das Handwerk blühte. Monumentale Kunstwerke entstanden in jedem Tal, und die jeweiligen Häuptlinge sponserten die schönsten Holzschnitzereien, den feinsten Rindenbast und die aufwendigsten Tätowierungen. Sozialer Wettbewerb und Mangel an Landfläche führten unweigerlich zu Konflikten und Kriegen. Die Zugänge der wichtigsten Täler wurden verbarrikadiert und benachbarte Stämme überfielen sich gegenseitig. Kannibalismus gab es zwar viel seltener, als man uns in der Vergangenheit glauben machte, aber mancher Kriegsgefangene dürfte wohl doch den Siegesfeiern erlegen sein.

Dies also war die tüchtige und lebensfrohe Gesellschaft, die sich den ersten Europäern im späten 18. Jahrhundert präsentierte. Viele waren angesichts der scheinbaren Kulturlosigkeit entsetzt. Mehr als irgendwo sonst in Polynesien sahen die Missionare hier dringenden Bedarf an Seelenrettung. Der Priester Robert Thomson verbrachte mehrere Jahre auf den Inseln und schrieb stellvertretend für diese christlichen Hüter der Sitten: „Licht und Schatten der natürlichen Umgebung, gemeinsam mit dem Überfluß an Nahrung, den die Vorsehung diesen Kindern der Natur so überreich geschenkt hat, bieten uns Gegenstand einer gefälligeren Betrachtung als das Feld moralischen Verfalls, das sich hier eröffnet. Der Marqueser steht vor uns, bar aller sittlichen Werte und ein furchterregendes Beispiel, was aus Menschen wird, wenn man sie den traurigen Folgen ihrer eigenen Verderbtheit überläßt."

Den Missionaren folgten bald Holzfäller und plünderten die Sandelholzwälder. Sie brachten Feuerwaffen und Krankheiten, die rasch um sich griffen. Nicht nur Geschlechtskrankheiten, sondern vor allem Masern, Typhus und Keuchhusten durchseuchten ganze Dörfer und dezimierten die Bevölkerung. Nordamerikanische Walfänger räuberten in den fruchtbaren Gewässern. Die amerikanische Kriegsmarine errichtete 1813 einen Flottenstützpunkt auf Nuku Hiva, um die Handelsinteressen der USA dort zu sichern. Über ein Jahr blieben die Soldaten dort und belasteten die marquesische Wirtschaft, die ohnehin noch unter den Folgen einer schlimmen Hungersnot drei Jahre zuvor litt, fast unerträglich. Als die Marine abzog, strömten immer mehr Walfänger in die Inselwelt der Marquesas und kauften mit Alkohol und billigem Schmuck die Hühner und Schweine auf, mit denen die Marqueser eigentlich Viehzucht betreiben wollten. 1842 annektierten die Franzosen das schwer angeschlagene Land, als die Bevölkerung bereits auf 18 000 gesunken war. Am Ende des Jahrhunderts sagte ein französischer Untersuchungsbericht voraus, daß die Marqueser binnen dreißig Jahren ausgelöscht wären. Und 1927 ergab eine Volkszählung, daß gerade noch 2700 Menschen dort wohnten.

Ohne den Einfluß anderer Staaten hätten die Marqueser ihre internen Streitigkeiten zweifellos mit politischer Vernunft aufgelöst. Es war nur eine Frage der Zeit. Fast 2000 Jahre lang hatte dieses polynesische Volk eine bewährte Inselökologie und Sozialstruktur aufgebaut und unterhalten. Mit dem Einfall der Außenwelt war dieses endemische System zum Scheitern und zur fast sicheren Vernichtung verurteilt. Gegen alle Wahrscheinlichkeit hat sich die marquesische Gesellschaft erneut angepaßt und dadurch überlebt. Der alte Geist lebt in jedem der 7500 Bewohner fort, denen die wilden, schönen Marquesas eine Heimat bieten. Die Menschen achten ihre ruhmreiche Vergangenheit hoch. In den verlassenen Tälern erzählen überwucherte Tikis stumm vom alten Erbe. Die heutigen marquesischen Kunsthandwerker haben die Fertigkeiten ihrer Ahnen übernommen und glauben fest, daß sie mit dem Erschaffen schöner Dinge den Geist des Menschen würdig ausdrücken. Für die Bewohner der Marquesas sind diese bewegten Inseln noch immer „das Land des Menschen".

Eine junge Bewohnerin der Insel Ua Pou, eingehüllt in weißen Baststoff und mit rotem Federschmuck im Haar, preist mit einem traditionellen Tanz den Tropikvogel – ein Geschöpf des Wassers und des Landes.

# 8

# *Vorposten der aufgehenden Sonne*

*„Man muß nur den Gipfel des Maunga Terevaka, des nordwestlichen Vulkans und höchsten Punktes der Insel, erklimmen und von dort in allen Richtungen nichts als Meer sehen, um zu begreifen, warum dies tatsächlich eine Insel im Mittelpunkt der Welt ist."*

PASTOR SEBASTIAN ENGLERT, Osterinsel, 1965

Der Flug von Tahiti zur Osterinsel läßt ihre wahre Abgeschiedenheit nur erahnen. Über fünf Stunden ist der Düsenflieger durch die Dunkelheit unterwegs, während die Passagiere schlafen. Aber selbst am Tage gäbe es außer dem endlosen Ozean nichts zu sehen. Der Pilot kann sich an keinen Funktürmen oder markanten Landschaften orientieren und steuert per Computer diesen winzigen Inselflecken an, der sich im Ruhm sonnen darf, die einsamste bewohnte Insel der Welt zu sein.

Zwischen Tahiti, mitten im Herzen Polynesiens, und der Küste Südamerikas liegen fast 8000 Kilometer pazifischen Ozeans. Nach einer kurzen Zwischenlandung auf der Osterinsel fliegt die LAN-Chile-Maschine weitere fünf Stunden ostwärts, ohne Land zu sehen. Ihr Ziel ist Santiago, Hauptstadt von Chile, zu dem die Osterinsel heute gehört. Innerhalb eines Tages verbindet die Maschine zwei Welten. Die Osterinsel liegt genau dazwischen. Aus dem Cockpit des Jumbos betrachtet, scheint die Insel, deren dreieckige Silhouette schemenhaft im ersten Morgenschimmer sichtbar wird, völlig leblos. Plötzlich aber strahlen im flammenden Morgenrot stromblaue Begrenzungsleuchten der Startbahn in den Himmel. Wie Leuchttürme im All weisen sie einen Weg der Sonne entgegen.

Nach der Tropenluft Tahitis ist der kühle Morgen auf dem Flughafen von Mataveri erfrischend anders. Keine Palmen. Kein üppiges Grün. Statt dessen eine wellige Graslandschaft. Wer zum ersten Mal hier aussteigt, ist voll aufgeregter Erwartung, während er in der Abfertigungsschlange nach seinem Stempel „Isla de

Pascua" ansteht. Hier spricht man nicht Französisch, sondern Spanisch. Heimkehrende Insulaner werden von ihren Verwandten und Freunden fröhlich in ihrer polynesischen Muttersprache begrüßt, die sie Rapa Nui nennen. Jeder, der die Insel persönlich oder aus Büchern kennt, hat das einzigartige Gefühl, nach Hause zu kommen.

So klein wie sie ist, nämlich ganze 22 mal 11 Kilometer, hat diese abgelegene Insel die Welt doch unglaublich beschäftigt. Nicht jeder wird wissen, in welchem Ozean die Osterinsel eigentlich liegt, aber die seltsamen, riesigen Steinköpfe kennen wohl die meisten. Geheimnisvoll und rätselhaft trotzen sie seit Jahrhunderten der Einsamkeit und beflügeln die Phantasie der Menschen. Wer baute sie, und warum? Woher kamen ihre Steinmetze, und warum sind sie verschwunden? Was begründete den Aufstieg ihrer einzigarten Kultur, und welche Katastrophe verursachte ihren Niedergang? Niemand, der je dort gewesen ist oder über die Geschichte gelesen hat, kann sich dieser Faszination entziehen. Die Geheimnisse der Insel sind zum Gemeingut geworden. Wie globale Detektive durchforschen wir die alte Insel auf der Suche nach neuen Hinweisen. Und die Faszination schwindet keineswegs mit jeder neuen Entdeckung; wie ein Puzzle, das um zwei Teile wächst, wenn man eines findet, ist das Rätsel der Osterinsel zum Puzzle unseres ganzen Planeten geworden.

*Oben:* Das Dreieck der Osterinsel von der Raumfähre aus fotografiert; der mächtige Krater des Rano Kau ist klar zu erkennen.
*Rechts:* Über anderthalb Kilometer im Durchmesser erstreckt sich der Krater des Rano Kau mit kleinen Süßwasserteichen im Süden der Osterinsel; der Südhang des Vulkans fällt über 300 Meter tief in den Ozean.

Drei Vulkankegel bilden die Grundlage der Insel, und jeder einzelne bietet eine eindrucksvolle Lektion in Geologie. Nirgendwo spürt man die wahre Isolation so wie auf dem Gipfel des Terevaka. Die drei Vulkane, die sich mehr als drei Kilometer über den Meeresboden erheben, entstanden auf einem „hot spot" wenig östlich des Ostpazifischen Rückens, der in Nord-Süd-Richtung durch das pazifische Becken verläuft. Langsam bewegt sich die Osterinsel auf Südamerika zu. Geologisch ist sie die einzige polynesische Insel, die sich ostwärts orientiert.

Terevaka ist nicht nur der höchste, sondern auch der jüngste der Kegel. Das erste Mal brach er bei seiner Entstehung vor etwa 250 000 Jahren aus, das letzte Mal vor 12 000 Jahren. Offensichtlich strömte die Lava sehr schnell und flüssig aus, denn die Landschaft fällt nach Süden und Osten in Richtung der beiden älteren Vulkankegel, den übrigen Eckpfeilern des Inseldreiecks, sanft ab. Vom Kraterrand dieses nun erloschenen Vulkans blickt man südwärts hinüber zum Rano Kau, der etwa eine Million Jahre alt ist, und ostwärts zum Poike, vermutlich drei Millionen Jahre alt. Jenseits eines jeden Berges liegt der weite Ozean. Nichts unterbricht die Sicht auf die große blaue Scheibe, die ringsumher bis zum Horizont reicht. Darüber ist die unendliche Himmelskuppel gestülpt, die allein für diesen Landflecken geschaffen zu sein scheint.

Am Ostersonntag 1722 sichtete der holländische Entdecker Jacob Roggeveen die Insel und gab ihr einfach diesen Namen. Wäre er auf einen ihrer Gipfel gestiegen, hätte das seine Phantasie vielleicht etwas beflügelt. Der polynesische Name der Insel ist Rapa Nui und stammt aus dem 19. Jahrhundert. Tahitianische Seeleute verglichen sie mit der fast 4000 Kilometer westlich gelegenen Insel Rapa, und die Insulaner verwenden diesen Namen als Zeichen ihrer inneren Verbundenheit mit dem restlichen Polynesien noch heute. Am passendsten scheint jedoch ihr älterer Name „Te Pito o Te Henua" zu sein, was soviel heißt wie „der Nabel der Welt". Wer immer diese wahren Entdecker der Insel waren: Für sie schien sich das ganze Universum um ihren Landflecken zu drehen, und der Blick vom Terevaka gibt ihnen recht.

Von den vielen Legenden, die sich um die Osterinsel ranken, sind zwei immer wieder aufgetaucht, seit die Europäer sich mit ihnen befaßt haben. Eine beschreibt die Entstehung der Insel, die andere den Ursprung ihrer ersten Bewohner. Der mächtige Gott Uoke von einem Ort namens Hiva wütete einst durch den Pazifik. Mit einem gewaltigen Hebel bewaffnet, stemmte er Inseln vom Meeresboden und stürzte sie in den Ozean. Als er sein übles Werk mit Te Pito o Te Henua versuchte, brach der Hebel, und Uoke flüchtete. Was er hinterließ, bildet die heutige Insel. Ähnliche Geschichten hört man im ganzen Pazifik; sie alle erzählen von den Urgewalten, die die Inseln immer wieder neu formten.

In der Mythologie wird die Entdeckung der Insel einem Häuptling namens Hotu Matua zugeschrieben, der von einer „großen, warmen und grünen Insel im Westen" fliehen mußte, die als Marae Renga bekannt war. Wahrscheinlich waren dies die Reste der Insel Hiva, die der grimmige Uoke vor seiner Flucht noch verwüstet hatte. Einige Versionen berichten von einer gewaltigen Überschwemmung, die Siedler nach Osten trieb; andere lassen vermuten, daß ökologische oder politische Widrigkeiten den Exodus verursachten. All diese Indizien sowie der Name „Hiva" deuten auf die Marquesas als Ursprungsland, andererseits liegen die Inseln Pitcairn und Mangareva geographisch näher. Es hätte schon enorme Ausdauer und seemännisches Geschick erfordert, so weit östlich zu segeln und obendrein die kleine Osterinsel zu finden. Mit dem Floß oder Segelboot von Südamerika dorthin zu gelangen, wie Heyerdahl vermutet, würde den Vorteil von Rückenwind und Strömung nutzen, allerdings wäre die Rückkehr schwierig geworden. Wie auch immer: Die Osterinsel ist aus keiner Richtung leicht zu finden, obwohl es etwas leichter wird, wenn man sie nach dem ersten Zufallsfund ein zweites Mal aufsucht. Wenn die ersten Bewohner der Osterinsel wirklich Polynesier waren, dann ist es logisch, daß sie aus westlicher Richtung kamen. Die Osterinsel wurde zur letzten Station ihrer langen Reise nach Osten. Der nächste Landeplatz wäre Südamerika gewesen.

Nach der Legende unternahm man zunächst eine Erkundungsreise von Hiva aus, bevor Hotu Matua zur Osterinsel kam. Sechs junge Männer wurden losgeschickt, diese Insel zu besuchen, die jemandem im Traum erschienen war. Nicht sonderlich begeistert über das, was sie auf der Osterinsel fanden, machten sich die Männer zur Rückkehr nach Hiva bereit, als sie feststellten, daß Hotu Matua mit seiner Frau und einem Doppelkanu voller Siedler ihnen bereits auf die Insel gefolgt war. Dieser Teil der Geschichte meidet geschickt das Thema der Rückfahrt, zeigt aber wohl zutreffend die zufälligen Umstände der ersten Besiedlung. Hotu Matua und sein Gefolge gingen bei Anakena an der Nordküste an Land, dem einzigen wirklich sicheren Ankerplatz. Hier errichtete sein Baumeister Nuku Kehu das erste der *hare paenga*, der typischen Häuser der Osterinsel. Nuku Kehus Frau hatte man auf Hiva zurückgelassen, und jeden Abend überkam ihn beim Anblick der sinkenden Sonne eine tiefe Trauer, weil sie in der Richtung verschwand, in der auch seine Heimat lag – im Westen.

Wenn sie tatsächlich von den Marquesas gekommen waren, dann muß die Besiedlung sehr schwierig gewesen sein. Traditionsgemäß hätten sie als erstes ihre mitgebrachten Samen und Setzlinge gepflanzt. Die Osterinsel liegt knapp südlich des Wendekreises des Steinbocks und hat, verglichen mit den Marquesas, ein gemäßigteres Klima. Der kalte Humboldtstrom senkt auch die Lufttemperatur, und es ist oft ziemlich windig. Nieselregen und Nebel gehören ebenso zum Alltagswetter wie Morgentau. Niederschläge gibt es zu allen Jahreszeiten, aber das poröse Vulkangestein saugt selbst heftigen Regen rasch auf. Deshalb fehlen auch fließende Gewässer. Die Feuchtigkeit verschwindet im Erdreich und tritt erst am Inselrand wieder an die Oberfläche. Das dürfte auch der Grund dafür sein, daß fast alle alten Siedlungen nahe der Küste lagen. Trotz ihrer ungünstigen Voraussetzungen ist die Osterinsel potentiell recht fruchtbar.

Die heutige karge Landschaft ist Menschenwerk; zur Zeit der Besiedlung war die Insel von Wald bedeckt, der wegen der abgeschiedenen Lage aus nur wenigen Baumarten bestand. Palmen waren sicher von allein hierher gekommen; ganze Stämme wurden von der Lava konserviert, die vor Tausenden von Jahren aus den Vulkanen strömte. Allerdings scheint dies eine Art zu sein, die den Polynesiern unbekannt war. In den Sedimenten des Rano Raraku finden sich riesige Mengen Pollen einer ausgestorbenen Palme, die mit der Chilenischen Palme *(Jubaea chilensis)* verwandt war. Dieser in Chile beheimatete Baum wächst in südlichen Breiten bis nach Valparaiso und ist damit die südlichste Palme überhaupt. Der glatte Stamm kann einen Durchmesser bis zu einem Meter erreichen und bis zu 25 Meter hoch wachsen, wo seine Krone aus federartigen großen Blättern die Früchte birgt. Wie die Kokosnuß hat auch diese Frucht eine faserige Außenschicht, die die hartschalige Nuß schützt. Die eingeborenen Chilenen schätzen diesen Baum, ihre einzige Palmenart, als Nahrungsquelle. Aus dem konzentrierten Saft des Stammes stellen sie einen köstlichen Palmhonig und Zucker her, der auch zu Wein vergoren wird, und der ölige Nußkern gilt als Delikatesse. Fast identische Nüsse hat man in versteinerter Form in einer Lavahöhle auf dem Poike-Zipfel der Osterinsel gefunden. Wahrscheinlich diente die Höhle mit den 35 Nüssen als Speisekammer. Die meisten weisen Bißspuren auf, andere sind sauber duchbohrt. Ratten haben sie wohl angenagt.

Die mysteriöse Palme starb jedenfalls vor etwa 600 oder 700 Jahren auf der Insel aus. Zur Zeit der ersten Siedler war sie noch der häufigste und nützlichste Baum gewesen; sie bot neben Öl und Zucker auch Holz, das als Brennstoff und zum Häuser- und Bootsbau bestens geeignet war. Von den importierten Baumarten dürften in diesem Klima nicht viele überlebt haben. Für die Brotfrucht war es hier zu kalt, und selbst die Kokospalme wächst so weit südlich nur kümmerlich. Auch der Papiermaulbeerbaum, unschätzbar als Lieferant des Rindenbastes, liebt es weniger kalt und windig. Bananen hingegen gedeihen gut, und die heutigen Insulaner bauen mehrere Sorten an. Die frühen Bewohner kannten auch 40 Yams-Sorten und 14 verschiedene Tarowurzeln; Zuckerrohr und die süße *ti*-Pflanze kamen vermutlich einigermaßen zurecht.

In den Süßwassertümpeln der Vulkankrater wachsen seit mindestens 35 000 Jahren dichte Beete von Binsen *(Scirpus riparius)*, deren Samen aus Südamerika herübergeweht wurden. Eine südamerikanische Pflanze, deren Anwesenheit man nicht schlüssig erklären kann, ist die Süßkartoffel. Sie ist in den Hochlagen der Anden zu Hause, wuchs aber in etlichen Teilen Polynesiens, lange bevor die Europäer sie eingeführt haben konnten. Dort, wo das Klima die Brotfrucht nicht begünstigte – Hawaii, Neuseeland oder Osterinsel – wurde die Süßkartoffel zur wichtigen Knollenfrucht; auf der Osterinsel war sie das Grundnahrungsmittel schlechthin, und die Insulaner züchteten 25 verschiedene Sorten.

Wie diese Pflanze ins voreuropäische Polynesien gelangte, ist rätselhaft. Ihr polynesischer Name lautet *kumara*; einige peruanische Indianerstämme nennen sie *kumar*. Thor Heyerdahl folgert, daß sie mit den ersten südamerikanischen Siedlern nach Westen gelangte. Andere behaupten ebenso hartnäckig, die Süßkartoffel müsse von polynesischen Seefahrern von einem zufälligen Besuch in Südamerika zurückgebracht worden sein. Stellt sich nur die Frage: Warum nahmen die Siedlerpioniere von oder nach Südamerika von dort keine anderen, mindestens ebenso nützlichen Kulturpflanzen mit? Nord- und südamerikanische Indianer ernähren sich vorwiegend von Mais, Bohnen und Kürbisgewächsen. Es ist bis heute unerklärlich, warum keine dieser Pflanzen neben der Süßkartoffel ihren Weg nach Polynesien fand.

Alle eßbaren Pflanzen heißen auf der Osterinsel kollektiv *inaki*. Man ißt sie als Beilage zum Fleisch. In den alten Geschichten werden allerdings weder Schweine noch Hunde erwähnt. Wenn sie von den frühen Siedlern mitgebracht wurden, dann scheinen sie sich nicht lange gehalten zu haben. Nach einer der vielen Legenden soll Hotu Matua sich wehmütig in sein heimatliches Hiva als „Land des guten

Essens und der fettigen Lippen" zurückgesehnt haben. Und das wäre kein Wunder, wenn er damit die Marquesas mit ihrer produktiven Schweinezucht gemeint hätte. In den alten Müllstätten der Insel finden sich weder Schweine- noch Hundeknochen, dagegen reichlich abgenagte Knochen von Hühnern und Wildvögeln wie Rallen und Tauben, die schon längst ausgestorben sind, und vor allem – von Ratten. Die kleine polynesische Ratte, auf der Osterinsel *kio'e* genannt, muß mit den ersten Siedlungsreisenden hier angekommen sein. Wie alle Nagetiere hat sie sich – besonders, ohne von natürlichen Feinden bedroht zu sein – explosiv vermehrt und muß recht bald die ganze Insel vereinnahmt haben. Landvögel, wie die Rallen, fielen den kleinen Invasoren zum Opfer, und viele Seevögel werden sich zum Brüten wohl auf die vorgelagerten Felsen geflüchtet haben.

Allmählich starben immer mehr einheimische Vögel aus oder waren nicht mehr greifbar, und die Insulaner griffen zur Ernährung mehr und mehr auf ihr Hausgeflügel – genannt *moa* – und Meerestiere zurück. Anders als auf den Marquesas, wo sich die Bewohner auf Landbau und Viehzucht spezialisierten, mußte man auf der Osterinsel durch Hochseefischerei die wachsende Bevölkerung versorgen. Die aufsteigenden Kaltwasserströme um die Insel herum sind nährstoffreich und ziehen große Thunfische, Bonitos und eine Vielzahl anderer Seefische an. Wie auf Pitcairn und den Marquesas fehlt auch hier ein schützendes Riff, so daß die Fischerei ein gefährliches Geschäft wurde, das sicher eine Menge junger Männer das Leben kostete.

Weil es auf der Insel an großen Harthölzern mangelte, mußte man die Kanus aus kleinen, exakt gearbeiteten Planken mit Hibiskusfasern zusammenfügen. Die sonst in Polynesien übliche Kokosfaser war hier kaum verfügbar, weil die Palmen in dem kühlen Klima nur spärlich wuchsen. Der Fischfang wurde für die Insulaner so überlebenswichtig, daß ihre Häuptlinge für die Zeit zwischen Mai und September strenge Tabus auf große Speisefische erhoben. Einige Bewohner glauben heute noch, daß sie mit *mare*, einer Art Asthma, bestraft würden, wenn sie dieses alte Tabu brächen. In den flacheren Gewässern vor der Südküste konnte man kleinere Fische mit Netzen fangen, aber die Vielzahl verschiedener Angelhaken, die in den alten Siedlungen gefunden wurden, deuten darauf hin, daß das Angeln mit Schnüren von der Küste aus die übliche und vermutlich sicherste Methode war, an die Schätze des Meeres zu gelangen.

Schweine und Hunde gab es nicht, also schnitzte man die Angelhaken auch aus Menschenknochen; ein anderer gängiger Werkstoff für die Haken war der harte und feinkörnige Basalt, der sich wunderbar schleifen und polieren ließ. Obsidian, ein vulkanisches glasartiges Gestein, das sonst im Pazifik eher selten vorkommt, stand im hiesigen Maunga-Orito-Steinbruch reichlich zur Verfügung. Seine scharfen Kanten eigneten sich bestens dazu, die ebenso schönen wie praktischen Angelhaken zu schneiden, zu schaben, zu bohren und zu schleifen. Obsidian wurde auch verwendet, um Holz zu bearbeiten, Nadeln aus Knochen zu formen und die *uhi tatu* zu schneiden, mit denen die Insulaner ihre traditionelle Kunst der Tätowierung ausübten. Obwohl viele dieser Gegenstände entsprechend den besonderen Anforderungen und Mineralvorkommen der Osterinsel gefertigt wurden, gibt es doch hinsichtlich der Gestaltung und Arbeitstechnik auffällige Verbindungen zu den Marquesas. Eine Harpunenspitze, die vor kurzem in der Nähe des Strandes von Anakena gefunden wurde, weist eine Gestaltung auf, die wir in identischer Weise von den Marquesas kennen.

Die frühen Siedlungen bestanden aus einer Gruppe niedriger, ovaler Häuser, von denen einige sogar ein solides Fundament aus großen, paßgenauen Basaltblöcken hatten. In die Steine bohrte man großkalibrige Löcher, steckte kräftige Holzstangen hinein und bog diese von beiden Seiten zu einer Kuppel, die nun bedeckt werden konnte. Als Eingang diente ein kleiner Tunnel, durch den man hindurchkroch. Um zusätzlich gegen den Wind geschützt zu sein, ließ man auch die Fenster weg. Das Ganze sah etwa so aus wie ein umgedrehtes Boot.

Es gab auch runde und rechteckige Häuser, und meist standen sie in Reihe um einen kleinen Platz herum. Die Tagesarbeit fand vorwiegend im Freien statt, auch das Kochen in den steinvertäfelten Erdöfen, den *umu pae*. Hunderte davon hat man auf der Insel gefunden. Hühner und Fische wurden hier auf dieselbe Art zubereitet, die sich seit Jahrtausenden in ganz Polynesien kaum verändert hatte. Töpferwaren haben die Insulaner nie hergestellt, obwohl es auf der Insel genügend Ton gab und noch gibt. Anders als ihre Zeitgenossen in Südamerika kannten sie dieses Handwerk nicht.

Die ersten Osterinsulaner brachten vielleicht keine Schweine und Tonwaren mit, dafür aber den Ehrgeiz, ihre Ahnen und Götter durch monumentale Statuen zu ehren. Ihre neue Heimat war mit massenhaft Vulkangestein gesegnet, das man leicht herausbrechen und formen konnte. Während andere Inselkulturen Holz schnitzten, arbeiteten die Handwerker der Osterinsel mit Stein. Ihre gigantischen Kunstwerke sind wahrhaft ehrfurchtgebietend. Eine Wanderung über die Osterinsel gleicht dem Besuch eines riesigen Freiluftmuseums; jeder Winkel hat eine alte archäologische Stätte, die wunderbar anzusehen ist und die Phantasie anregt. Hier sollte man seine Reise durch Polynesien nicht beginnen, sondern abschließen. Wer die anderen Inseln mit ihren Kulturen und Relikten etwas kennengelernt hat, versteht, welch außerordentliche Leistung die Menschen auf dieser abgeschiedensten aller Inseln vollbracht haben. Sie brachten vorgefaßte Pläne und traditionelle Fertigkeiten mit. Sie kamen mit ihrer eigenen Religion und Mythologie, mit ihrer Sprache und ihrem Verständnis von Kunst. Sie brachten ihre Werkzeuge und das Wissen, sie zu benutzen. Auf der Osterinsel entwickelten sie all dies in völliger Einsamkeit weiter. Mit der Zeit schufen sie ihre einzigartigen Kunstwerke als Ausdruck ihrer ganz besonderen Lage am Nabel der Welt.

Petroglyphen auf Felsen bei Orongo; die Bilder des Gottes *Makemake* und der „Vogelmänner" stammen aus einer Zeit, zu der junge Männer jeden Frühling einen Wettstreit austrugen: Sie kletterten die Klippen herab, schwammen zur entferntesten vorgelagerten Insel und brachten ein Ei der Rußseeschwalbe zurück. Der Sponsor des Siegers war für das folgende Jahr der mächtige Vogelmann der Insel.

Wissenschaftliche Altersbestimmungen und einige andere kulturelle Hinweise lassen darauf schließen, daß die erste Besiedlung zwischen den Jahren 400 und 500 unserer Zeitrechnung erfolgte, aber über die Lebensweise dieser frühen Bewohner ist wenig Genaues bekannt. Ausgrabungen bei Anakena haben bestätigt, daß dort, wie es auch die Legende erzählt, eine alte Siedlung gestanden hat. Die meisten Funde beziehen sich auf die jüngere Zeit, aber Fachleute haben aus allen Hinweisen ein Szenario entwickelt, das die Geschichte der dreizehn Jahrhunderte zwischen der ersten Besiedlung und der Ankunft der Europäer nacherzählt. Weil die Insulaner keine Schrift hatten, die wir verstehen könnten, nennt man diese lange und ereignisreiche Periode ihrer sagenhaften Geschichte schlicht „prähistorisch". Kein Ort der Welt verdient solch eine Herabwürdigung seiner schillernden Vergangenheit weniger als dieser.

Die ersten Einwohner der Osterinsel müssen mehrere Generationen gebraucht haben, bis sie sich in ihrer neuen Umgebung eingelebt hatten. Die kühlen, feuchten Winter und die heißen, trockenen Sommer stellten ungewohnte Belastungsproben für Mensch, Tier und Pflanze dar. Zweifellos gab es viele Mißernten und Notzeiten. Herkömmliche Techniken des Landbaus mußten an die Umwelt angepaßt werden. Der Mangel an fließendem Süßwasser begrenzte solche Ambitionen aber entscheidend, und die Knappheit der harten Hölzer forderte eine Menge Einfallsreichtum. Nein, es war gewiß nicht einfach, dieses neue Land zu kolonisieren. Wahrscheinlich dauerte es Jahrhunderte.

Allmählich bildete sich mit wachsender Bevölkerung und praktischer Arbeitsteilung eine strukturierte Gesellschaft heraus. Neben den herrschenden Gruppen

Der geschützte Sandstrand bei Anakena, wo Hotu Matua, der erste König der Osterinsel, wahrscheinlich landete. Der 25 Tonnen schwere *moai* wurde 1955 von Thor Heyerdahls Expedition wieder auf seinen Sockel gestellt.

gab es nun auch mehrere weitere soziale Abstufungen. Diejenigen, die vor allem mit dem Ackerbau betraut waren, nannte man *Tangata heuheu henua*, während die Fischerfamilien als *Tangata terevaka* bekannt waren. Es gab Priester und Tätowierer, Bootsbauer und Architekten, Steinmetze, Werkzeugmacher, Schnitzer, Musiker und Geschichtenerzähler. All diese Handwerker und Künstler mußten von den anderen miternährt werden. Es war die Aufgabe der Häuptlinge, ihre Gesellschaft so zu organisieren, daß alle zum Gemeinwohl beitrugen. Genau wie auf den Marquesas und in Polynesien überhaupt, profitierte die herrschende Klasse von Ernte- und Jagdüberschüssen und förderte damit zum Teil öffentliche Projekte. Hier auf der Osterinsel wurden die Häuptlinge Schutzherren eines der größten Bauvorhaben, das es auf der Welt je gegeben hat.

Es scheint, daß um das Jahr 1000 herum bereits überall auf der Insel die typischen steinernen Monumentalbauten entstanden. Es gab mehrere Arten von Tempeln, von denen jede ihre besondere Rolle im religiösen Leben hier spielte. In manchen hielt man Zeremonien ab und kommunizierte mit Göttern, Geistern und Ahnen. Andere dienten als Stätte ritueller Opfer oder dem Begräbnis und der Verbrennung Verstorbener. Dieser Urtyp des Tempels, der *ahu*, entsprach weitestgehend dem tahitianischen oder marquesischen *marae*. Die Tempel wurden von einzelnen Sippen gebaut und genutzt, die ihre kleinen Dörfer in sicheren Buchten gebaut hatten. Etwa 300 solcher Siedlungen zogen sich in einer Kette um die Insel; nur sehr wenige wurden im Landesinneren errichtet. Manche entstanden auf den Fundamenten eines verfallenen, alten Dorfes. Im Laufe der Jahrhunderte wandelten sich die Baustile; Mode spielte beim Bau sicher eine große Rolle.

Als sich auf der Osterinsel erster bescheidener Wohlstand einstellte, drückten die erfolgreichen Sippen und Gemeinden ihren Reichtum in Stein aus. Die spektakulärste Neuerung war der *ahu moai*. Auf die Plattformen dieser Tempel stellte man die *moai*, die Statuen, für die die Osterinsel weltberühmt wurde. Jeder Tempel unterschied sich von den anderen, aber alle hatten eine gemeinsame Grundstruktur. Dazu gehörte eine lange, flache Plattform mit ebener Oberfläche. Manche waren 200 Meter lang, bis zu fünf Meter breit und acht Meter hoch. Die Wände waren gewöhnlich aus passenden Steinen oder speziell und erstaunlich genau geschnittenen Blöcken zusammengefügt. Auf einige dieser Plattformen legte man an einem Ende mächtige Steinplatten, die als Sockel für die eigentlichen Statuen dienten.

Vermutlich erinnerten diese Figuren an angesehene Vorfahren und verstorbene Häuptlinge. Ebenso wie die geschnitzten Tiki im restlichen Polynesien stellten sie aber keine bestimmten Personen dar, sondern wurden eher als „Medien“ verstanden, in denen sich die Geister niederlassen sollten. Auf anderen Inseln wie den Marquesas, Raivavae in der Austral-Gruppe und Pitcairn, gab es zu einer Zeit steinerne Figuren mit sehr menschlichen Zügen. Diejenigen auf der Osterinsel waren

Die sieben Statuen von *Ahu Akivi,* einer der wenigen Plattformen im Inselinneren, wurden 1960 mit Hilfe der Insulaner von dem Archäologen William Mulloy wieder aufgerichtet.

nicht nur viel größer, sondern auch in einem unnachahmlichen Stil gehauen. Zwar ist keine Statue genau wie die andere, doch tragen sie einige gemeinsame Merkmale, die sie so unverwechselbar machen. Alle sind beinlos, mit einer flachen Basis etwa in Höhe der Hüften. Ihre langen Arme hängen steif an den Seiten herunter, und die verlängerten Hände mit den schlanken Fingern weisen über den Bauch mit betontem Nabel aufeinander zu. Im Bauch, so glaubte man, würde viel überliefertes Wissen der Vorfahren getragen. Die allgemeine Physis der Figuren ist zwar männlich, aber die Brustwarzen sind bei den meisten klar hervorgehoben. Auf dem Rücken sind geometrische Figuren graviert, die an Tätowierungen erinnern. Der Kopf ist lang und unverhältnismäßig groß mit einem ausgeprägten, männlichen Kinn; die Lippen schieben sich, aufeinandergepreßt, leicht nach vorn. Die Ohrläppchen sind verlängert, und die Nasenflügel blähen sich energisch in den Wind. Tief unter den buschigen Brauen liegen die Augen.

Die Gesichter wurden erst fertiggestellt, wenn die Figuren schon auf ihren Podesten standen. Es scheint, als habe man ihnen dort auch Augen aus weißem Korallenkalk mit einer Pupille aus Schlacke oder Obsidian eingepaßt. Mit diesen großen Augen nahmen die Statuen eine ganz andere Erscheinung ein: Die leblosen Steingötzen wurden plötzlich zu mächtigen Figuren. Man glaubt, daß sie leicht aufwärts in den Himmel schauten. Die meisten blickten überdies landeinwärts in Richtung der Menschen, die sie geschaffen hatten. Insgesamt haben 1000 *moai* in allen Stadien der Konstruktion oder Zerstörung überdauert, darunter auch 150, die unvollendet im heiligen Steinbruch der Insel, Rano Raraku, lagern. Dort liegt auch die größte von allen, über 20 Meter lang und mit ihren 80 Tonnen wohl zu schwer, um bewegt zu werden.

Die Wanderung zum Rano Raraku hinauf ist der Höhepunkt eines Besuches der Osterinsel. Hier oben haben die Steinmetze jahrhundertelang ihre Kunstwerke gemeißelt. Überall stehen die stummen Zeugen der Geschichte herum. Am Südhang des Kraters blicken Dutzende vollendeter Statuen über die Insel hinweg. Jeder *moai* wurde nach seiner Fertigstellung in ein speziell gegrabenes Loch gestellt, wo er auf den Abtransport zu seinem Bestimmungsort wartete. In den oberen Hanglagen gibt es weitere Figuren in allen möglichen Stadien der Vollendung: Manche sind kaum begonnen, gerade einmal Umrisse im Gestein, während andere beendet, aber noch mit dem Steinbruch verbunden sind.

Das gelb-braune Vulkanmaterial des Rano Raraku besteht aus zusammengedrückter Asche und kleinen Lavateilchen, dem sogenannten Tuffgestein. Sobald es der Witterung ausgesetzt ist, wird es eisenhart, aber frisch aus dem Berg gebrochen, ist es kaum härter als Kreide. Die Figuren wurden auf dem Rücken liegend gemeißelt; die Basis zeigte gewöhnlich bergab. Während der Arbeit blieb die Skulptur durch einen Kamm am Rücken mit dem Festgestein verankert. Die letzten Hiebe der Axt lösten dann diese Verbindung, so daß die fertige Figur den Berg hinunter gesenkt werden konnte.

Über die Methode des Transports gibt es mehrere Theorien. Wahrscheinlich benutzten die Insulaner ein bewährtes System aus Seilen und Pfosten, um die Statue über das steinige Gelände zu schleppen und zu hebeln. Palmenstämme hätten die idealen Rollen abgegeben; kleinere Statuen mögen auch auf Holzschlitten über Land gezogen worden sein. Das Geheimnis des Erfolges waren die vielen und erfahrenen Arbeitskräfte sowie ein ständiger Nachschub an Holz und Stricken. Die einzige Pflanze, aus der man hier Seile fertigen konnte, war ein Strauch, den die Insulaner *hau* nannten, eine Hibiskusart mit faserigem Rindenbast. Gröbere Stricke ließen sich auch aus den Blättern der heute ausgestorbenen Palme drehen. Der Vorrat an Gestein war ebenso groß wie der Vulkan selbst. Ihr Schaffen wurde allein durch die Körperkräfte der Arbeiter und die erneuerbaren Materialien und Ressourcen begrenzt, die man brauchte, um die Menschen zu ernähren und ihre Werke zu vollenden.

Die einsame, stürmische Osterinsel wurde ein produktives und wohlhabendes Land. Um das Jahr 1600 herum, als die meisten großen Bauwerke vollendet wa-

*Oben:* Eine gestürzte Statue in der Bucht von Hotu-iti; in der Ferne liegt der Steinbruch des Vulkans Rano Raraku, aus dem alle Figuren herausgemeißelt wurden.
*Rechts:* Im März 1774 kam James Cook auf die Osterinsel. Der mitgereiste Maler William Hodges hinterließ uns dieses Bild der Statuen, manche noch mit den roten Hüten aus Schlacke. Die umgestürzten Säulen und Schädelknochen sind deutliche Hinweise darauf, daß der Niedergang der Insel schon weit fortgeschritten war.

ren, muß die Insel herrlich ausgesehen haben. Auf jedem Felsvorsprung und an vielen Stränden stand eine Reihe kunstvoll gemeißelter *moai* im Zentrum ihres *ahu*. Diese Steingötter, kunstfertig und ehrerbietig aus dem Urstoff der Insel gemeißelt, wachten über das Leben ihrer Schöpfer. Jede Familie, jede kleine Siedlung war stolz auf ihre lokalen Errungenschaften. Es herrschte Frieden auf der Insel, gleichzeitig aber auch ein gesunder Wettbewerb zwischen Nachbarn. Wettbewerb ist ein Teil der menschlichen Natur. Häuptlinge wollten ihren Reichtum zeigen, und sie sonnten sich im Beifall der Untertanen. Je großzügiger sie öffentliche Projekte förderten, desto stärker wuchs auch ihr Status.

Immer mehr *moai* wurden in Auftrag gegeben, jeder größer als der vorige. Sie wurden immer aufwendiger verziert, und manche bekamen sogar rote Kopfbedeckungen aufgesetzt. *Bukao* hieß solch eine Krone. Diese massigen Steinzylinder wurden aus der weichen roten Schlacke des Steinbruchs bei Puna Pau gehauen und sollen vermutlich Hüte oder gar das rote Haar einiger Häuptlingssippen dargestellt haben. Gefiederter Kopfschmuck war die übliche Zierde der Krieger, und wie im restlichen Polynesien galt die Farbe Rot als das Symbol der göttlichen Kraft. Manche dieser massiven Blöcke wogen über zehn Tonnen; wie die Insulaner sie mit ihren einfachen mechanischen Hilfsmitteln auf die Statuen gehievt haben, ist

bis heute unerklärlich. Nur die reichsten und eitelsten Häuptlinge ließen ihre Figuren mit dieser kostbaren Verzierung ausstatten. Die Gesellschaft der Osterinsel war dekadent geworden.

Auf dem Höhepunkt der figurenschaffenden Periode lebten dort 10 000, vielleicht bis zu 20 000 Menschen. Die Küstengebiete waren übervölkert, und die Dörfer rückten immer weiter landeinwärts. Die Wälder waren größtenteils gefällt worden, teils, um den enormen Holzbedarf zu decken, teils, um Platz für Äcker zu schaffen. Ohne die festigenden Baumwurzeln wurden die Mineralien vom Regen aus der Vulkanerde gewaschen und der wertvolle Lehm vom Wind verweht. Der Wettbewerb um Nahrung und knappe natürliche Ressourcen führte zu Stammeskriegen, weil jede Gemeinschaft ihr Stückchen Land und ihre *ahu* verteidigte. Bäume, die sich als Pfosten oder Rollhölzer für die *moai* eigneten, wurden kostbare Besitztümer; nur auf der Osterinsel bedeutet das polynesische Wort *rakau* sowohl „Baum“ als auch „Reichtum“. Selbst der bescheidene *hau*, jahrhundertelang verläßliche Quelle von Seilermaterial, wurde wertvoll wie Gold. Ohne Bauholz schichteten die meisten Bewohner Steine zu Hütten aufeinander oder lebten einfach in Höhlen. Fleisch wurde immer kostbarer, so daß Hühner schließlich in eingefriedeten Stallungen gegen Diebe geschützt werden mußten.

Eine Zeitlang noch verhinderte die allgemeine Treuepflicht gegenüber dem gemeinsamen Identitätskult einen Krieg. Doch dann kam die Revolution. Weil die Sponsoren ausblieben, legten die Steinmetze ihre Werkzeuge nieder. Bei Poike soll eine blutige Schlacht zwischen den *hanau eepe* und den *hanau momoko*, also zwischen den „Langohren" und den „Kurzohren", gewütet haben. Diese Legende hat für reichlich archäologischen Zündstoff gesorgt und ist in zahlreichen Artikeln und Büchern ausgeschmückt worden. Hollywoods Traumfabrik rückte an und vermarktete die Geschichte. Es gab überall auf der Insel blutige Aufeinandertreffen zwischen rivalisierenden Sippen, aber für die Schlacht im Graben von Poike fehlt der archäologische Beweis. Dieses Tal hieß ursprünglich *Ko te Umu o te Hanau Eepe* – also „der Erdofen der Hanau Eepe". Nach der Legende ereilte die herrschende Klasse hier ihr wohlverdientes Ende; sie soll im flammenden Tal lebendig verbrannt sein. Heyerdahl fand Spuren ausgedehnter Brände, was seiner Ansicht nach die Version der Sage bestätigt. Andere halten dagegen, daß der Graben schlicht das war, was sein Name schon sagt: ein großer Erdofen, in dem man das Essen für die vielen Arbeiter im nahe gelegenen Steinbruch von Rano Raraku zubereitete.

Ohne Zweifel aber gab es zwei Klassen von Insulanern: die Herrschenden und die Untertanen. Die Machthaber, die *hanau eepe*, waren die kräftig gebaute, reiche, wohlgenährte Oberklasse; das Wort *eepe* bedeutet nämlich „stämmig" und nicht „langohrig". Schmächtiger gebaut und durch karge Kost auch kleiner gewachsen sowie durch Generationen des Dienens gebeugt, war die arbeitende Mehrheit des Volkes abschätzig als *hanau momoko* bekannt. Das bezog sich aber nicht auf die Größe ihrer Ohren, sondern war vom polynesischen Wort für die Eidechse *(moko)* abgeleitet. Jede Sippe bestand aus einer privilegierten Minderheit und einer hart arbeitenden Mehrheit. Als die Zeiten härter und die Nahrung knapper wurde, ist es denkbar, daß die Unterdrückten sich gemeinsam gegen die Herrscher aufgelehnt haben.

Aus welchem Grund auch immer: Die *hanau eepe* wurden gestürzt und ihre Statuen mit ihnen. Die Steinmetze, deren Vorväter seit Jahrhunderten religiöse Monumente gemeißelt hatten, fertigten nun Kriegsgerät. Der *mata'a* war eine große Speerspitze aus Obsidian. Auf einen Kurzgriff gesteckt, wurde daraus ein Dolch für den Nahkampf; an einem längeren Schaft wurde der *mata'a* zum tödlichen Speer. Zehntausende davon sind über die ganze Insel verstreut. Andere Krieger bevorzugten hölzerne Keulen, genannt *pa'oa*. Diese Waffen waren recht kurz; mit ihren abgeflachten Rändern erinnerten sie an mittelalterliche Kurzsäbel und eigneten sich ähnlich gut zum Schädelspalten.

In all diesem anarchischen Aufruhr müssen sich viele gewünscht haben, die Insel zu verlassen. Selbst eine Insel im Mittelpunkt der Welt hat einen Horizont, jenseits dessen sich irgendwo ein friedlicheres Land verbirgt. Fast hundert Jahre

Die *matatoa*-Krieger übten eine brutale Willkürherrschaft auf der Osterinsel aus.

lang tobte der Bürgerkrieg. In dieser Zeit werden ungezählte Menschen die Flucht versucht haben. Doch dieses Mal scheiterte jeder Versuch schon im Ansatz. In ihrem dekadenten Unverstand hatten sie ihre einzige Verbindung nach außen zerstört. Zur Zeit ihrer Urahnen, vor über 1000 Jahren, war die Insel in Wälder gehüllt gewesen; jetzt war davon nichts mehr übrig. Es fehlte an Holz, um seetüchtige Kanus zu bauen, die sie ins Land der Hoffnung tragen könnten. Ob für den Transport eines heiligen *moai*, ob zur Waffenherstellung oder zur Ofenfeuerung – der letzte Baum war gefällt worden. Wer immer diesen unwiderruflichen Akt begangen hatte, hatte damit das Schicksal der Insel besiegelt. Ihre Isolation war endgültig. Keine andere Inselkultur hat ihre Kolonisierung jemals so effektiv zu einer „Reise ohne Wiederkehr" gemacht.

Bis zur Zeit der Entdeckung durch die Europäer hatte sich diese einst so lebensfrohe und schöpferische Gesellschaft schon fast selbst ausgelöscht. Als Cook 1774 dorthin kam, fand er überall Zeichen eines gewaltsamen Untergangs. Die meisten Statuen waren von ihren Sockeln gestürzt worden, und die Menschen lebten in ständiger Todesangst. Eine Kriegerkaste, die *matatoa*, hatte um 1600 die Macht an sich gerissen und der Insel ihren Kult des „Vogelmenschen" aufgezwungen. Die Bevölkerung wurde terrorisiert und war schlimmsten Behandlungen ausgesetzt. Die vertriebenen Sippen hatten sich in Höhlen geflüchtet, wo die räuberischen Sieger wie Greifvögel auf sie stürzten. Es gibt deutliche Hinweise auf Kannibalismus. Bei Tongariki gruben Archäologen einen Erdofen aus, in dem sie

geschnittene und verkohlte Kinderknochen fanden. Cook blieb mit seiner Mannschaft nur vier Tage hier, bevor er zu den viel freundlicheren Stränden Tahitis weitersegelte.

Heute ist die Osterinsel von unvergleichlicher Schönheit. Sollten Sie einmal Gelegenheit haben, diese Insel zu besuchen, steigen Sie auf den Rano Raraku, 170 Meter über der Ebene, und schauen Sie in den erloschenen Krater. Das traurige Schicksal der Osterinsel liegt wie ein offenes Buch vor Ihnen. Am Südhang lagern überall Statuen in verschiedenen Phasen der Herstellung. Manche stehen aufrecht und blicken auf den stillen Kratersee, andere blicken, auf dem Rücken liegend, stumm gegen den Himmel. Jeder einzelne dieser Steingiganten sollte einmal etliche Kilometer über die Insel geschleppt werden. Hunderte waren diesen Weg schon gegangen, fast 400 warten noch heute auf den Abtransport, der niemals mehr stattfinden wird. Dieser Anblick vor Ihnen und der Ozean hinter Ihnen wird Sie ernüchternd, vielleicht erschreckend, daran erinnern, wie unstet das Wesen des Menschen ist.

Unermüdlich fegen die Winde um den heiligen Krater des Rano Raraku. Ein einsamer Fregattvogel, getragen vom Aufwind, steigt bis zum Rand des Kraters empor. Bewegungslos schwebt er in der Luft und blickt in den Krater hinab, in dem ungezählte Männer sich jahrhundertelang für den Ruhm ihrer Götter abgeplagt haben. Leicht kippt er die Flügel aus dem Wind, und mit elegantem Schwung segelt dieser freie Geist von der schaurigen Stätte aufs offene Meer hinaus.

# 9

# *Die Plünderung des Paradieses*

Quer über dem Wendekreis des Krebses liegt im schier endlosen Nordpazifik die entlegenste Inselkette der Welt – Hawaii. Die nordamerikanische Küste beginnt fast 4000 Kilometer weiter östlich, und Japan, am anderen Ende des Pazifiks, ist gar 5600 Kilometer entfernt. Genau südlich, fast am Äquator, liegt die Weihnachtsinsel, und jenseits davon all die kleinen und kleinsten Inseln des Südpazifiks. Von solchen Orten starten Brachvögel und andere Zugvögel jedes Jahr ihren Weg nach Norden. Für manche ist Hawaii ein nützlicher Zwischenstopp, um sich auszuruhen und Nahrung aufzunehmen, bevor sie ihren Marathonflug zu ihren Brutgebieten in Alaska fortsetzen. Einige Tage lang gesellen sie sich zu den anderen Geschöpfen, die ebenfalls auf diese Landoasen im weiten Ozean gestoßen sind. Für viele dieser Arten ist die Hawaii-Gruppe seit Jahrmillionen eine Dauerheimat gewesen.

Insgesamt besteht der Archipel aus 132 Inseln; die meisten sind allerdings nicht mehr als kleine Felsen oder Sandbänke und Riffe. Die acht Hauptinseln am Ostende der Gruppe machen 99 Prozent der Landmasse aus. Alle anderen tüpfeln sich in einer 2500 Kilometer langen Kette westwärts. In ihrer Gesamtheit bilden sie eine klassische geologische Sequenz. Ihre Entstehung begann vor etlichen zehn Millionen Jahren; niemand weiß genau, wie alt die ältesten Unterwassergipfel sind. Aus einem „hot spot“ am Meeresgrund stieg geschmolzenes Magma aus der Erdkruste empor und schuf eine mächtige Bergkette. Als die ersten Vulkangipfel die Wasseroberfläche durchstießen, waren sie schon mehr als fünf Kilometer vom Meeresboden entfernt; manche stiegen um so weiter, je mehr Lava aus ihren Kratern hervorbrach. Heute erheben sich die beiden größten Berge, Mauna Kea und Mauna Loa, zehn Kilometer über den Meeresgrund. Damit sind sie, von ihrer Basis gerechnet, höher als der Mount Everest.

Die größte Insel der Gruppe, Hawaii oder Big Island, ist gleichzeitig die jüngste; sie gab der Kette auch ihren Namen. Fast genau über dem „hot spot“ gelegen, wächst dieser massige Berg durch immer neue Lavaströme jeden Tag ein

NIHAU
KAUAI
Kauai-Straße
OAHU
Honolulu
Kaim

MIDWAY
PERLEN- UND HERMES-RIFF
HAWAII-INSELN
NORD-PAZIFIK
LISIANSKI
LAYSAN
MARO-RIFF
GARDNER-KLIPPEN
FREGATTENBÄNKE
NECKER
NIHOA
KAUAI
NIHAU
OAHU
MOLOKAI
LANAI
MAUI
HAWAII
Straße
MOLOKAI
MAUI
Haleakala
LANAI
KAHOOLAWE
Alenuibaha-Straße
HAWAII
Mauna Kea
Hilo
Mauna Loa
KÜSTE VON KONA
N
50 Meilen
50 km

Stückchen weiter. Zwei seiner Vulkane, der riesige Mauna Loa und der kleinere Kilauea, sind direkt mit der Magmaquelle verbunden. Beide gehören damit zu den aktivsten Vulkanen unseres Planeten. Manchmal erzwingt sich das Magma auch Austritt durch Seitenschlote des Berges und spuckt geschmolzene Lava, heiße Gase und Asche in den Wald, von wo aus der Lavastrom rasch Richtung Ozean fließt. Die rotglühenden Ströme gewinnen noch an Geschwindigkeit, während sie über den Boden hinwegziehen. Bald kühlen sich die oberen Schichten ab, werden langsamer und halten schließlich an; der flüssige Kern aber fließt innerhalb der harten Kruste weiter. Manchmal läuft dieser geschmolzene Kern nach Ende der Eruption gänzlich ins Meer ab und hinterläßt einen richtigen Lavatunnel. Fauchend und zischend trifft der glühendheiße Lavastrom auf das Wasser. Seltsam verzerrte Formen und Unterwassergewölbe entstehen, wenn sich das flüssige Gestein im kühlen Meerwasser festigt. Nur an wenigen Orten der Erde läßt uns der Schmelztiegel unseres Planeten so unmittelbar an seinem Wirken teilhaben.

Der Meeresboden unter Hawaii bewegt sich langsam gen Westen. Jedes Jahr werden die Inseln der Kette mehrere Zentimeter von der unterirdischen Magmaquelle weggeführt. Irgendwann erlöschen die Vulkane und werden von der natürlichen Erosion zernagt. Ihr wuchtig aufgeblasener Körper sackt in sich zusammen und sinkt auf den Meeresgrund; über dem Wasser vereinen sich die Kräfte von Wind, Wellen, Sonne und Regen, um den gewaltigen Berg abzutragen. Alles, was schließlich bleiben wird, ist ein Korallenatoll. Und auch dieses wird im Laufe der Jahrtausende vom Ozean zurückgefordert. Von der immer noch wachsenden Hauptinsel Hawaiis bis zu seinem entferntesten Atoll spannen sich etwa 40 Millionen Jahre. Jenseits dieses westlichsten Punktes setzen sich die mächtigen Berge unter Wasser fort; sie waren einst die höchsten Vulkangipfel des urzeitlichen Hawaii.

Aus dieser geologischen Geschichte und der extremen Abgeschiedenheit der Inselgruppe ergibt sich ihr einzigartiger Charakter. Während ein altes Atoll vom Ozean verschlungen wird, entsteht am anderen Ende bereits eine neue Insel. Wie ein endloses geologisches Förderband hat sich diese Prozession von Atollen bis zu Vulkaninseln durch die Jahrmillionen und durch den Pazifik geschoben. Während ihrer langen Naturgeschichte haben die Inseln vielen Pflanzen und Tieren ununterbrochen reiche tropische Lebensräume zur Verfügung gestellt. Diese ökologische Kontinuität hat Hawaii zu einem der faszinierendsten lebenden Museen der Evolution gemacht.

Es scheint sicher, daß die Hawaii-Inseln zu keiner Zeit mit einem der angrenzenden Kontinente verbunden waren und daß keine versunkenen Länder zur Erklärung der lebenden Vielfalt herangezogen werden können. Jede Tier- und Pflanzenart muß entweder durch die Luft oder auf dem Wasser über den weiten Ozean hierher gekommen sein. Die Abgeschiedenheit Hawaiis hat seine einheimische Flora und Fauna also auf die Arten begrenzt, die sich über große Entfernungen ausbreiten können.Es gibt hier weder Landreptilien noch Amphibien. Die kleingewachsene Silberfledermaus *(Lasiurus cinereus)* ist der einzige Landsäuger, der den langen Weg aus eigener Kraft geschafft hat. Von Nordamerika aus wurde sie auf ihren zarten, nur 30 Zentimeter spannenden Flügeln hierher geweht und schwelgte in der Masse von Insekten, für die die Hawaii-Inseln bekannt sind. Hier entwickelte sie sich ungestört in völliger Isolation und ist heute ganz anders als jede andere Fledermaus der Welt.

Die meisten einheimischen Pflanzen, Insekten, Weichtiere und Vögel Hawaiis sind heute endemisch. Ihre statistische Chance, hier anzukommen, war verschwindend klein, aber wer es geschafft hatte, konnte sich fast ohne natürliche Konkurrenten frei entfalten. Jede Art teilte sich in Unterarten auf, um dieses ökologische Eldorado möglichst weit auszuschöpfen. Aus einer einzigen Art wurde also mit der Zeit eine ganze Gruppe verwandter, aber unterscheidbarer Abwandlungen des Originals. Heute gibt es über 10 000 Insektenarten auf den Inseln, die sämtlich auf schätzungsweise 250 ursprüngliche Arten zurückgehen. Mit wenigen Ausnahmen, wie Grillen und Grashüpfern, sind die Insekten auf Hawaii sehr klein. Das deutet darauf hin, daß ihre Vorfahren als erwachsene Tiere vom Wind angeweht wurden; größere Insekten reisten wohl eher als Eier im Gefieder oder an den Füßen von Vögeln mit. Auch Hawaiis 1061 endemische Arten von Schnecken und anderen Weichtieren haben sich aus winzigen, aber ausgewachsenen Tieren entwickelt, die auf dieselbe Art hierher gelangten.

Die Flora der Inseln erzählt eine ähnliche Geschichte. Ihre 1394 endemischen Blütenpflanzen und 119 endemischen Farne haben fast alle so leichte Samen oder Sporen, daß sie allein durch Windkraft nach Hawaii gelangen konnten; einige mögen auch von Vögeln transportiert worden sein. Erwartungsgemäß sind die Vögel die auffälligsten Bewohner dieser abgelegenen Inselgruppe. 46 Vogelarten leben hier, die man nirgendwo anders findet. Diese endemischen Arten stammen von Vorfahren ab, die vor langer Zeit den unglaublich erscheinenden Sprung auf die Hawaii-Inseln schafften und den breiten Weg evolutionärer Anpassung sehr erfolgreich beschritten.

Hätte Charles Darwin diese Inseln besucht, bevor er nach Galapagos reiste, wäre er zweifellos von ihrer Naturgeschichte inspiriert worden. Auf den Galapagos-Inseln illustrierte er an den zahlreichen Finkenarten die Grundzüge der biologischen Evolution. Auf Hawaii hätte er ganz bestimmt die Kleidervögel gewählt, die häufig als eigene Familie *Drepanididae* betrachtet werden. Diese kleinen Vögel leben nur auf den Hawaii-Inseln und sollen sich aus einer einzigen ursprünglichen Art entwickelt haben. Fast 50 Arten und Unterarten hat man als direkte Nachfahren der urzeitlichen Gründungsart identifiziert. Fachleute vertreten unterschiedliche Auffassungen über ihre Herkunft. Zunächst dachte man, Nordamerika

sei ihre Heimat, aber heute ist Asien wahrscheinlicher. Woher auch immer sie kamen, ein einziges Brutpaar genügte, um das Rad der Evolution in Gang zu setzen. Die vielen Arten entwickelten sich entsprechend der natürlichen Vielfalt ihrer Lebensräume und Nahrungsquellen. Unterschiede in der Anpassung drücken sich besonders deutlich in den Schnabelformen aus. Manche sind kurz und dick, um Samen aufzuknacken, andere lang und filigran, um Nektar zu saugen. Auf allen großen Hawaii-Inseln nutzte eine bunte Vielfalt an Kleidervögeln die ökologischen Nischen.

Dasselbe gilt im Prinzip für alle Tiere und Pflanzen, die hier heimisch wurden. Fast jede Insekten-, Spinnen-, Baum- oder Bergpflanzenart von Hawaii ist nur hier zu finden. Doch als Menschen auf die Inseln kamen, war es mit diesem evolutionären Paradies schnell vorbei.

Auch den ersten Ankömmlingen boten die Inseln einen unvergleichlichen ökologischen Reichtum. Ihre Lebensform stellte sich mit der Zeit ebenfalls auf den besonderen Charakter dieses einsamen Archipels ein. Irgendwann hatten sich die Hawaii-Inseln dann zum bevölkerungsreichsten Winkel Polynesiens entwickelt. Dabei war es unvermeidlich, daß die natürliche Vielfalt der Inseln allmählich den Bedürfnissen ihrer vielen Bewohner weichen mußte, und zwar nicht einmal als absichtliche Zerstörung, sondern als logische Konsequenz ihrer traditionellen polynesischen Lebensweise. Einige Arten florierten unbeeindruckt weiter, andere erlagen dem Eingriff des Menschen in ihren Lebensraum. Dreizehn Jahrhunderte später sollten die einheimischen Menschen, Tiere und Pflanzen Hawaiis von einer neuen Welle der Einwanderung überspült werden: Von der amerikanischen Pazifikküste rollte eine Invasion los, die diese Inseln zu ihrem eigenen Paradies machen wollte.

Die Kulturgeschichte Hawaiis begann wahrscheinlich auf den Marquesas-Inseln – südlich des Äquators und 3500 Kilometer entfernt gelegen. Die dortigen Polynesier hatten im Laufe der Zeit die marquesische Landschaft nach ihren Bedürfnissen geformt. Vielleicht war es unter dem Druck politischer oder ökologischer Umstände, vielleicht war es auch nur der polynesische Abenteurergeist – jedenfalls machten sich Siedlergemeinschaften auf den Weg, neue Inseln zu erschließen. Einige segelten nach Süden und besiedelten viele Inseln des Tuamotu-Archipels. Andere hielten sich westlich und stießen auf Tahiti und seine Nachbarinseln. Den schwierigsten Weg hatten diejenigen vor sich, die südwestwärts gegen die Windrichtung nach Pitcairn und zur Osterinsel segelten.

Der *i'iwi (Vestiaria coccinea)* – einer der endemischen Kleidervögel Hawaiis. Es gibt etwa 40 Arten von ihnen, und alle stammen von denselben Vorfahren ab. Sein geschwungener Schnabel gestattet ihm den Zugriff auf den Nektar und die winzigen Fruchtfliegen in der Blüte der Lobelie *(Clermontia arborescens)*.

*Diese Karte zeigt, wie sich die Polynesier über den Pazifik ausgebreitet haben könnten. Unser Wissen wird durch neue Funde und Erkenntnisse laufend ergänzt.*

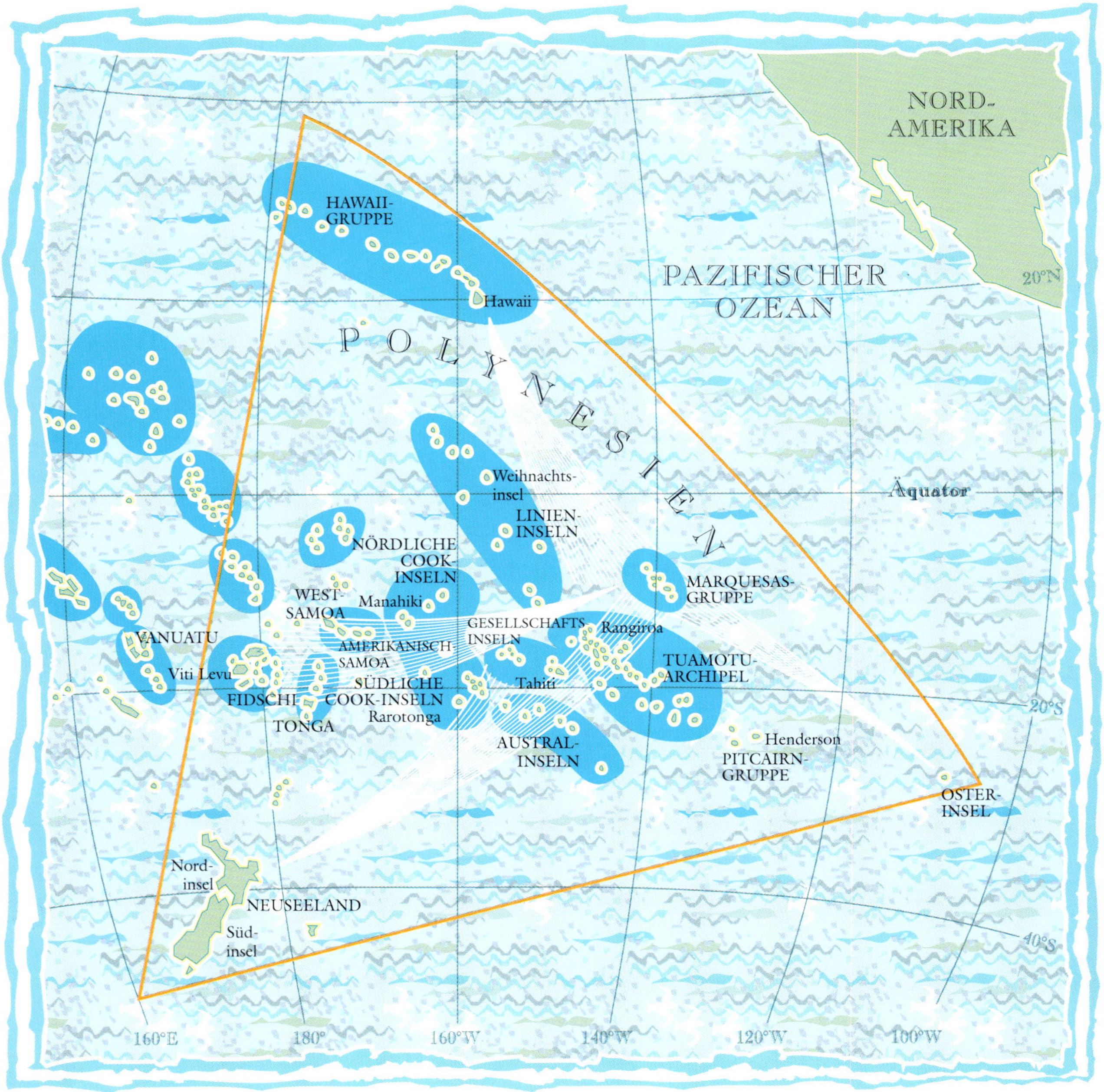


**1.** *Nachdem sich polynesische Gesellschaften erfolgreich auf den westpazifischen Inseln Fidschi, Tonga und Samoa etabliert hatten, segelten einige Gruppen weiter ostwärts. Entweder über die Etappe der Cook-Inseln oder auf direktem Weg erreichten sie die mehr als 3000 Kilometer entfernten hohen Inseln Ostpolynesiens – wahrscheinlich Tahiti und die Gesellschaftsinseln sowie sicherlich die Marquesas. Das geschah wohl um das Jahr 150 v. Chr.*

**2.** *Die Marquesas scheinen ein wichtiger Ausgangspunkt für Siedlungsreisen gewesen zu sein. Von hier aus segelten jahrhundertelang kleine Gruppen in die unterschiedlichsten*

Auch die Reise nach Norden ist schwierig, wenngleich nicht unmöglich. Die Südostpassate verlieren bald an Kraft, und in den windstillen Gegenden des Äquators gibt es Gegenströmungen, die auch den erfahrensten Steuermann verzweifeln lassen. Im Nordpazifik dann wehen die Passatwinde vorherrschend von Nordost. Wer also von den Marquesas nach Hawaii segelt, muß sein Boot dort gegen den Wind kreuzen. Das paßt durchaus in die bisherige Strategie der Polynesier, einen schwierigen Hinweg auf sich zu nehmen, um zumindest die Rückreise gesichert zu haben. Und die Chance, auf dem Nordweg die Hawaii-Kette zu entdecken, ist recht groß, wie mehrere Expeditionen in jüngerer Zeit gezeigt haben. Natürlich wußten die modernen Segler, daß irgendwo im Nordpazifik die Hawaii-Kette lag; die alten Polynesier hingegen konnten darauf nur vertrauen.

Heute findet die erste Begegnung mit Hawaii meist aus einem Flugzeug statt. Wer von Osten kommt, sieht zunächst die große Hauptinsel mit ihren mächtigen, wolkenverhangenen Kratern, deren latente Kraft sichtbar vor sich hin schwelt. Im Winter sind dieselben Gipfel mit Schnee bedeckt. Die Südküste ist von schwarzem Sand gesäumt, und hier und dort brodelt der Ozean, wenn sich ein neuer Lavastrom ins Wasser ergießt. Nachts glüht das flüssige Gestein in leuchtendem Orange. Auf die polynesischen Seefahrer muß dieses Spektakel ehrfurchtgebietend gewirkt haben. Folgerichtig spielt in der reichen Legendenwelt Hawaiis auch die Feuergöttin Pele eine Hauptrolle, die ihren Sitz in der Feuerkammer des Kilauea-Kraters am Mauna Loa hat. Der südliche Küstenabschnitt war sicher kein angenehmer Ort, um eine Siedlung anzulegen.

Die Westküste ist schon freundlicher. Aus der Luft erkennt man die weißen Strände von Kona, was auf hawaiianisch soviel heißt wie „windgeschützt" oder „unter dem Wind". Der Korallensand stammt aus den jungen Riffen, die dieser Inselseite vorgelagert sind. Diese Küste ist auch die trockenste der Insel, und das macht sie für Touristen besonders anziehend. Wer sich mehr für die Naturgeschichte Hawaiis interessiert, wird die Ostküste spannender finden. Manche be-

*Richtungen. Auch die Osterinsel wurde wahrscheinlich von Marquesern besiedelt. Ab dem Jahr 400 dürfte dieser polynesische Vorposten bewohnt gewesen sein.*

**3.** *Etwa in die gleiche Siedlungsphase fällt die Entdeckung Hawaiis von den Marquesas aus. Später kamen Kanus aus Tahiti nach Hawaii und brachten neue Einflüsse zu dem nördlichen Grenzpunkt Polynesiens.*

**4.** *Die Inseln, die heute Neuseeland heißen, wurden als letzte des polynesischen Dreiecks besiedelt. Möglicherweise zufällig erreichten zuerst Kanus von den Cook-Inseln oder noch weiter östlich gelegenen Inseln das kühle Land im Süden. Es gibt viele kulturelle und körperliche Übereinstimmungen zwischen den Maoris und den Marquesas-Insulanern. Nach neuesten Forschungen fand diese letzte Wanderung erst im 13. Jahrhundert statt.*

*Oben:* Die Hawaii-Inseln entstanden durch untermeerische Vulkanausbrüche; einige Krater sind heute noch aktiv. Auf der Hauptinsel Hawaii fließen rotglühende Lavaströme aus dem Kilauea-Krater bis ins Meer.
*Rechts:* Die Berge im Innern der zweitgrößten Hawaii-Insel Maui sind rund 3000 Meter hoch. Der größte Teil der Insel ist heute ein US-Nationalpark, den man auf Fußwegen durch die Urwälder durchwandern kann.

haupten, dies sei der regenreichste Ort der Welt, was auch den außergewöhnlich üppigen Regenwald an den Hängen über Hilo erklärt. Diese kleine Stadt zwischen dem Feuerberg der Göttin Pele und der Brandung des Ozeans rühmt sich, „die dicksten Regentropfen der Welt“ zu haben.

Während des Landeanflugs auf den Flughafen von Honolulu auf der Insel Oahu erkennt man die Doppelgipfel von Maui sowie die beiden kleineren Inseln Kahulawe und Lanai, die sich von Maui abgespalten haben. Die Täler, die sie einst verbanden, bilden heute geschützte Buchten, in denen die polynesischen Seefahrer einen sicheren Hafen fanden. Wer die Szene von oben betrachtet, kann sich leicht vorstellen, wie ein einsames Kanu einst auf den Wellen tanzte, schwieriger jedoch, wie es die lange Fahrt von Süden her bewältigt haben mag.

Die Küsten der großen Inseln Hawaiis bestehen überwiegend aus steilen Klippen. Als hohe, junge Inseln haben sie noch kein schützendes Riff. Anders die älte-

ren Inseln im Westen der Kette: Hier umgürten gut entwickelte Riffs die flachen Lagunen. Bei der Wahl nach dem idealen Standort mußten die ersten Siedler zwischen den Vorteilen einer hohen Insel und dem Schutz eines Korallenriffs abwägen. Kein Wunder, daß nach archäologischen Funden die Insel Oahu den frühen Polynesiern besonders geeignet schien. Sie ist groß, hat aber keine aktiven Vulkane. Ihre Gipfel steigen auf über 1300 Meter an – hoch genug, um Regen anzuziehen, aber nicht so hoch, daß keine Bäume mehr dort wachsen könnten. Die ständig sprudelnden Bergbäche und die fruchtbare Vulkanerde brachten beste Voraussetzungen für einen ertragreichen Landbau, und die Bucht von Kane'ohe hatte einst das stärkste Korallenriff der ganzen Inselgruppe, in dessen Lagune die Fischer Nahrung im Überfluß fanden.

Die Meerestiere waren für diese ersten Siedler auch unerläßlich, wollten sie ihre überlieferte Lebensweise auf diesen ansonsten ungewohnten Inseln aufrechterhalten. Hawaiis Meeresfauna war ihnen weitgehend vertraut, da im Gegensatz zu den Landtieren die Arten der Fische und Schalentiere um Hawaii nur selten endemisch sind. Hier leben etwa 450 Spezies von Riff- und Küstenfischen, 150 verschiedene Krabben und andere Krustentiere sowie etwa 1000 Weichtierarten, darunter große Tintenfische. Unterschiedliche Meeresschildkröten besuchten gelegentlich die Inseln, und einmal im Jahr hievten sie ihre schweren Körper an Land, um ihre Eier abzulegen. In jenen unbeschwerten Tagen der Vergangenheit spielten Mönchsrobben in den seichten Buchten und faulenzten am Strand. An den Klippen und Stränden nisteten Tausende von Seevögeln; fast jede Art, die den Polynesiern bekannt war, fand hier sichere Brutplätze und Nahrung im Überfluß. Die großen Fischschwärme zogen auch größere Seefische an, zum Beispiel den Mahimahi *(Coryphaena hippurus)* und den Bonito *(Euthynnus yaito)*, denen die hawaiianischen Fischer mit wunderbar geschnitzten Knochen- und Muschelhaken an Schleppangeln nachstellten. Verständlich, daß sie ihre ersten Siedlungen auf Oahu direkt ans Meer bauten.

Im Winter 1967 fand man in einer Düne auf der US-Militärbasis Bellows freigelegte menschliche Knochen. Archäologen vom Bishop-Museum in Honolulu stießen bei den folgenden Grabungen auf alte Grabstätten und Behausungen, die aus dem vierten Jahrhundert stammten. Die Stelle lag nur fünfzig Meter vom Ozean entfernt, und etwas weiter landeinwärts war ein Sumpfgebiet, das für den Taro-Anbau ideal geeignet gewesen wäre. Die vorgelagerten Mokulua-Inseln sind noch heute ein bedeutendes Brutgebiet für Seevögel und könnten den Siedlern zusätzliche Nahrung geboten haben.

*Oben rechts:* Eine Korallengarnele *(Stenopus pyrsonotus)* vor dem leuchtend roten Hintergrund eines Schwamms, der die Riffe überzieht.
*Rechts:* Tintenfische, so wie dieser *Octopus cyanea,* leben in den Felsenriffen vor Hawaii; die einheimischen Fischer fangen sie mit ausgetüftelten Fallen.

Die Archäologen entdeckten, daß die Siedlung aus Gruppen riedgedeckter Pfahlbauten mit kleinen offenen Feuerstellen und kieselgepflasterten Flächen bestand. Unter einem solchen gepflasterten Platz gruben sie das Skelett einer älteren Frau aus. Scheinbar war es hier – wie auch in vielen anderen polynesischen Gesellschaften – üblich, verstorbene Verwandte unter dem Fußboden des eigenen Hauses zu begraben. Die Bellows-Siedlung war fast 700 Jahre lang bewohnt gewesen. Aus jüngerer Zeit fand man das Skelett eines Kindes, das mit einer Fußspange aus Schweinszähnen und einer verzierten Halskette beerdigt worden war. Der Sand um die Knochen herum war rot gefärbt, möglicherweise vom Farbstoff des Bastkleides, in das es sorgsam eingehüllt war. Offenbar gehörte diese junge Person zu einer Häuptlingsfamilie.

Zu weiteren wichtigen Fundstücken zählten auch Angelhaken aus Perlmutt, die stark an den Stil alter Funde auf den Marquesas und den Gesellschaftsinseln erinnerten. Die Bewohner benutzten auch besonders geformte Schneckengehäuse, um Kokosfleisch zu raspeln. Ähnliche Stücke aus Tümmlerzähnen und Austernschalen deuten darauf hin, daß die Insulaner Muße fanden, sich nicht nur dem Überleben, sondern auch der Kunst hinzuwenden.

Aus diesen spärlichen, aber aufschlußreichen Funden läßt sich das Leben auf dem alten Hawaii annähernd nachvollziehen. Die Siedlung an den Ufern des Waimanalo-Flusses blühte über mehrere Jahrhunderte zu einer erfolgreichen Gemeinschaft auf. Die Polynesier bauten Wurzelgemüse im nahe gelegenen Tal an und züchteten Schweine, Hunde und Hühner. Zu ihrer Ernährung gehörten auch die allgegenwärtige polynesische Ratte, Riffische und Schalentiere sowie Seevögel und deren Eier. Um die Früchte des Meeres zu ernten, entwickelten sie die – typisch hawaiianischen – Doppelhaken aus Knochen oder Holz, die besonders für das Angeln nach Fischen am Grund der Küstengewässer geeignet waren.

Zum beliebtesten Siedlungsgelände während der ersten Jahrhunderte zählte sicherlich der trockene Wald der Täler und der unteren Berghänge. Wahrscheinlich war es eher ein parkähnlicher, offener Wald als ein geschlossener Baldachin. Zu den endemischen Baumarten gehörten der *wiliwili (Erythrina)*, dessen leichtes Holz für die Ausleger der Boote, für bojenähnliche Schwimmer von Fischnetzen und für Surfbretter verwendet wurde. Der *naio (Myoporum)* und der Sandelholzbaum *iliahi (Santalum)* waren den polynesischen Siedlern aus ihrer Heimat ebenfalls bekannt.

Die offenen Wälder des Tieflands boten vielen Landvögeln eine Heimat. Es gab mehrere Rallenarten, einen flugunfähigen Ibis und etliche Arten flugunfähiger

Ein Männchen und ein Weibchen der *nene (Nesochen sandvicensis)* – die Hawaiigans überlebte die ersten Hawaiianer, ist heute aber selten geworden.

Gänse. Archäologen wiesen nach, daß die berühmte Hawaiigans, die *nene (Nesochen sandvicensis)*, zur Zeit der ersten Polynesier auf mehreren Hauptinseln verbreitet war. Sie hat als einer der wenigen Vögel bis in europäische Zeiten überlebt, zweifellos, weil sie ihre Flugfähigkeit behalten hat; alle anderen wurden bis zur Ausrottung gejagt. Viele weitere, weniger genießbare Arten wurden Opfer der ausgedehnten Brandrodung. Die Feuer schufen Platz für Kulturpflanzen und ließen das *pili*-Gras *(Andropogon contortus)* sprießen, mit dem die Menschen ihre Häuser deckten.

Für Körbe und Fischreusen verwendeten sie die Lianen des *ie'ie (Freycinetia arborea)*, eine kletternde Pandanusart, die auf den höhergelegenen Hängen reichlich wuchs. Der dominierende Baum dieser Lagen aber war – und ist es noch – die mächtige *koa*-Akazie *(Acacia koa)*. Die Bäume erreichen Höhen von über 30 Metern und werden aufgrund ihres rötlichen, wellig gemaserten Holzes, das im Bootsbau verwendet wurde, manchmal als hawaiianisches Mahagoni bezeichnet. Ihre nächsten Verwandten sind die australischen Akazien.

Unzählige andere Bäume und Sträucher wucherten unter dem *koa*-Baldachin und lieferten Schutz und Nahrung für zahlreiche Insekten, andere wirbellose Tiere und natürlich Vögel. Viele sind heute verschwunden, aber ein zäher Überlebender ist der *elepaio*, der an einen Zaunkönig erinnert und ebenso schrill wie laut pfeift. Man hielt ihn für den Schutzgeist der Bootsbauer, die hier oben das Holz für ihre Kanus fällten. Der furchtlose Vogel kam herbeigeflogen und schaute, was die Eindringlinge so trieben. Wenn er an einem geschlagenen Baum herumpickte, nahm man dies als Zeichen, daß das Holz untauglich sei; man fällte so lange weiter, bis der Vogel aufhörte zu picken. Heute folgt dieser kühne, neugierige Winzling den Wanderern durch den verbliebenen *koa*-Wald und schimpft mit einem grellen, schnatternden Warnruf.

Die höchstgelegenen Bergregionen Hawaiis sind noch einigermaßen intakt. Die Regenwälder und Sumpfgebiete liegen außerhalb des alltäglichen Zugriffs der Menschen und konnten ihre ursprüngliche Schönheit recht gut bewahren. Der *ohi'a lehua (Metrosideros polymorpha)* ist hier oben die häufigste Baumart, aber eine beeindruckende Vielfalt weiterer Bäume und Sträucher, darunter Palmen und Baumfarne, drängelt sich an den wassergetränkten Hängen der Windseite. Hier findet man auch die wunderbaren Lobelien Hawaiis. Wer mit diesen kleinen, bunten Pflanzen etwas vertraut ist, wird voller Bewunderung auf die schier endlosen Variationen an Formen, Größen und Farben blicken, die sich aus einer Handvoll ursprünglicher Arten entwickelt haben. Einige von ihnen wachsen, Palmen ähnlich, zu enormer Größe. Manche sind heute selten oder schon ausgestorben, aber

Die mächtige *koa*-Akazie war früher der beherrschende Baum der höheren Lagen Hawaiis; sie bot heimischen Tieren und Pflanzen Unterschlupf und den Menschen Holz für den Bootsbau.

die Spezies *Cyanea leptostegia* auf Kauai ist wirklich phantastisch. Wie bei ihren nahen Verwandten verzweigt sich der Stengel nur selten, wächst dafür aber schnell bis ins Baumdach hinein, wo er eine Krone aus Blättern und rosa Blüten hervorbringt. Die weite Palette der Lobelia-Arten gehört zu den botanischen Wundern der Hawaii-Inseln.

Nach der Fahrt von der tropischen Küste hinauf durch den dampfenden Regenwald stößt man überraschend auf eine alpine Landschaft. Freilaufende Schafe und Ziegen, die in jüngerer Zeit hier eingeführt wurden, haben die Flora zwar bis zur Unkenntlichkeit abgegrast, aber das berühmte Silberschwert *(Argyroxyphium)* gedeiht noch immer in diesen hochgelegenen Schlackewüsten. Die Vorfahren dieser eindrucksvollen Pflanze kamen vermutlich aus den Wüstengebieten Nordamerikas und hielten sich auf den Vulkankegeln Hawaiis wohl deshalb so gut, weil sie extreme Temperaturunterschiede und geringe Luftfeuchtigkeit solcher Höhenlagen problemlos vertragen. Diese Gipfel sind an Sommertagen sehr heiß, dafür frostig kalt in der Nacht und im Winter oft mit

*Oben:* Die Blüten des Eisenholzbaumes bringen winzige Samen hervor, die vom Wind oder durch Vögel zu fast allen hohen Inseln des Pazifiks getragen wurden. Auf Hawaii bildete sich der *ohi'a lehua*-Baum *(Metrosideros polymorpha)* aus, der auf Ascheböden und Lavafeldern wächst.
*Rechts:* In trockenem offenem Gelände von Kauai wächst die bizarre *iliau*-Pflanze *(Wilkesia gymnoxiphium)*. Die fast stammartigen Halme dieser Graspflanze tragen einen mächtigen Kopf harziger Blüten.

Schnee bedeckt. Selbst im Sommer erinnert die kühle Luft an die Höhe dieser Inseln, die nur die Spitzen gewaltiger Berge sind, die sich mehr als neun Kilometer vom Meeresboden abheben. Die ersten Polynesier wußten weder um die Tiefe des Meeres noch um das Alter der Inseln, aber sie wußten sehr wohl, daß sie hier weit, weit von ihrer Heimat entfernt waren. An diesem nördlichsten Punkt ihres Verbreitungsgebietes begannen sie, das unbekannte Land aus Lava und Feuer zu zähmen.

Zur einheimischen Flora Hawaiis gehören keine Pflanzen, die genügend Kohlehydrate und Eiweiße enthielten, um sie als Grundnahrungsmittel tauglich zu machen. Die Siedler wären hier zwar nicht verhungert, aber ohne ihre mitgeführten Pflanzen hätten sie ein eher bescheidenes Dasein gefristet. Von den etwa 30 Pflanzen, die die Polynesier auf die pazifischen Inseln brachten, sind nur sechs nicht bis Hawaii vorgedrungen. Diese frühen Siedler nahmen auch von ihren Zwischenstationen auf den Marquesas und anderen Inseln dort heimische Pflanzen mit, die ihnen als Nahrung oder Medizin nützlich schienen. Und sie vergaßen auch nicht die Knollen der wertvollen Süßkartoffel, die auf bisher unbekannten Wegen aus Südamerika zu ihnen gelangt war. Mit dieser Vorratskammer unterschiedlicher Pflanzen und einer Menagerie aus Schweinen, Hunden, Hühnern und Ratten ausgestattet, ließen sie sich an der Windseite von Oahu häuslich nieder, wo der starke Regenfall ihre traditionelle Pflanzen- und Tierzucht schon bald begünstigen sollte.

Die Hawaiianer wurden die tüchtigsten Gärtner aller Polynesier. Als die ersten Europäer im 18. Jahrhundert auf ihre Inseln kamen, fanden sie den Land- und Gartenbau der Einheimischen überwältigend. In klassischer Untertreibung kommentierte Cook: „Was wir von ihrer Landbestellung sahen, ließ keinen Zweifel, daß sie keine Anfänger in dieser Kunst waren." Im Lauf der Jahrhunderte hatten sie über ihre traditionellen Kenntnisse hinaus auch neue Methoden entwickelt, um der Naturausstattung und dem Klima dieser Inseln zu begegnen. Mit den einfachsten Werkzeugen legten sie Bachläufe um und nutzten das Gefälle dafür aus, über ein ausgedehntes Netz von Kanälen ihre Felder zu bewässern. Diese *auwai* dienten zwar vornehmlich dem Landbau, wurden aber auch als Wasserquelle für die Häuser gebraucht. Weil das Wasser den Göttern gehörte, wurde das kostbare Gut zum Nutzen aller verteilt.

Das ausgedehnte Terrassensystem verbesserte die verfügbare Nutzfläche beträchtlich, vor allem für die Taro-Pflanzen, die hier *kalo* genannt werden. Der Sumpf-Taro braucht ständige Berieselung mit Wasser, und ein einziger *auwai*, der sich über die Terrassen den Hügel hinunterschlängelte, reichte für mehrere Familien. Der hawaiianische Bauer kannte sich mit seinen Pflanzen gut aus. Mehrere Hundert Sorten von Taro und Süßkartoffeln wurden hier kultiviert – jede mit ihrem eigenen Namen. Zuckerrohr sproß in großen Mengen, und in eigenen Plantagen wuchsen Brotfruchtbäume, Bananenstauden und Kokospalmen. Yams und Pfeilwurz gediehen auch in kühleren Gegenden bei wenig Pflege. Der Papiermaulbeerbaum, hier als *wauke* bekannt, lieferte den Rohstoff für den *kapa*, den Rindenbast. Wie auf allen anderen Pazifikinseln flocht man auf Hawaii Pandanusblätter zu Matten, Segeln und allerlei nützlichen Haushaltsgegenständen. Die polynesische *ti*-Pflanze wurde ihrer Blätter wegen angebaut, in die man Lebensmittel zum Garen einwickelte; außerdem konnte man ihre zuckerhaltigen Wurzeln essen, wenn die schmackhafteren Früchte einmal von Mißernten getroffen wurden. Aus den Schalen des Flaschenkürbis *(Lagenaria siceraria)* fertigten die Hawaiianer diverse Behälter und Musikinstrumente.

Ihr gemeinschaftliches System der Landnutzung sowie ein gut entwickeltes Netz sozialer, politischer und religiöser Beziehungen band die Hawaiianer an ihr Land, ihre Häuptlinge und ihre Götter. Die Fruchtbarkeit des Bodens war die Grundlage ihres Lebens. Jedes Jahr feierten sie die Ernte mit dem *makahiki*-Fest.

Taro, das auf Hawaii *kalo* heißt, wurde meist in Terrassen angebaut und durch ein verzweigtes Netz von Gräben, den *auwai*, bewässert.

Zwischen Mitte Oktober und Ende Januar ehrten sie Lono, den Gott, der sowohl über die Früchte ihres Landbaus wachte als auch Frieden und Wohlstand auf die Inseln brachte.

Ku, Kane und Kanaloa, die drei Hauptgötter Hawaiis, entsprachen den Gottheiten Tu, Tane und Tangaroa, die man im alten Tahiti und auf den übrigen Inseln Ostpolynesiens kannte. Ku wachte über alle männlichen Aktivitäten – bestimmte Handwerkskünste, das Fischen, Politik, sexuelle Kraft und Kriegführung. Er war der einzige Gott, dem man auch Menschen opferte. Seine furchterregende Fratze wurde oft als Maske dargestellt, die mit leuchtend roten Federn des *i'iwi*-Vogels, mit Augen aus Perlmutt und mit einem gezackten Mund aus Hundezähnen verziert war. Ganz im Gegensatz zum schrecklichen Ku stand Kane, der Gott der Sonne, der Bäche und der Wälder. Die Hawaiianer ehrten ihn als den Schöpfer und Urahn aller Menschen – Häuptlinge und Untertanen gleichermaßen. Der dritte Gott, Kanaloa, herrschte über den Wind und die Meere und wurde oft als Krake oder Tintenfisch dargestellt. Zusammen mit seinem Begleiter Kane zog er über die Inseln und schenkte den Menschen immer neue Quellen frischen Wassers.

Mit steigendem Wohlstand nahm auch die Bevölkerung Hawaiis ständig zu. Kleine Dörfer entstanden, wo immer die ökologischen Bedingungen günstig waren; selbst kärgere Randgebiete wurden mit Hilfe von Bewässerungs- oder Trockenfeld-Systemen in den Landbau einbezogen. Man entwickelte ausgeklügelte Angelgeräte, um den Reichtum des umliegenden Meeres zu nutzen. Hunde und Schweine wurden in größerer Menge gehalten, damit Häuptlinge und arbeitende Männer genug Fleisch zu essen hatten. In Hawaii wuchs eine wohlhabende und zugleich bevölkerungsreiche Gesellschaft heran. Die ersten Kanus, die etwa zur Zeit der europäischen Christianisierung an den Küsten Hawaiis anlegten, hatten nur wenige Gründerfamilien an Bord. Um das Jahr 1000 herum mag die Bevölkerung vielleicht 20 000 Köpfe betragen haben. Während der nächsten sechs oder sieben Jahrhunderte jedoch blühte die hawaiianische Gesellschaft auf und breitete sich auf allen Hauptinseln aus. Irgendwann zählte die Bevölkerung rund 300 000 Menschen.

Diese Menschenmengen blieben natürlich nicht ohne Wirkung auf das Aussehen der Inseln. Das traditionelle polynesische *tapu*-System, das hier *kapu* genannt wurde, trug viel dazu bei, die natürlichen Ressourcen zu schonen. Die Landnutzung auf Hawaii scheint effizienter als irgendwo sonst in Polynesien gewesen zu sein. In ihrem ehrbaren Bemühen, die Inseln lebenswert und fruchtbar zu machen, veränderten ihre Bewohner dennoch allmählich die Natur Hawaiis. Jahrmillionen evolutionärer Abgeschiedenheit hatten den Inseln ein überreiches Leben beschert, das in einem natürlichen Gleichgewicht blühte. Mit der Ankunft der Polynesier war dieser Schutzwall der Isolation durchbrochen, und das verletzliche Paradies begann sich zu wandeln.

Die Menschen änderten nämlich nicht nur die Landschaft, sondern auch das Gleichgewicht der Arten darin. Besonders die Vogelwelt war davon betroffen. Vor der Besiedlung lebten auf Hawaii wenigstens vierzig endemische Vogelarten mehr als heute. Außer den fluglosen Vögeln zählten Eulen, Raben, ein Habicht, ein Adler und viele Singvögel dazu, die sämtlich den Einflüssen der neuen Siedler zum Opfer fielen. In den Jahrhunderten zwischen der Ankunft der Polynesier und der Entdeckung durch die Europäer starben über die Hälfte der endemischen Landvogelarten auf Hawaii aus.

Am 19. Januar 1778 stieß Captain Cook im Lauf seiner dritten und letzten Pazifikreise auf die Hawaii-Inseln. Das Treffen war für beide Seiten aufregend. Die Europäer konnten sich rühmen, die letzte Inselgruppe im Pazifik entdeckt zu haben, und für die Hawaiianer bedeutete dies das Ende ihrer Isolation. Wie einst für die endemischen Tiere und Pflanzen würde auch ihr Leben nie mehr so sein wie früher. Cook bemühte sich zwar, die negativen Einflüsse gering zu halten, aber die Saat der Zerstörung war unwiderruflich gelegt. Denn auf seinen Spuren folgte sogleich eine Armada aus Ost und West. Das sorgsam gehegte Naturparadies wurde den Wirtschaftsinteressen unterworfen. In den nächsten Jahren rafften bislang unbekannte Krankheiten viele Hawaiianer dahin; in den Meeren tobte eine blutige Schlacht gegen Wale und andere Meerestiere; an Land überwältigten gedankenlos eingeführte Tier- und Pflanzenarten die einheimische Flora und Fauna. In der kurzen Zeitspanne seit der europäischen Invasion wurde die Hälfte aller hawaiianischen Arten, die über 1000 Jahre polynesischer Besiedlung überlebt hatten, vom Angesicht der Erde gelöscht.

Heute ist Hawaii immer noch ein lebendiger und produktiver Ort. Die Täler und Hügel, auf denen die Polynesier einst Taro anbauten, sind mit brasilianischer Ananas bewachsen, die von philippinischen Arbeitern geerntet werden. Die einheimischen Wälder, in denen ausländische Profitjäger Sandelholz und andere Edelhölzer plünderten, beherbergen heute zahlreiche fremde Tiere und Pflanzen, darunter über 2000 Insekten- und Spinnenarten. Diese Kleintiere dienen etwa 50 neuen Vogelarten als Nahrung. Diese wiederum werden von 18 importierten Säugetieren gejagt, wie dem räuberischen Mungo, der unter den einheimischen Tieren schlimm gewütet hat. Mehr als 900 eingeführte Pflanzenarten – ebensoviele, wie die gesamte einheimische Flora zählt – haben die natürliche Vegetation Hawaiis erdrückt.

Das Los der Tiere und Pflanzen traf auch die Menschen der Inseln. Seit der Besetzung durch die Amerikaner im Jahr 1898 war das Schicksal Hawaiis besiegelt. Heute ist das einstige polynesische Königreich in der Mitte des Pazifiks der fünfzigste US-amerikanische Bundesstaat, und damit ein Teil der modernen Welt. Das geplünderte Paradies gehört nun jemand anderem.

Die ersten Hawaiianer nannten diesen zweieinhalb Kilometer langen Strand *waikiki,* also „sprudelndes Wasser", weil zahlreiche Quellen das Sumpfland feucht hielten. Heute erinnern nur noch nachgebaute Kanus an die polynesische Vergangenheit.

Captain Cook, der sich stets um Verständnis mit allen Polynesiern bemüht hatte, wurde auf Hawaii von aufgebrachten Insulanern getötet. Nach Erkundungsfahrten im Norden war er Mitte Januar, auf dem Höhepunkt der *makahiki*-Feiern, nach Hawaii zurückgekehrt. Seine beiden Schiffe wurden von einer großen Eskorte in die Bucht von Kealakekua geleitet. Respektvoll gewährte man Cook und seinen Offizieren verschwenderische Gastfreundschaft. Nach zwei Wochen verließen die zwei Schiffe, freundlich verabschiedet, dieses Fest des Friedens.

Vor der Nordküste der Hauptinsel gerieten die Schiffe jedoch in einen schweren Wintersturm und sie waren gezwungen, umzukehren und sie zu reparieren. Als sie im Februar unerwartet wieder in Hawaii anlegten, war die friedliche Zeit des *makahiki* vorüber; der Geist des rachsüchtigen Kriegsgottes Ku beherrschte nun wieder die Insel. Cook wurde nicht mehr als privilegierter Häuptling, sondern als gewöhnlicher Sterblicher behandelt. Nach einer Reihe tragischer Mißver-

Der Tod von Captain Cook markierte einen Wendepunkt in der Geschichte der pazifischen Völker. Nach den Forschern strömten die Ausbeuter herbei. (Der Maler dieses Bildes war John Cleveley, dessen Zwillingsbruder James als Schiffszimmermann Cook auf seiner letzten Reise auf der *Resolution* begleitete.)

ständnisse, an denen Cook und seine Offiziere nicht schuldlos waren, wurden der Kapitän und vier seiner Matrosen erschlagen. Seine Leiche wickelten die Insulaner respektvoll in kostbares *kapa* und ein Gewand aus seltenen schwarzen und weißen Federn und brachten sie der entsetzten Mannschaft aufs Schiff. Das *mana* dieses großen weißen Mannes war so begehrt, daß die meisten seiner Haare und Knochen unter den Häuptlingen verteilt worden waren. Als Vergeltung steckte die britische Besatzung hawaiianische Tempel in Brand und tötete viele der Eingeborenen, bevor sie ohne ihren geliebten und geachteten Kapitän, dessen sterbliche Reste auf See bestattet wurden, die Heimreise antrat.

Damit endete auch die letzte große Entdeckungsreise in den Pazifik; die nächsten Schiffe, die den Ozean überquerten, suchten nach Reichtum und Macht. Für die Polynesier und für die übrige Welt bedeutete der Tod von Captain Cook das Ende eines unschuldigen Zeitalters.

# 10
# Das Land der langen weißen Wolke

So fortschrittlich sie auch waren, so kannten die Polynesier doch keine Schrift. Dies war eine der wenigen kulturellen Errungenschaften, die sie nicht von sich aus entwickelten. An ihrer Stelle besaßen sie eine der reichsten mündlichen Geschichtensammlungen, die die Welt je erfahren hat. In Mythen und Legenden, Geschichten, Gedichten und Liedern haben sie nicht nur ihre epischen Entdeckungsfahrten, sondern auch ihre Wahrnehmung des physischen und geistigen Universums festgehalten, in das sie sich und ihre Vorfahren fest verankert sehen. Zweifellos sind die Geschichten, die sorgsam von einer Generation an die nächste weitergegeben wurden, immer wieder ausgeschmückt worden; jede wurde dem wandelnden Selbstverständnis der Polynesier angepaßt.

Viele Legenden erzählen von der ersten Begegnung der Polynesier mit den Inseln, die wir heute Neuseeland nennen. Zwei davon fallen besonders durch ihre Übereinstimmung vieler Einzelheiten auf; eine erzählt von einer zufälligen Entdeckungsreise, die andere berichtet über die erste Besiedlung. Der Held der ersten Legende ist ein tüchtiger Fischer und Steuermann namens Kupe. Wahrscheinlich stammte er von der heiligen Insel Raiatea bei Tahiti. Im Mondmonat November machte er sich mit einer Handvoll tapferer Begleiter auf die Verfolgung eines riesigen Tintenfisches, der schon mehrmals seinen Köder gestohlen hatte. Weit jenseits der untergehenden Sonne trafen sie auf „ein großes südliches Land mit hohen, nebelumwölkten Bergen, das nur von Vögeln bewohnt war“. Mit diesen Neuigkeiten kehrten Kupe und seine Begleiter zurück. Durch Rückzählen der Generationen datiert die Überlieferung seine Entdeckung von Aotearoa, dem „Land der langen weißen Wolke“, auf das 10. Jahrhundert.

Die andere Geschichte erzählt von einer kleinen Flotte Kanus, die sich im 14. Jahrhundert von Ostpolynesien aus auf den Weg machte, um das ferne Land Kupes zu besiedeln. Stammesfehden hatten diese Seefahrer aus ihrer Heimat „Hawaiki“ getrieben. Als sie in Aotearoa ankamen, ließen sie sich an verschiedenen Küstenabschnitten nieder und entwickelten sich zu Maoristämmen, die ihre

Rivalität in diesem neuen und weiten Land fortsetzten. Erst in jüngerer Zeit, mit dem Aufflackern der Landforderungen der Maoris an die neuseeländische Regierung, ist diese Geschichte heruntergespielt worden. Verständlicherweise fühlen sich die Stämme, die in der mündlich überlieferten Geschichte der Entstehung ihres Landes nicht vorkommen, zurückgesetzt. Außerdem nimmt die Legende eine Besiedlung im 14. Jahrhundert an, während archäologische Funde darauf hindeuten, daß die ersten Polynesier bereits im 8. Jahrhundert diese südwestliche Ecke ihres Dreiecks kolonisierten. Inzwischen haben Anthropologen, darunter ein angesehener neuseeländischer Forscher, verschiedene Asche- und Pollenproben aus den frühesten Maori-Siedlungen neu analysiert. Danach sieht es doch so aus, als seien die Inseln bis zum 13. Jahrhundert unbewohnt gewesen – ein Datum, das deutlich näher am Eintreffen der legendären Gründerflotte liegt.

Ähnlich wie bei der Entdeckung Hawaiis gründeten die Polynesier ihren Glauben an ein Land im Süden wahrscheinlich auf die Beobachtung der Vogelwanderungen. Zu Beginn des südlichen Sommers fliegen riesige Scharen von Sturmvögeln und Sturmtauchern vom Nordpazifik in ihre Brutgebiete in Neuseeland. Wochenlang ziehen die Schwärme Tag und Nacht in südlicher Richtung durch die Tropen. Die Polynesier, die auf den tropischen Pazifikinseln lebten, konnten daraus nur schließen, daß irgendwo hinter dem südlichen Horizont ein großes Land liegen mußte, das die Vögel ansteuerten.

Neuseeland vom östlichen Polynesien aus zu erreichen, ist allemal eine schwierige Aufgabe, selbst wenn man ganz sicher weiß, daß die Inseln irgendwo sein müssen. Die Bootsreise führt quer zu den Südostpassaten und berührt sogar Breitengrade, in denen Westwinde vorherrschen. Selbst für heutige Segelschiffe mit ihrer modernen Navigationstechnik gilt die Fahrt als eine seemännische Meisterleistung. Wie für Zugvögel ist auch für Segelboote die beste Reisezeit der Oktober und November, wenn Stürme kaum zu befürchten sind. Um diese Jahreszeit ist die Venus während der ersten drei oder vier Stunden nach Sonnenuntergang klar im Südwesten zu erkennen und bietet einen festen Orientierungspunkt innerhalb der wechselnden Sternbilder im südlichen Himmel. Hier gibt es zwar keinen Polarstern, aber das Sternbild Crux – auch Kreuz des Südens genannt – ist deutlich zu sehen und gibt dem Steuermann nicht nur die Richtung, sondern auch die Entfernung an, die er nach Süden hin zurückgelegt hat. Die Wassertemperatur ist dafür ebenfalls ein gutes Maß.

Anders als die relativ kleinen Inseln Ozeaniens bot Neuseeland, das sich etwa 1600 Kilometer von Norden nach Süden erstreckt, ein großes Ziel. Wenn die ersten Siedler aus Rarotonga oder von den anderen südlichen Cook-Inseln her kamen, hätten sie über 3000 Kilometer zurücklegen müssen; von den Austral-Inseln oder Tahiti gar doppelt soviel. Nach drei oder vier Wochen auf offener See sahen die Reisenden dann erstmals die Sonne hinter einem nebligen Schatten am Horizont untergehen. Als sie näher segelten, erstreckten sich Wolken über Aotearoa nach links und rechts, so weit das Auge reichte. Dies waren nicht nur die größten Inseln, die die Polynesier je gesehen hatten, sondern auch die letzten, die sie besiedelten. Hier war die letzte unbewohnte Ecke des Pazifiks. Mehr noch: Neuseeland war das letzte große Landstück überhaupt, das von Menschen besiedelt wurde.

80 Millionen Jahre lang hatte das Meer die beiden großen Inseln völlig isoliert. Einst waren sie Teil des riesigen Superkontinents Gondwanaland gewesen, vielfach von geologischen Urgewalten emporgehoben, durch Erosion abgetragen und vom Wasser überspült worden. Neuseeland ist ein Land der Gletscher und Vulkane, die seine Umrisse immer wieder verändert haben. Wenige Länder auf der Welt weisen eine ähnliche Vielfalt an Landschaften und natürlichen Biotopen auf. Das Innere erhebt sich von wüstenartigen Ebenen bis zu schneebedeckten Gipfeln, und die lange Küste umfaßt subtropische Inseln ebenso wie tiefe Fjorde, die von ewigen Gletschern gespeist werden. Neuseeland heute zu erkunden, ist eine aufregende Reise; für die ersten Polynesier war es sogar eine völlig neue Welt.

Als sie hier ankamen, war Aotearoa fast gänzlich von Wald bedeckt. Vom Meer aus scheint die üppige Vegetation bis ins Wasser zu wachsen. Wenn die Reisenden im Dezember, der mildesten Jahreszeit, an der Ostküste angelangt wären, hätten sie Pohutukawa-Bäume *(Metrosideros excelsa)*, die „Weihnachtsbäume" Neuseelands, in einem leuchtendroten Blütenkleid erlebt. In Erwartung der vielen rotgefiederten Vögel dankten die Seefahrer ihren gnädigen Göttern. Symbolisch war-

Der Tasman-Gletscher drängt sich durch das breite Tal westlich des Mount Cook.

fen sie ihre mitgebrachten Erbstücke aus roten Federn ins Meer, bevor sie die optische Täuschung bemerkten. Aber schon bald stellten sie beruhigt fest, daß ihre neue Heimat nicht nur wirkliche rote Vögel, sondern auch viele andere Vogelarten bieten konnte, die ihnen Federn und Fleisch im Überfluß sicherten.

Zahlreiche fluglose Vögel grasten auf den Waldlichtungen. Sie waren von beeindruckender Größe, mit kräftigen Beinen und langen Hälsen. Da sie die Polynesier an eine Riesenausgabe ihres Hausgeflügels erinnerten, wurden sie *moa* genannt, ihr Wort für „Huhn". Die meisten Arten waren kaum größer als ein Truthahn, aber manche erreichten stattliche drei Meter Höhe. Funde von *moa*-Knochen in den verkohlten Resten alter Feuerstellen belegten, wie wichtig die Vögel für die Ernährung der ersten Siedler waren. Denn es fehlt jegliche Spur von Hühner- oder Schweineknochen. Offensichtlich waren sie ohne ihre traditionellen Haustiere aufgebrochen. Doch ihre neue Heimat bot genug Fleisch. Neben 19 *moa*-Arten gab es zahlreiche weitere Vögel, von denen die meisten flugunfähig und daher leicht zu fangen waren.

Im Busch stöberte nachts der kleine, fluglose Kiwi *(Apteryx* spp.) durch das Unterholz. Möglicherweise hat dieser erstaunliche Vogel seinen Maori-Namen deshalb bekommen, weil er die ersten Siedler an einen Vogel erinnerte, den sie als

*ivi* kannten; jener Borstenbrachvogel hat einen ähnlich gedrungenen Körper mit einem langen, abwärts geschwungenen Schnabel und staksigen Beinen. Neuseeland erreicht er auf seinen Wanderungen selten, und die Maoris könnten seinen Namen einfach auf seinen örtlichen Doppelgänger übertragen haben. Der „echte" Kiwi kommt nur in Neuseeland vor und ist anders als jeder bekannte Vogel. Seine kleinen Flügel enden in einer Kralle, und die Schwanzfedern sind verschwunden. Sein Gefieder erinnert eher an struppige Haare als an echte Federn. Anstelle von Flugmuskeln hat er kräftige Beine entwickelt, die ein Drittel seines Körpergewichtes ausmachen. Die Augen sind zwar klein, aber dafür trägt er im Gesicht und an der Spitze seines langen Schnabels feine Borsten, mit denen er sich tastend orientiert; sein Gehör ist ebenso gut entwickelt wie sein Geruchssinn. Der Kiwi ist der einzige Vogel der Welt, der an seiner Schnabelspitze Nasenlöcher hat. Nachts stochert er mit dem Schnabel durch das Bodenlaub und schnuppert nach Würmern, Holzläusen, Kerbtieren und Schnecken. Trotz seines zurückgezogenen und scheuen Wesens war der Kiwi seit langem ein sehr erfolgreicher Bewohner Neuseelands gewesen. Mit der Ankunft der Menschen sollte sich das ändern.

Wie auf allen anderen Pazifikinseln, ja auf Inseln überhaupt, dient die Flugfähigkeit nur dazu, Räubern zu entkommen und sich über offenes Meer zu bewe-

*Oben:* Das Männchen des Streifenkiwis *(Apteryx australis mantelli)* in seiner Nisthöhle.
*Rechts:* Nachbildung des ausgestorbenen Riesenmoa *(Euryapteryx geranoides)*.
Bis zu dreieinhalb Meter hoch wurden diese mächtigen, aber flügellosen Vögel, die einst über die Grasflächen zogen, die heute Canterbury Plains heißen.
*Links:* Urzeitlicher Regenwald auf der Südinsel Neuseelands, Milford Track.

gen. Auf Neuseeland gab es jedoch keine bodenlebenden Raubtiere. Der einzige große Fleischfresser war ein Riesenadler *(Harpagornis)*, der aber tagsüber jagte und sich auf grasende *moa* stürzte, wenn sie den Schutz des Waldes verließen. Ein kleiner Nachtvogel wie der Kiwi war in den riesigen Wäldern von Aotearoa sicher aufgehoben. Das galt ebenso für die Rallen, Papageien, Tauben und die vielen anderen, kleineren, fruchtfressenden Vögel. Es war wirklich ein Land der Vögel. Die drei einzigen Säugetierarten waren durchweg insektenfressende Fledermäuse, und die einzigen Reptilien waren – ebenfalls insektenfressende – Skinks und Geckos sowie der Tuatara *(Sphenodon punctatus)*, ein Relikt aus der Zeit der Dinosaurier. Zusammen mit einigen primitiven Froscharten wurde dieses lebende Fossil vom Rest der Welt abgeschnitten, als Neuseeland eine eigene Inselgruppe bildete.

Neuseelands Wälder sind größtenteils immergrün. Im Süden bestanden sie vorwiegend aus Südbuchen *(Nothofagus)*, aus deren dicht gewachsenem Kronengeflecht hohe Steineiben *(Podocarpaceen)*, vor allem der *rimu*-Baum *(Dacrydium cupressinium)*, herausragen. Andere typisch neuseeländische Vertreter dieser Gattung sind der *kahikatea (Dacrycarpus dacrydioides)* und der *totara (Podocarpus*

Der Tuatara *(Sphenodon punctatus)* – dieses neuseeländische Reptil stammt noch aus der Zeit der Dinosaurier und lebt heute fast nur noch auf vorgelagerten Inseln.

*totara)* – Bäume, die vor den Eiszeiten in vielen gemäßigten Zonen beheimatet waren. Den Boden solcher Wälder bedeckten meist dichte Teppiche aus Farnen, Moosen und Lebermoosen. Im Norden Neuseelands wurde die Buche durch die berühmte Kaurifichte *(Agathis australis)* ersetzt. Deren mächtige Stämme hatten einen Umfang von acht Metern und ragten nicht selten über 50 Meter hoch in die Luft. Auf Menschen, die von den holzarmen Inseln Ozeaniens kamen, müssen diese Baumriesen ehrfurchtgebietend gewirkt haben.

Die Küstenregionen waren nicht minder eindrucksvoll. Mächtige Flüsse stürzten von den hohen Gipfeln und formten weite Schwemmlandebenen. Aale kämpften sich vom Meer aus flußaufwärts in ihre Laichgründe und dies in so großer Zahl, daß die Maoris den zwei Arten schließlich 150 verschiedene Namen gegeben hatten, um alle Unterschiede in Größe, Form, Farbe, Geschmack und Verhalten gebührend zu beschreiben. In späteren Jahrhunderten wurden Aale zu einem wichtigen Bestandteil der Ernährung der Maoris und genossen entsprechenden Respekt. Man ehrte sie wegen ihrer mythologischen Ursprünge und ihrer phallischen Symbolkraft. Sie waren leicht zu fangen – mit dem Speer, mit einem Kescher oder einfach mit der Hand. Im Frühherbst konnte man in einer dunklen Nacht vielleicht zwei- oder dreitausend Aale in einem einzigen Netz fangen, das eine künstlich angelegte Verengung versperrte. In jüngerer Zeit haben die Maoris die Bestände jedoch so stark befischt, daß sie ernsthafte Diskussionen um den Erhalt und die Ausbeutung der natürlichen Ressourcen Neuseelands ausgelöst haben.

Auch das Meer um die Inseln steckte voller Leben. Es war allerdings ein ganz anderer Reichtum als der, den die Siedler aus den tropischen Gewässern ihrer Heimat kannten. Hier im Südpazifik ist der Ozean deutlich kälter, aber das macht ihn nicht weniger produktiv. Strömungen und Auftriebe, besonders vor der Ostküste, bringen nährstoffreiches Wasser, in dem die unterschiedlichsten Meerestiere in großer Zahl gedeihen. Die felsigen Riffe beherbergen zahlreiche Fischarten, von denen viele ebenso bunt und bedeutsam sind wie die, die man in Korallenriffen findet. In den Gewässern um die Nordinsel fingen die Maori-Fischer Schnapper *(Chrysophrys auratus)*, Kahawai *(Arripis trutta)*, Stachelmakrele *(Caranx georgianus)* und Makrele *(Trachurus* spp.); das kühlere Wasser um die Südinsel wimmelte von Barrakudas und Dorschen.

In den neuseeländischen Gewässern weit verbreitet sind Zackenbarsche sowie verschiedene Arten von Lippfischen, die den Menschen aus dem tropischen Pazifik ebenso vertraut waren wie die Wale und Delphine, die hier regelmäßig auftauchten. Auf den Küstenfelsen Neuseelands lebten große Kolonien von Seebären und -löwen, die den Maoris eine ganz neue, fettreiche Fleischkost boten. Bei Ebbe gab es einen natürlichen Segen an Muscheln, vor allem Herzmuscheln *(Chione stutchburyi)* und Pipi-Muscheln *(Amphidesma australe)*, die für die Maoris ganz besonders wichtig wurden, als die Bestände der leicht zu fangenden Beutetiere wie *moa* und Robbe abnahmen. Die berühmte *pau'a*-Muschel *(Haliotis iris)* klammerte sich dicht unter der Wasseroberfläche an Felsen und Steinen, wo es auch große Seeigel und einige der größten Krebse und Krabben des Pazifiks gab.

Entlang der immensen Küstenlinie der beiden Inseln und auf den vorgelagerten Felsen bauten ungezählte Seevögel ihre Nester. Seit Millionen von Jahren war Neuseeland das Seevogelparadies des südwestlichen Pazifiks gewesen. Fast jede Spezies, die die Polynesier aus ihrer tropischen Heimat kannten, lebte in diesen südlichen Gewässern in noch größerer Zahl und Vielfalt. Aotearoa mag diesen ersten Siedlern ungewohnt kühl vorgekommen sein – aber es war ein großes und freigebiges Land.

Wenn die Polynesier vor, sagen wir, 1000 Jahren zum ersten Mal hierher kamen, dann hatten sie – klimatisch gesehen – eine ideale Zeit erwischt. Das sogenannte „Kleine Klimaoptimum" steigerte die Temperaturen rund um den Globus auf etwa ein Grad höher, als sie heute sind. Diese weltweite Erwärmung begann vor knapp 1200 Jahren und dauerte bis weit ins 14. Jahrhundert. Ein Grad mehr oder weniger scheint nicht viel zu sein, aber dieser kleine Unterschied veränderte

*Oben:* Seebär-Weibchen *(Arctocephalus forsteri)* mit ihrem Jungen.
*Oben rechts:* Die Schale der *pau'a*-Muschel *(Haliotis* sp.).
Rechts: Yaldwyns Dreiflosser *(Notoclinops yaldwyni)*, eine der bunten Fischarten Neuseelands, die in gemäßigten Gewässern leben, über einer Kolonie Manteltiere *(Tunicata)*.

in Europa nicht nur die Verteilung vieler Tier- und Pflanzenarten, sondern auch die Menschheitsgeschichte.

Das ganze Frühmittelalter hindurch hatten in Nordeuropa strenge Winter geherrscht, die viele Tiere und Pflanzen nach Süden trieben. Zum Abschluß der angelsächsischen Invasion Britanniens wurde es zusehends wärmer, und am Ende des Jahrtausends herrschte in Nordeuropa ein fast mediterranes Klima. Als die Normannen im 11. Jahrhundert England besetzten, brachten sie aus Frankreich Weinreben mit, die im milden englischen Klima gut angingen. Etwa um dieselbe Zeit machten sich die Wikinger auf den Weg über den Atlantik. 982 entdeckte Erich der Rote Grönland, und damals verdiente diese große Insel im Norden ihren Namen „Grünland" wirklich. Ganz anders als die heutige Eiswüste war die Küstenebene seinerzeit mit grüner Vegetation bedeckt. Wenn Erich und seine Begleiter tatsächlich weitersegelten und Amerika lange vor Kolumbus entdeckten, dann waren sie zumindest vom Klima her in ihrem Unternehmen begünstigt.

Es ist sicher kein Zufall, daß die Wanderungen der Polynesier etwa um dieselbe Zeit stattfanden. Die wärmeren Temperaturen mögen die Nahrungsknappheit zum Beispiel auf den Marquesas noch verschlimmert haben. Von hier aus sind vermutlich die ersten Siedler nach Hawaii aufgebrochen, und auch die Osterinsel mag aus denselben Gründen entdeckt und besiedelt worden sein. Den größten Nutzen aus dem „Kleinen Klimaoptimum" jedoch zogen diejenigen Polynesier, die in westlicher Richtung auf die Cook-Inseln und südlich der Tropen auf Neuseeland zu segelten.

Der angesehene Maori-Anthropologe und Geschichtsforscher Te Rangi Hiroa, auch als Sir Peter Buck bekannt, beschrieb seine polynesischen Vorfahren als „Wikinger der aufgehenden Sonne". Von Samoa aus hatten sie zunächst die Marquesas besiedelt und von dort aus die zahlreichen tropischen Inseln des Ostpazifiks bis hin zur Osterinsel kolonisiert. Um Neuseeland, das Ziel ihrer letzten großen Wanderung, aufzuspüren, hatten die Polynesier ihren Kurs gedreht und waren zurück – der untergehenden Sonne entgegen – gesegelt.

Einmal entdeckt, war das neue Land schnell erkundet. Die ersten Siedler nutzten ihre Kanus und seefahrerischen Fähigkeiten, um die lange und vielgestaltige Küste auf und ab zu reisen. Schon bald waren an beiden Küsten der Nord- und Südinsel sowohl provisorische Lager als auch dauerhafte Siedlungen errichtet. Archäologen, die einige der frühen Stätten untersuchten, waren darüber erstaunt, daß die ausgegrabenen Gerätschaften aus Steinen gefertigt waren, die aus ganz unterschiedlichen Regionen Neuseelands stammten. Scheinbar hatten die Maoris die gesamten 1600 Kilometer von der Spitze der Nordinsel bis zum Ende der Südinsel in ein- oder zweihundert Jahren oder gar innerhalb weniger Jahrzehnte komplett erschlossen. Sie bevorzugten vor allem die sanfteren, geschützteren und wärmeren Ostküsten beider Inseln. Aber selbst dort waren die Bedingungen ganz anders, als sie es von ihrer polynesischen Heimat gewohnt waren.

Außer den niedrigeren Luft- und Wassertemperaturen gab es hier vor allem unterschiedliche Jahreszeiten. Tropische Inseln kennen im wesentlichen nur zwei schwach ausgeprägte Jahreszeiten: eine kühlere, trockene und eine wärmere, regenreiche. Das Wechselspiel von Sommer und Winter, unterbrochen durch die Übergänge des Frühlings und Herbstes, war den Ankömmlingen fremd. Die Nordinsel im Hochsommer kam ihrer Heimat wohl am nächsten. So hat die Bay of Islands klares, warmes und blaues Wasser sowie weiße Sandstrände, die von Palmen und riesigen Farnen gesäumt sind. Delphine spielen vor dem Strand, und selbst dem Rotschwanz-Tropikvogel ist es so weit südlich noch warm genug. Im Winter sieht die Szenerie ganz anders aus. Die Nordinsel kommt einigermaßen glimpflich davon, aber in Teilen der Südinsel kann es wochenlang frieren und über Monate regnen. Sich auf diese Extreme einzustellen, war selbst für die zähen Polynesier nicht leicht.

Die härteste Überlebensprobe aber hatten ihre Kulturpflanzen zu bestehen, die sie in der Hoffnung mitgebracht hatten, auch in der Fremde ihnen vertraute Nahrung und Fasern anzubauen. Wie ihre Vorfahren andernorts waren die Polynesier auch in Neuseeland mit ihren bewährten Setzlingen, Knollen, Ablegern und Samen der Pflanzen gelandet, auf die sie jahrhundertelang ihre Lebensweise gegründet hatten. Der Erfolg all ihrer vorhergehenden Siedlungsreisen hatte darauf beruht, daß sie genügend gesunde Haustiere und Nutzpflanzen von Insel zu Insel mitgenommen hatten und sie unbekannte Landschaften so umformen konnten, daß sie ihre Bedürfnisse deckten. Sie hatten ihre Heimat sozusagen im Reisegepäck.

Doch hier im gemäßigten Neuseeland begann ihre erprobte Überlebensstrategie zum ersten Mal zu versagen. Kokospalmen, Pandanus- und Brotfruchtbäume, Bananenstauden, Zuckerrohr und Pfeilwurz – keine Pflanze überstand die harten Winter. Und die Pflanzen, die Wurzeln schlugen, hielten sich nur mühsam an der Grenze ihrer klimatischen Toleranz. All ihre Yams-Sorten wuchsen eher kümmerlich. Taro und Papiermaulbeerbaum gediehen nur im äußersten Norden, wo Fröste selten waren. Sogar die Knollen der Süßkartoffel, der *kumara*, die sie irgendwie aus Südamerika aufgetrieben hatten, sprossen nur langsam. Aus dem einstigen Grundnahrungsmittel wurde ein Luxusgut. Selten dicker als zwei oder drei Zentimeter, wurden die Knollen sorgfältig in eigens konstruierten *kumara*-Gruben in der Erde gelagert, um sie vor den Winterfrösten zu schützen. Manche dieser unterirdischen Speicher waren aufwendig mit Steinen getäfelt und durch einen Tunnel zu erreichen. In einigen Teilen des alten Neuseelands wurden diese Vorratskammern nur zu besonderen Gelegenheiten geöffnet und die kostbaren Knollen als Beigabe zum Festmahl gegessen.

Die neue Jahreszeit „Frühling" erkannte man bald als die richtige Zeit, um die *kumara* zu pflanzen, in deren Anbau man größte Mühe steckte. Kleine Erdhügel wurden – knapp einen Meter auseinander – aufgeschoben und die Setzlinge in die

Seite gesteckt, die von der Morgensonne bestrahlt wurde. Die Wärme förderte das Keimen und Wachsen. Steine, die man tagsüber zum Erwärmen in die Sonne gelegt hatte, wurden nachts um die Erdhaufen geschichtet. Die Frauen jäteten jegliches Unkraut aus der umliegenden Erde, damit die jungen *kumara*-Pflanzen möglichst viele Nährstoffe aufnehmen konnten. Raupen einer einheimischen Sphinxmotte machten sich in solchen Mengen über die Jungpflanzen her, als ob sie vom Himmel fielen. Bevor die Polynesier und ihre Lieblingsknolle auf die Insel kamen, legten diese Motten ihre Eier auf einheimische Windenarten. Nun aber konzentrierten die Raupen ihr gefräßiges Tun auf die Blätter der *kumara*. Die Maori-Gärtner pflückten sie mit der Hand von den Pflanzen oder räucherten sie mit schwelendem *kauri*-Kautschuk aus. Diese alljährliche Invasion war für die Ernte so bedrohlich, daß die Maoris sogar Schwärme von Dominikanermöwen herbeilockten, um die gefräßigen Raupen zu vernichten.

Jede Phase des *kumara*-Kalenders genoß eine besondere Verehrung. Die *kumara* wurde eine *tapu*-Pflanze des Friedens. Alljährlich feierte man den Herbst als die Zeit, zu der man die reifen Knollen aus der Erde hob und die Lagerung für die langen Wintermonate vorbereitete. Es war eine Zeit der Freude. Die Gärtner, die ihre Früchte durch den südlichen Sommer gehegt hatten, feierten nun mit Spielen und Tänzen.

Anders als ihre entfernten Verwandten auf Hawaii legten die Maoris für ihre Taro-Felder keine bewässerten Terrassen an, sondern pflanzten dieses Wurzelgemüse in feuchte, nährstoffreiche Erde zumeist an die Ufer der vielen Flüsse, die sich aus den Bergen durch die flachen Küstenebenen wanden. Um den Boden zu erwärmen, karrten sie Sand und Kiesel vom Strand herbei. Über die wurzelnden Taropflanzen gestreut, speicherte diese Deckschicht die Sonnenwärme und förderte das Wachstum. Noch heute graben Gärtner in Auckland hier und dort Parzellen um, deren helle Sandschicht das Erbe ihrer fleißigen Vorfahren belegt.

Der Flaschenkürbis wurde von den ersten Siedlern eingeführt und wuchs in den frühen, wärmeren Jahren auch nicht schlecht. Er wurde vor allem wegen seiner harten Schale gezüchtet, aus der man Behälter aller Art fertigte. Aber wenn im Frühsommer andere Gemüse knapp waren, aß man zur Not auch seine unreifen Früchte. Die Kürbisse, die man ausreifen ließ, wurden oft mit Sorgfalt zu ganz bestimmten, nützlichen Formen herangezüchtet. Nach der Ernte ließ man die reifen Früchte in der Sonne über einem Feuer trocknen und aushärten und schabte dann den schwammigen Inhalt heraus. Große Gewächse schnitt man in zwei Hälften, um Schüsseln oder Trichter zu erhalten; andere hatten am Stengelansatz ein kleines gebohrtes Loch und taugten als Wasserbehälter. Die Maoris stammten von Inseln, auf denen die Töpferkunst lange vergessen war. Neuseeland verfügte über reichhaltige Tonvorkommen, aber da man aus den Flaschenkürbissen genügend Behältnisse fertigen konnte, fehlte vielleicht der Anreiz, die Töpferei wieder aufleben zu lassen. Ebenso wie bei Tonwaren wurden auch die Kürbisflaschen, die besonders gut gelungen waren, mit hübschen Maori-Motiven verziert und als Erbstück weitergereicht.

Besonders enttäuschend muß es für die ersten Polynesier gewesen sein, daß ihre Papiermaulbeerbäume in diesem neuen Land nicht zurechtkamen. Nur im äußersten Norden war das Klima mild genug. An ihrer Stelle verwendeten die Maoris die innere Rinde des Leinwandbaumes *(Hoteria* spp.), den es in trockeneren Gegenden und an Waldrändern zur Genüge gab. In Feuchtgebieten entdeckten die Maoris eine andere Faserpflanze, die sie *harakeke* nannten und die wir als Flachs *(Phormium* spp.) kennen. Mehrere einheimische Arten wuchsen in Neuseeland, und die Maoris machten daraus Seile und Netze, Matten und einfache Kleiderstoffe. Die grünen Blätter konnte man zu Körben oder robusten Segeln flechten.

Die langen faserigen Blätter des Flachses sprießen jedes Jahr aufs neue, und wenn man sie behutsam schneidet, bringt die Pflanze auch zwei Blätterfächer im Jahr hervor. Geschabt und getrocknet wurden die Blätter zu Fäden und Stricken verknotet. Das Weben kannten die Einwanderer nicht; schließlich hatte man eine solche Kunst zur *tapa*-Herstellung auch nicht gebraucht. Mit der Zeit aber entwickelten die Maoris eine Webtechnik, die, ähnlich wie bei uns das Kette- und Schußverfahren, ein dichtes und trotzdem leichtes Gewebe hervorbrachte. Häuptlinge und andere wichtige Persönlichkeiten trugen Umhänge aus solchem Stoff; meist ließen sie sich noch *kiwi*- oder *kaka*-Federn einarbeiten. Andere begnügten sich mit einfacheren Umhängen, die aus zusammengeknoteten Flachsfasern bestanden und – über die Schulter geworfen – Regen und Kälte abhielten.

Im Winter, oder in Notzeiten allgemein, lieferten die zuckerhaltigen Wurzeln der *ti*-Pflanze zusätzliche Energie. Diese war ebenfalls aus Ostpolynesien mitgebracht worden und wuchs während der ersten Jahrhunderte in Neuseeland ausgesprochen gut. Sie braucht bis zur Reife 18 Monate und wäre in kalten Wintern erfroren. Später wurde sie auch auf der Doppelinsel selten, und die Maoris mußten sich an ihrer Stelle auf die einheimische Art *(Cordyline australis)* verlassen, die sie heute ebenfalls *ti* nennen, die aber in Neuseeland als Kohlbaum bekannter ist. Im Sommer, wenn der Zuckergehalt am höchsten war, wurden die Wurzeln geerntet und im Erdofen gebacken.

Mit derselben Technik entzog man den Wurzelstöcken des Adlerfarns *(Pteridium esculentum)* seine Nährstoffe. Die Farnwurzeln waren zwar weniger nahrhaft als die eingeführten Gemüse wie Taro, Yams und *kumara*, stellten aber einen brauchbaren Ersatz dar, wenn andere Früchte einmal knapp wurden. Der Farn wuchs wild und brauchte eigentlich keine Pflege, aber die Maoris fanden heraus, daß die Pflanze in gutem Boden über drei Meter hoch wurde und 60 Zentimeter lange Wurzeln hervorbrachte. Einige der besten Farne gediehen auf ehemaligen

Die Maoris entdeckten, daß dieser heimische Baum *(Cordyline australis)* stark zuckerhaltig ist. Sie nannten ihn *ti*, also genauso, wie die Tahitianer eine andere, ebenfalls zuckerhaltige Cordyline-Art bezeichneten. Heute heißt er volkstümlich „Kohlbaum".

*kumara*-Feldern, die einige Jahre brachgelegen hatten. Entweder wurden sie gezielt dort angepflanzt oder drangen aus dem Wald dorthin vor. Drei Jahre später war dann eine stattliche Ernte fällig, wenn der Stärkegehalt am höchsten war. Zunächst ließ man die Wurzeln in Wasser quellen, röstete sie anschließend in heißer Asche und schlug sie schließlich mit einem Holzhammer auf glatten Kieseln platt. Der mehlige Teil wurde geschluckt und der faserige ausgespuckt. Als Beilage zu Fisch oder Teil eines Früchtekuchens waren die Farnwurzeln sogar recht schmackhaft. Jedenfalls lieferten sie wertvolle Energie, wenn andere Nahrung knapp war; oft führten solche Notzeiten zu Streitereien zwischen Nachbarstämmen. Die zubereiteten Wurzeln hielten die Maori-Krieger bei Kräften. So, wie die *kumara* für den Frieden stand, symbolisierte die Farnwurzel den Krieg.

Man hat Skelette gefunden, die aus den ersten Jahrhunderten der neuseeländischen Besiedlung stammen. Sie zeigen, wie anstrengend das Leben damals gewesen sein muß. Die Maoris hatten, obwohl sie wie ihre polynesischen Vorfahren kräftig gebaut und muskulös waren, nur eine kurze Lebenserwartung. Die meisten starben in ihren Zwanzigern oder Dreißigern. Ein Vierzigjähriger galt als sehr alt, und fünfzig Lebensjahre waren äußerst selten. Fast alle Skelette zeigten starke Abnutzungen der Gelenke und der unteren Wirbelsäule, was auf harte körperliche Arbeit und das Tragen schwerer Lasten hindeutet. Viele wiesen deutliche Spuren von Knochenschwund durch Fehl- oder Unterernährung auf, und nahezu alle besaßen kaum noch Zähne. Offenbar verloren diese Menschen auch in jüngerer Zeit ihre ersten Backenzähne bereits mit 25. Der Verfall setzte sich auf benachbarte Zähne fort, bis nur noch wenige im Vorderkiefer standen. Der Hauptschuldige daran war vermutlich die Farnwurzel. Möglicherweise kauten die Menschen die getrockneten Wurzelstöcke so, daß sie ihre Zähne in einem ganz bestimmten Winkel – Anthropologen sprechen von der „Farnwurzel-Ebene" – abschliffen. Jedenfalls verloren die Maoris ihre Zähne recht schnell. Damit konnten sie ihre ohnehin karge und oft zähe Ernährung nur beschränkt nutzen, und ein früher Tod war unvermeidlich. Auf den Tropeninseln Polynesiens hingegen schien das Leben nicht nur leichter, sondern die Ernährung auch sanfter zu den Zähnen zu sein. Rohe Bananen und Kokosnüsse, gekochte Wurzelgemüse und vergorene Brotfruchtpaste waren sämtlich zahn- und kieferschonend. Selbst ältere Menschen behielten die meisten ihrer Zähne. Ihr Geheimnis mag in der Taro-Wurzel stecken, die, ohne Wissen der Polynesier, einen hohen Fluorgehalt aufwies. In diesem Jahrhundert fielen einem amerikanischen Zahnarzt die tadellosen Gebisse der Austral-Insulaner auf, und er ließ die Idee der fluorisierten Zahnpaste patentieren.

Die Menschen, die von den tropischen Inseln nach Neuseeland kamen, waren tüchtige Gärtner. Gerade weil sie so viel von Böden und Pflanzenanbau verstanden, hatten ihre Vorfahren den Ostpazifik erfolgreich besiedeln können. Zunächst werden sich die Neuankömmlinge von einheimischen Vögeln, Fischen und Wildpflanzen ernährt haben, bis ihre mitgebrachten Setzlinge Früchte trugen. Bald wußte man auch, welche Pflanzen in diesem ungewohnten Klima überleben würden und welche nicht und konnte die toleranten Arten entsprechend kultivieren.

Polynesier haben sich geistig und körperlich immer zur Küste hingezogen gefühlt; die Maoris machten da keine Ausnahme. Ihre Dörfer lagen meist an Flußmündungen oder an Küstenstandorten, die sich als Häfen für ihre Kanus eigneten. Es gab zwar keine Riffe oder Lagunen, aber das Fischen blieb ein wichtiger Bestandteil ihres Lebens. Die Siedler knüpften Netze und Köderleinen, um die vielen unbekannten Fische zu fangen, und erfanden Reusen und Fallen, um die großen Langusten und Krabben zu überlisten. In Neuseeland herrschte kein Mangel an den unterschiedlichsten Harthölzern, Steinen, Muscheln und Vogelknochen, aus denen man Haken und Fallen bauen konnte. Im Lauf der Zeit entwickelten die Maoris die Herstellung solcher Fisch- und Angelgeräte zu einer wahren Kunstform.

Auch Seevögel und Meeressäuger wurden von den neuen Bewohnern gejagt. Alte Abfallhaufen voller Schalen und Knochen zeigen, daß die Maoris im Grunde alles aßen, was sie erbeuten konnten. Viele Meeresvögel kamen zum Brüten an die Küste. Ein Sturmtaucher, in Neuseeland als „Hammelvogel" *(Puffinus griseus)* bekannt, überwintert hier in Erdhöhlen. Kurz bevor die Jungen den Bau verlassen, sind sie eine leichte Beute für jeden Räuber. Auf der Nordinsel wurden jedes Jahr in jeder größeren Kolonie Tausende eingesammelt; gerupft, gesäubert, gepökelt und gelagert dienten sie als Vorrat für den Winter. Noch heute werden lokalen Maoris Dauergenehmigungen erteilt, diese Vögel zu jagen.

Im Herbst versammelten sich riesige Schwärme der Pfuhlschnepfen *(Limosa lapponica)* an den Buchten und Küsten der Nordinsel, um sich auf ihre Wanderung zu wärmeren Inseln vorzubereiten. Mit Netzen und Schlingen ließen sie sich von den Maoris leicht fangen, die so ihre Wintervorräte aufstocken konnten. Im Frühling und Sommer gab es in allen Seevogelkolonien Eier in beliebiger Menge. Möweneier waren besonders begehrt; sie hatten große Dotter und waren eiweißreich. Sturmtaucher, Seeschwalben, Krähenscharben und Kormorane trugen sicher auch zur Ernährung der Maoris bei. Die Südinsel war – und ist es heute noch – ein wichtiges Brutgebiet für alle extrem südlichen Arten. Etliche Pinguine, besonders der seltene Gelbaugenpinguin *(Megadyptes antipodes)*, der kleine Zwergpinguin *(Eudyptula minor)* und der Dickschnabelpinguin *(Eudyptes pachyrhynchus)*, brüteten hier zwischen Winter und Frühlingsanfang. Da sie sich an Land recht unbeholfen bewegen, waren sie eine leichte Beute für die Maori-Jäger.

Auf den felsigen Landzungen hatte der Königsalbatros *(Diomedea epomophora)* große Kolonien angelegt. Dieser majestätische Seevogel trägt seinen Namen zu Recht. Die großen Vögel, die auf Maori *toroa* heißen, gleiten über die südlichen Ozeane und jagen Fische, Krustentiere, Kraken und Tintenfische. Weit auf dem offenen Meer begegneten die polynesischen Seefahrer diesem Nomaden und hielten ihn, wie sich selbst, für einen Wanderer in der Fremde. Der Albatros überlebt in seiner salzigen Umwelt, weil er Salzüberschüsse in einer Lösung durch seine röhrenförmigen Nasenlöcher ausscheidet; *roimata toroa* bedeutet „Tränen des Albatros", weil man dachte, der Vogel weine seiner fernen Heimat nach. Königsalbatrosse leben lange; der älteste, der bekannt geworden ist, kreuzte mehr als 54 Jahre lang über dem Pazifik, bevor er auf Aotearoa starb. Die Brutpaare bleiben lebenslang zusammen und kehren jeden September – im Abstand von ein oder zwei Stunden voneinander – in ihre angestammte Kolonie zurück. Die berühmte Kolonie von Taiaroa Head in der Nähe von Dunedin ist wirklich ein Höhepunkt eines Frühjahrsbesuches in Neuseeland. Über den Klippen schwebend, verkörpern diese großartigen weißen Vögel den Geist der Südsee.

Ein Gelbaugenpinguin *(Megadyptes antipodes)* – eine von mehreren südlichen Arten, die den ersten Neuseeländern fettreiches Fleisch lieferte.

Nirgendwo in Polynesien geschah die Vernichtung der einheimischen Wälder so planmäßig und umfassend wie in Neuseeland, und zwar mit Feuer. Flammen waren auch schon durch die Wälder der Südinsel gefegt, lange bevor es dort Menschen gab, aber erst mit der Ankunft der Siedler begann die Rodung im großen Stil. Meist wollte man dadurch nur Raum für den Adlerfarn schaffen, aber auf der Nordinsel diente die Brandrodung auch zur Siedlungsplanung. Von der Küste ausgehend, wurde der Wald immer weiter zurückgedrängt, je weiter die Dörfer ins Land vorstießen. Die Gegend um Hawkes Bay, heute für ihre Weinreben berühmt, wurde als eine der ersten von dichtem Urwald zu offenem Grasland niedergebrannt. Viele Feuer rasten außer Kontrolle durch den Wald und zerstörten weit größere Flächen, als für den Landbau eigentlich gebraucht wurden.

Wie auf anderen Pazifikinseln wurde das „große Feuer“ ein alljährliches Ereignis; scheinbar verspürten alle Polynesier einen unwiderstehlichen Drang, das Land durch Feuer zu „reinigen“. In Neuseeland geschah dies in großem Stil. Man schätzt, daß in nur 300 Jahren, zwischen 1200 und 1500, wenige tausend Maoris über drei Millionen Hektar Wald vernichteten und zu Gras- und Buschlandschaften degradierten. Ohne schützende Bäume wurde der Boden durch die Elemente rasch abgetragen und verlor seine Fruchtbarkeit. Anstatt das Land durch Mull und Kompost zu regenerieren, setzten die Maoris unvermindert ihre Brandrodung fort. Im Vergleich zu ihren polynesischen Heimatinseln brauchte man hier mit Platz nicht zu knausern. Die verbrannte Erde der Maoris war natürlich keine absichtliche Zerstörung; auch kann man ihnen wohl nicht weniger Verantwortung vorwerfen als heute uns selbst. Wie auf Hawaii und der Osterinsel schlugen die Polynesier einen verhängnisvollen Weg ein, von dem es kein Zurück mehr gab. Der Unterschied der jeweiligen Zerstörung lag allein in der Größenordnung.

Die neuseeländischen Wälder waren einst voller Vögel gewesen. Als die Bäume verschwanden, starben auch sie. Anders als viele heimische Vögel Australiens, die sich vor allem von Grassamen ernähren, konnten sie sich nicht an die neue Umgebung anpassen. Und diejenigen, die das Zerstörungswerk des Menschen überlebt hatten, wurden nun von den vierbeinigen Räubern gejagt, die recht plötzlich auf das Land losgelassen wurden. Die Hunde der ersten Siedler räumten unter den flügellosen Vögeln und den Bodenbrütern gehörig auf. Sie waren von ihren Besitzern darauf abgerichtet, Wildvögel aufzuscheuchen, und dabei dezimierten sie zugleich den Rest der heimischen Wildtiere.

Die polynesische Ratte, bei den Maoris *kiore* genannt, traf ebenfalls mit den ersten Siedlern ein – vermutlich als wichtige Fleischquelle. Die Ratten, die man aus der Gefangenschaft in den Busch entließ, kamen hier prächtig zurecht. Am Boden brauchten sie keinen Räuber zu fürchten und konnten sich nach Belieben ausbreiten. Schnell hatten sie sich auf die gemischte Ernährung von Samen und Früchten, Vogeleiern, Küken und Kleinreptilien wie Geckos und Skinks eingestellt und lebten bald in jedem Winkel der Doppelinsel. Nachts gingen sie auf Nahrungssuche, wobei sie im Gänsemarsch über schmale Pfade huschten, die ihre winzigen Füße ausgetreten hatten. Die Maoris fingen die kleinen Nager in ausgeklügelten Fallen, die sie entlang dieser Rattenpfade aufstellten. Gerupft oder gesengt wurden die *kiore* dann gebraten und körbeweise verspeist, sofern man sie nicht in ihrem eigenen Fett konservierte und in Kürbishälften für karge Zeiten lagerte.

Es ist wirklich verwunderlich, daß die ersten Neuseeländer, woher auch immer sie kamen, ohne ihre bewährten Haustiere als Fleischlieferanten reisten. Seit Generationen hatten sie Geflügel gezüchtet, und irgendwann gehörten die Hühner ebenso zum tropischen Inselalltag wie die Kokosnuß. Das galt auch für Schweine. In ganz Polynesien – die Osterinsel ausgenommen – schätzte man das Schwein wegen seines schmackhaften Fleisches. In Hawaii wurde es erfolgreich eingeführt, aber scheinbar nicht auf Neuseeland. Bei keiner Ausgrabung hat man bislang Schweineknochen gefunden, und es fehlen auch klare Hinweise auf Hühner. Es kann natürlich sein, daß die Tiere auf der langen Reise verendet sind oder unterwegs aufgegessen wurden. Unwahrscheinlich ist aber, daß dies auf jeder der vielen Reisen geschehen sein soll. Denn man kann nicht davon ausgehen, daß die Polynesier in einer einzigen großen Flotte hierher segelten. Eine andere Erklärung könnte sein, daß die Tiere zwar hier anlangten, aber wegen der reichlich vorhandenen heimischen Fleischlieferanten nicht konsequent gezüchtet wurden. Die ersten Neuseeländer fanden ja viele Gruppen der großen fleischigen Laufvögel vor und mögen darüber ihre Haustiere vernachlässigt haben. Vielleicht wurden die reisemüden Schweine und Hühner zur Feier der glücklichen Landung gebraten, denn jetzt hatte man ja viel größeres Geflügel, die *moa*, zur Verfügung.

Vom ersten Tag an begann sich das Schicksal der Jäger und der Beute eng zu verknüpfen. Diese Verbindung sollte einige Jahrhunderte dauern, endete schließlich aber mit der Ausrottung der *moa*. Das gleiche Muster menschlichen Einflusses läßt sich bis zu den Anfängen der polynesischen Besiedlung der Pazifikinseln zurückverfolgen. Auf Fidschi und den anderen westpazifischen Inseln wurden viele Vögel und andere Wildtiere ausgerottet oder dezimiert; Megapoden starben aus oder wurden selten, viele flügellose Rallen ebenso. Riesenmuscheln verschwanden bald von den Riffen und Seeschildkröten aus den Lagunen. Wo und wann auch immer Menschen ihren Fuß auf ferne Tropeninseln setzten, kippten sie das natürliche Gleichgewicht für ewige Zeiten.

In Neuseeland waren wohl alle *moa*-Arten vor dem Jahr 1500 ausgerottet. Knochen- und Fossilienfunde zeigen überdies, daß etwa ein weiteres Dutzend endemischer Vögel dasselbe Schicksal ereilte. Dazu zählen Adler, eine Weihe, eine Krähe und ein Pelikan, ebenso wie verschiedene Schwäne, Gänse, Enten und Rallen. Andere Arten entgingen einer Vernichtung nur knapp. Tauben wurden in Schlingen gefangen, wenn sie in den Baumkronen nach reifen Früchten stöber-

*Oben:* Ein Kea *(Nestor notabilis),* der Waldpapagei der Berge Neuseelands. Furchtlos nähern sich die Kea-Trupps auch menschlichen Siedlungen und Touristen auf der Suche nach Nahrung. Seinen Namen bekam der Vogel von seinem lauten Ruf.
*Rechts:* Der Kakapo, wörtlich: „Papagei der Nacht" *(Strigops habroptilus).* Dieser große flugunfähige Vogel war für die Menschen eine leichte Beute; allein seine nächtliche Lebensweise schützte ihn vor der Ausrottung. Heute ist er durch eingeführte Raubtiere stark gefährdet.

ten; in den Bergen lockte man Keas durch zahme Köder an und tötete sie dann mit Speeren; der *kakapo*, der große flügellose „Papagei der Nacht", wurde wegen seiner Federn und seines Fleisches mit Hunden gejagt; selbst der stimmgewaltige *tui* wurde in Schlingfallen gefangen, die man listig mit Blütenködern ausgelegt hatte. Die Maori-Jäger in diesem scheinbar grenzenlosen Land vermuteten, daß seine eßbaren Ressourcen ebenso grenzenlos vorhanden wären.

Die Südinsel galt als das Zentrum der *moa*-Jagd; es gab hier einfach mehr Arten als im Norden. Das Klima des Südens beeinflußte die Lebensweise der Menschen ganz entscheidend. Kaum eine ihrer mitgebrachten Nutzpflanzen wuchs hier, was das Gärtnern schwierig machte. Da schien es sinnvoll, sich als Jäger und Sammler an den natürlichen Reichtümern gütlich zu tun. Anders als die Siedler der Nordinsel zogen die Maori-Stämme des Südens durch das Land, um das Angebot der Jahreszeit bestmöglich zu nutzen. An der Küste errichteten sie Dörfer zum

Fischen und Robbenjagen, und im Landesinnern lebten sie in den heute berühmten Lagern der „*moa*-Jäger".

Die größeren Arten, wie *Euryapterix geranoides*, müssen ihren Jägern einiges abverlangt haben. Sie zogen zwar gemächlich in Gruppen umher, konnten aber bei Gefahr viel schneller laufen als ein Mann. Mit einem Schlag ihrer Klauen waren sie imstande, einen bewaffneten Maori glatt zu töten. Die effektivste Jagdmethode dürfte gewesen sein, wenn mehrere Jäger einem Vogel auflauerten und ihn auf kurze Entfernung mit ihren Speeren attackierten. Hunde wurden eigens für den Zweck gezüchtet, sich mit ihren kräftigen Hals- und Kiefermuskeln in die *moa* zu verbeißen. Schlingen, die man auf *moa*-Pfaden im Busch auslegte, fingen den einen oder anderen unvorsichtigen Vogel an den Füßen und machten die Jagd weniger gefährlich. Obwohl der Süden viel spärlicher besiedelt war als der Norden, schätzt man, daß während der ersten Jahrhunderte der Besiedlung etwa 100 000 *moa* den Maoris zum Opfer fielen.

Die intensive Jagd nach dem *moa* und anderen Landvögeln sowie die rücksichtslose Plünderung der Robben- und Seevogelkolonien brachten in einigen Teilen Neuseelands auch die menschlichen Bewohner in Existenznot. Ihre Ratten und Hunde jagten nach Beute, und schließlich gab es auch einige Wildtiere, die mit dem Menschen um die natürlichen Nahrungsreserven wetteiferten. Die Gemüsekulturen wurden von Tieren geplündert oder von Schädlingen befallen. Den Jahrhunderten der Kolonisierung und Anpassung folgte eine Zeit des Überlebenswettkampfes. Nicht nur schwanden die Ressourcen, auch die Bevölkerung der Maoris wuchs. Aus der ursprünglichen Gruppe von vielleicht 100 Einwanderern war in vier Jahrhunderten ein Völkchen von etwa 5000 Menschen geworden, das sich in den folgenden vier- oder fünfhundert Jahren bis zur europäischen Entdeckung auf gut 100 000 Einwohner verzwanzigfachte.

Diese zweite Phase der Bevölkerungszunahme wurde zudem von einer deutlichen Verschlechterung des Klimas begleitet. Rund um den Globus fielen die Temperaturen um zwei Grad Celsius unter den Wert des „Kleinen Klimaoptimums". In England fror jetzt jeden Winter die Themse zu, und die Weinreben gingen ein. Diese „Kleine Eiszeit" spürte man überall auf der Welt. Auf Grönland büßten die Wikinger die grünen Wiesen ein. Ihre Ernten fielen aus, ihre Tierherden starben, und ihre Kolonisierung war damit gescheitert.

Im Pazifik waren vor allem die Gebiete außerhalb der Tropen betroffen. Im gemäßigten Neuseeland wuchsen die Gletscher an der Westküste der Südinsel. Weite Teile des Landesinneren waren jetzt kaum noch bewohnbar, und viele Stämme zogen nordwärts. Jedes Jahr, mit dem die Winter härter wurden, verstärkte man die kleinen Häuser zum Schutz gegen die Kälte. Die Wände wurden dicker, Windfänge wurden angelegt, und eine dichte Abdeckung aus Grasbüscheln und Baumrinde sollte die Wärme isolieren. Wie auf der Osterinsel kroch man durch einen niedrigen Tunnel in die Häuser. Die Feuerstelle befand sich im Haus, und gerade einmal ein Fenster ließ den Rauch abziehen. Warme Häuser und warme Kleider wurden überlebenswichtig.

Die Ausrottung der *moa* und das Verschwinden vieler Meeressäuger zwang die Maoris, sich wieder auf ihre ur-polynesischen Fähigkeiten als Fischer und Gärtner zu besinnen. Neuseeland war zwar viermal größer als alle polynesischen Inseln zusammen, dafür aber weniger fruchtbar als viele der nördlich gelegenen kleinen Vulkaninseln. Seine Erde bestand überwiegend aus kompakten Tonböden mit einer dünnen Humusschicht. All dies machte, zusammen mit dem kälteren Klima, aus dem einstigen Schlaraffenland eine unwirtliche Insel, auf der die wachsende Bevölkerung ums Überleben kämpfen mußte.

Nahrung war oft knapp. Als erstes gingen die *kumara*-Pflanzungen ein. Selbst im wärmeren Norden konnte man die Erdlager kaum noch füllen. Aus Angst vor diebischen Nachbarn, die weniger Glück mit ihrer Ernte gehabt hatten, befestigten die Maoris ihre wichtigsten Felder, Speicher und Haupthäuser mit Verteidigungsanlagen. Überall in Neuseeland findet man noch heute Reste dieser *pa*. Manche waren als Terrassensystem, andere als Wall-und-Graben angelegt; wieder andere schmiegten sich mit dem Rücken gegen die Küste oder breite Flüsse. Ganze Berge wurden durch Palisadenzäune in Festungen verwandelt. Viele der kleinen Vulkane, die heute zum Stadtbild von Auckland gehören, waren einst auf diese Weise wehrhaft befestigt. Über 5500 *pa* hat man auf der Nordinsel gefunden, während es im Süden vielleicht 100 gab.

Die Maori-Kultur scheint von Beginn an sehr stammesbewußt gewesen zu sein, wenngleich es aus der frühen Zeit kaum Hinweise auf kriegerische Rivalitäten gibt.

In einem *pa*, einem Wehrdorf, hatte jede Maori-Sippe ihre eigene Häusergruppe – zum Schlafen, Lagern und Kochen. Merkwürdigerweise sind auf diesem Stich Schweine abgebildet; wahrscheinlich waren sie inzwischen von den Europäern eingeführt worden. In Neuseeland wurden Schweine als „Captain Cookers" bekannt.

Jeder Stamm hatte sein Gebiet markiert, und es gab genügend Raum und Nahrung für alle. Erst in späteren Jahrhunderten traten regelmäßig Konflikte zwischen den Stämmen auf. Jeder Maori-Krieger war stolz darauf, wie ein Mann zu sterben, und so wurden die Maoris zu den mutigsten Kämpfern ganz Polynesiens.

Wie auf anderen Pazifikinseln war die Geburt eines Sohnes Anlaß zu besonderer Freude. An einem Bach wurde der Säugling von einem Priester in einem aufwendigen Ritual getauft. Man rief die Götter an, dem neuen Krieger Kraft und Ausdauer zu schenken. Von klein auf wurden die meisten Jungen zu geschickten Kämpfern ausgebildet; körperliche Ertüchtigung sorgte für geistige und physische Beweglichkeit. Wie auf den Marquesas und anderen ostpolynesischen Inseln entwickelte man die Tätowierung in Neuseeland zur Kunstform. Die Körperverzierung wurde hier *moko,* nach dem polynesischen Wort für Eidechse, genannt und war hochstehenden Personen – also auch Kriegern – vorbehalten. Frauen trugen ebenfalls Tätowierungen, allerdings meist nur auf Kinn, Lippen und Stirn. Die Männer waren mit Kreisen und anderen geschwungenen Formen, zum Beispiel stilisierten Farnblättern, geschmückt. Krieger hatten obendrein das Privileg, mit einem blauen Farbpulver tätowiert zu werden, das man aus dem Ruß harzigen Holzes oder aus verbranntem *kauri*-Kautschuk gewann. Die Verzierungen wurden ebenso kunstvoll wie schmerzhaft auf Gesicht, Schenkel und Gesäß aufgetragen.

Mit seiner bedrohlich ausgestreckten Zunge und mit seinem Speer und der *patu*-Keule bewaffnet, war der Maori-Krieger ein schrecklicher Gegner. Das Land seines Stammes war ihm heilig; es war seine *whenua*, seine Mutter Erde. Wie die *vanua* der Fidschianer und die *fenua* auf Samoa und Tahiti war sie der Ort seiner Ahnen, und jeder Krieger würde sie unter Einsatz seines Lebens verteidigen.

# 11

# *Der durchbohrte Himmel*

Die Ankunft des Menschen bedeutete einen gewaltigen Eingriff in die Natur des Pazifiks. Auf vielen Inseln war er das erste Raubtier, das seinen Fuß dorthin setzte. Die Polynesier kamen mit klaren Vorstellungen, wie sie die Landschaft nach ihren Überlebensanforderungen umgestalten wollten. Sie brachten fremde Pflanzen und Tiere, deren Wachstum sie nach Bedarf förderten oder einschränkten. Einheimische Vegetation wurde durch importierte Nutzpflanzen ersetzt, die nicht von allein auf diese Inseln gelangt wären. Heimische Vögel mußten mit eingeführten Geflügelarten in Wettbewerb treten und wurden von den Ratten und Hunden der Polynesier gejagt. Schweine entwurzelten junge Bäume und durchwühlten den Boden nach Früchten und Nüssen, die sonst vielleicht gewachsen wären und ihren Platz im Wald eingenommen hätten. Ausgewachsene Bäume wurden wegen ihres Holzes gefällt und durch andere Arten ersetzt, die die polynesischen Siedler bevorzugten. Zwar waren es relativ wenige, aber ihre Wirkung auf die Ökologie der Inseln war groß. Nichts jedoch läßt sich mit dem verhängnisvollen Einfluß vergleichen, den die Europäer auf das natürliche Gleichgewicht Polynesiens ausübten.

Am 6. Oktober 1769 nahm die europäische Invasion Neuseelands, der größten Insel Polynesiens, ihren Anfang. Fast drei Monate zuvor und 4000 Kilometer entfernt hatte Captain Cook mit seiner *Endeavour* Tahiti verlassen. Seine Aufgabe war nun die Erkundung des südlichen Landes, das der holländische Seefahrer Abel Tasman 127 Jahre vorher entdeckt und nach seiner Heimat Zeeland getauft hatte. Damals hatte es ein kurzes Gefecht mit den Einheimischen gegeben, in dessen Verlauf vier von ihnen getötet worden waren. Tasman war weitergesegelt, ohne seinen Fuß auf dieses unbekannte Stück Land zu setzen. Mehrere Generationen lang hatte es keinen weiteren Kontakt zwischen den beiden entfernten Welten gegeben, die in gegenüberliegenden Teilen des Globus lagen.

*Wir lebten in Whitianga, und es kam ein Schiff, und als unsere Weisen das Schiff sahen, sagten sie, es sei ein „atua“, ein Gott, und die Menschen an Bord*

William Hodges, der Cooks Expedition als Maler an Bord der *Resolution* begleitete, hielt seinen Eindruck einer gigantischen Wasserhose fest, die das Schiff im Mai 1773 vor Neuseeland überraschte.

*seien „tapua", seltsame Kobolde . . . ihre Augen liegen hinten am Kopf; sie rudern rückwärts auf das Land zu, das sie ansteuern. Wir rannten vor ihnen in den Wald davon, und nur die Krieger blieben in der Gegenwart dieser Kobolde; aber, weil die Kobolde einige Zeit blieben und unseren Tapferen kein Harm taten, kehrten wir, einer nach dem anderen, zurück und betrachteten sie.*

Horeta Te Taniwha war ein kleines Kind, als Cooks Männer in Whitianga an Land ruderten. Als alter Mann beschrieb er seine Erinnerung dieses ersten historischen Treffens. Über 100 Jahre später veröffentlichte der Neuseeländer John White diesen Bericht in seinem Buch *The Ancient History of the Maori,* und erstaunt vermerkt der Leser, daß die vermeintlichen Wilden aufnahmefähige und denkende Menschen waren.

*Es gab einen herausragenden Mann auf dem Schiff. An seinem höflichen und noblen Gebaren erkannten wir ihn als den Gebieter über das Ganze. Er sprach selten, aber einige der Kobolde sprachen viel. Er war ein sehr guter Mann, und er kam zu uns Kindern und tätschelte uns die Wangen und streichelte uns über den Kopf. Seine Sprache klang wie ein Zischen, und keines der Worte, die er sagte, verstanden wir.*

Captain Cook und seine europäischen „Kobolde" waren auf ihrer Reise den Spuren der Polynesier gefolgt, die dieses südliche Land wenigstens fünf Jahrhunderte zuvor entdeckt hatten. Die erste Reise fand in einem Doppelkanu statt, das gänzlich aus Holz und Pflanzenfasern bestand und von erfahrenen Seeleuten besetzt war, deren wichtigste Navigationshilfen der Himmel und das Meer waren. Cooks Schiff wurde von eisernen Bändern und Nägeln zusammengehalten und mit Hilfe von gläsernen und metallenen Instrumenten gesteuert. Beide Fahrzeuge waren vom Wind angetrieben, und beide hatten die Reise angetreten in der Hoffnung, daß sie südwestlich von Tahiti, weit hinter dem Horizont, ein großes Land finden würden. Auf eigene Art war jede dieser Fahrten ein episches Abenteuer gewesen.

Während Daniel Solander, Joseph Banks und die anderen Naturforscher die heimischen Tiere, Pflanzen und Rohstoffe erkundeten, beschäftigte sich Cook mit den menschlichen Bewohnern. In weiser Voraussicht hatte er Tupaia als Führer und Dolmetscher mitgebracht. Dieser Mann stammte aus Raiatea, kannte die Legenden um Kupes „Insel der Vögel" und war durch ganz Ostpolynesien gereist, aber Neuseeland war auch für ihn Neuland. Wahrscheinlich drangen nach den Siedlungsreisen keine weiteren polynesischen Kanus so weit südlich vor. Zwanzig Generationen lang lebten die Menschen auf Neuseeland ohne Verbindung zu den anderen Inseln Polynesiens. Tupaia war also ein Fremder, aber doch kein

„Kobold". Er sah den Maoris durchaus ähnlich und sprach Worte, die sie verstehen konnten. Cook, Banks und wohl jeder der Besatzung erkannte, daß Tahitisch und Maori viele Wörter gemeinsam hatten. James Magra, ein weitgereister Mann und der einzige Amerikaner an Bord, staunte über diese Ähnlichkeit.

> *Es verdient der Erwähnung, daß die Menschen Neuseelands mit wenigen Unterschieden die Sprache von Otahiti sprachen – mit weniger Unterschieden, als wir sie zwischen vielen englischen Grafschaften finden; ein äußerst bemerkenswerter Umstand, der uns notwendigerweise zu dem Schluß führt, daß einer dieser beiden Orte einst vom anderen aus besiedelt wurde, wiewohl 2000 Meilen und nichts als der Ozean zwischen ihnen liegen.*

Magra zog viele weitere Parallelen zwischen den Tahitianern und den Maoris und ihren Kulturen. Er verwies auf die ähnlichen Körpermerkmale, die Art, wie sie sich tätowierten und die Haare zu einem Knoten aufbanden, stellte aber fest, daß die Maoris eine braunere Haut hatten; er hob hervor, daß beide auf identische Weise ihre Speisen in Erdöfen zubereiteten und daß Gegenstände wie Äxte

*Oben:* Die Maoris der Südinsel überquerten die hohen Bergpässe, um die Flußlandschaft der Westküste zu erreichen; dort fanden sie Grünstein für Werkzeug, Waffen und Schmuckgegenstände.
*Links:* Ein englischer Offizier handelt mit einem Maori um einen Krebs. Der Maler dieses Aquarells war vermutlich Joseph Banks, der Botaniker auf Cooks erster Reise nach Neuseeland. Jedenfalls steht in seinem Tagebuch für den 7. März 1770 ein Hinweis auf „Krabben und Krebse", die man von den Einheimischen getauscht hatte.

und Angelhaken ähnlich gestaltet waren. Ihm fiel auf, daß die Maoris mutigere Krieger waren, aber Pfeil und Bogen nicht kannten, die er auf Tahiti gesehen hatte. Daraus folgerte er, daß ein kämpferisches Volk wie die Maoris niemals auf eine so vorteilhafte Waffe verzichtet hätte und daß daher die tahitische Bevölkerung von Neuseeland aus gereist sein und das Bogenschießen auf Tahiti erfunden haben mußte. Seitdem haben Experten und Laien immer wieder darüber spekuliert, wann und woher die polynesischen Inseln besiedelt worden sind; vermutlich wird diese Diskussion noch eine Weile andauern.

Den Maoris auf Neuseeland brachte die Begegnung mit Cook das Bewußtsein einer weiten Welt jenseits des Ozeans. Sie konnten mit Tupaia reden. Von ihm erfuhren sie von Tahiti und den fernen Ländern, die sie nur aus ihren Legenden als „Hawaiki" kannten. Sie sahen, daß Tupaia und sein Volk denselben Glauben, dieselben Götter und dieselbe Verehrung der Ahnen pflegten wie die Maoris. Sie

*Oben:* Vor dem Kampf stärkten sich die Stämme meist durch die *haka*. Möglichst lautstark und mit fürchterlichen Grimassen versuchte man den Gegner einzuschüchtern. Heute wird die Tradition in sportlichen Wettkämpfen weitergeführt. Je provokativer das Auftreten, desto willkommener sind die Gäste.
*Ganz oben:* Europäische Händler brachten den Maoris Eisenäxte und Flinten und veränderten die Art ihrer Kriegführung dramatisch. In diesem Kriegstanz stellen sie ihre neuen Waffen stolz zur Schau, die sie nunmehr anstelle ihrer *patu*-Keulen und *taiaha*-Stäbe benutzten.

kannten dieselben Vögel und Fische, und auch die wichtigsten ihrer Kulturpflanzen trugen dieselben Namen. Ja, sie hatten vieles gemeinsam.

Inzwischen beherrschte Tupaia auch etwas Englisch. Mit James Cook und seiner Besatzung tauschte er Gedanken aus. Sie erzählten ihm von England und den anderen Ländern hinter dem Horizont, von fremden Ländern, die sich die Polynesier bislang nicht hatten vorstellen können. Indem sie in die Welt der Maoris hineinsegelten, hatten die europäischen Entdecker deren Isolation beendet. Die „Kobolde" mit ihren seltsamen Ideen und Verhaltensweisen waren nicht nur aus einer fremden Welt gekommen, sie hatten gleich einen Teil davon mitgebracht. Und als sie sich wieder auf die Heimreise machten, ließen sie einen Teil davon zurück.

In der Sprache der Maoris hießen die hellhäutigen „Kobolde" gemeinhin *pakeha,* was aus ihrem Wort für die heimische weiße Rübe abgeleitet sein mag. Andere Erklärungen sind noch weniger schmeichelhaft! Auf Tonga und Samoa hießen die weißen Fremden *palagi* (gesprochen: palanggi), was ursprünglich etwa „der den Himmel durchbohrt" bedeutet. Diese Verniedlichung beschreibt nicht nur anschaulich, auf welche Weise die Fremden in ihre Welt eindrangen, sondern auch, was ihre Ankunft auslöste. Für die Polynesier war die Welt ein riesiger, inseldurchsetzter Ozean, über dem sich die mächtige Himmelskuppel wölbte. Wer von jenseits des Horizontes kam, hatte die Grenzen ihrer Welt durchbohrt. Nichts würde jemals wieder wie früher sein.

Die Maoris hatten bis dahin weder Eisen noch irgendein Metall gesehen. Wie ihre Verwandten in ganz Polynesien waren sie im wesentlichen eine Steinzeitkultur. Eisen ließ ihrer Phantasie freien Lauf und änderte ihr Lebenstempo. Metallene Äxte und Beile schnitten durch das Holz, wie es kein Stein vermocht hätte; eiserne Spaten und Hacken wendeten die Erde, wie man es mit dem einfachen Grabstock nie geschafft hätte. Mit eisernen Speeren und Beilen bewaffnet, wären die Maori-Krieger unbesiegbar; mit den Feuerwaffen der Kobolde gar würde der Stamm das Land regieren.

Captain Cook besuchte Neuseeland auf jeder seiner drei Reisen; seine Tagebücher verraten, daß er für dieses Land und seine Menschen eine große Zuneigung entwickelte. Hier schrieb er auch zum ersten Mal besorgt über die Veränderungen, die die europäischen Einflüsse unfehlbar über die Menschen des Südpazifiks bringen würden. Geschlechtskrankheiten, Masern, Grippe und andere ansteckende Leiden hatten eine vernichtende Wirkung auf die Maori-Bevölkerung. Verfeindete Stämme tauschten ihre Keulen aus Grünstein gegen Flinten und Schießpulver und metzelten sich gegenseitig nieder. Innerhalb weniger Jahrzehnte nach Cooks letzter Reise war die Zahl der Maoris auf Neuseeland dramatisch gesunken. Und vor der Küste kreuzten ausländische Schiffe und schlachteten in blinder Raffgier die Wale und Robben.

Einige fremde Importe und Ideen brachten jedoch auch soziale und gesundheitliche Vorteile. Kartoffeln aus Europa wuchsen hier gut und leisteten zusammen mit anderen neuen Getreide- und Gemüsearten einen wichtigen Beitrag zur Ernährung der Maoris. Schweine und Hühner, die traditionellen polynesischen Haustiere, die bis dahin auf Neuseeland gefehlt hatten, wurden noch von Cook dort eingeführt. Sie machten teilweise den Verlust der *moa* und anderer heimischer Vogelarten wett, die im Lauf der Zeit ausgerottet worden waren. Cook ließ auch Ziegen in Neuseeland zurück, die sich so schnell vermehrten, daß sie die Versteppung beschleunigten. Als 1814 noch Pferde und Rinder aus Australien und später der Pflug nach Neuseeland kamen, war der Prozeß praktisch nicht mehr umkehrbar. Eine ökologische Katastrophe ohnegleichen nahm ihren Lauf. Bald folgten Schafe aus England, und dazu reisten britische und andere europäische Immigranten ins Land, die Neuseeland zu einem Spiegel ihrer jeweiligen Heimat machen wollten. Genau wie die Polynesier vor ihnen versuchten sie, diesem wilden Land des Südens die ihnen vertrauten Landschaften aufzudrücken.

Die neuen Siedler brachten auch wilde Tier- und Pflanzenarten mit, von denen sie sich in der neuen Heimat einen Nutzen versprachen. Besonders Vögel gehörten dazu. Einige, wie Rebhühner, Fasane, Kanadagänse und Stockenten, dienten vor allem der Jagd; andere sollten die Landschaft durch ihr Gefieder oder ihren Gesang bereichern. Die ersten englischen Siedler sehnten sich nach dem Trällern der Feldlerche, dem Sinnbild ihrer sattgrünen Wiesen und fruchtbaren Felder. Also wurde sie in Neuseeland ausgesetzt und gedieh auf den neugeschaffenen Grasflächen. Aus ähnlichen Gründen der „Akklimatisierung" führten die Neubürger auf ihrer Doppelinsel weitere nordeuropäische Singvögel ein, zum Beispiel Singdrosseln, Amseln, Stare und Buchfinken. Alle kamen in dieser fernen Umgebung ausgezeichnet zurecht – manche so gut, daß sie zur Plage wurden.

Anders als die meisten neuseeländischen Vögel frißt die Goldammer Pflanzensamen. Und dies tat sie mit verheerenden Auswirkungen überall dort, wo europäische Siedler versuchten, durch Aussaat neue Kulturen anzupflanzen. Die Vögel wurden derart lästig – besonders auf der Südinsel –, daß man Abschußprämien auf sie aussetzte. Ähnlich verhielt es sich mit dem Haussperling. Dieser kleine Vogel war mit den römischen Legionen nach Britannien gekommen und nun nach Neuseeland gebracht worden, um die Insektenplage einzudämmen, die alljährlich große Teile der Ernte vernichtete. Doch anstatt der Insekten fraß der Sperling gleich das Getreide, das er eigentlich beschützen sollte. Er verbreitete sich so rasch und richtete einen solchen Schaden an, daß unter anderem seinetwegen 1882 ein Gesetz zur Bekämpfung der Kleinvogelplage verabschiedet wurde.

Aus Australien kamen Kakadus und Kookaburras (auch Lachender Hans genannt); aus Asien wurden Maina-Vögel und exotische Pfauen eingeführt; aus Amerika stammen wilde Truthähne und kalifornische Wachteln. Insgesamt wurden 34 fremde Vogelarten in Neuseeland ausgesetzt. Dazu gesellten sich noch australische Eidechsen und Frösche, 14 Arten von Süßwasserfischen aus aller Welt sowie 33 Säugetiere, darunter auch Zebras der afrikanischen Savanne und Lamas aus den Anden. Viele Millionen Jahre lang hatte sich Neuseeland völlig abgekapselt vom Rest der Welt entwickelt. Zu Beginn des 20. Jahrhunderts war aus Kupes Vogelinsel eine Menagerie der Exoten geworden.

Dieses Auffüllen der neuseeländischen Flora und Fauna hatte vor allem den Grund, daß die meisten heimischen Arten in den neuen, radikal gewandelten Landschaftsformen nicht überleben konnten. Denn viele lebten ursprünglich in Wäldern; wo die Bäume verschwanden, verschwanden auch deren Bewohner. Die exotischen Arten hingegen gediehen in den umgestalteten Landschaften prächtig. Nur Schlangen und Füchsen war durch Parlamentsbeschluß der Eintritt verwehrt, wenngleich andere Neulinge dem Ökosystem ungleich größeren Schaden zufügten. Manche setzten dem natürlichen Gleichgewicht derart zu, daß man Iltis, Wiesel, Frettchen und sogar Igel aus Europa einführte, um die europäischen Schädlinge in den Griff zu bekommen. Australische Opossums vermehrten sich in Abwesenheit ihrer Feinde explosionsartig und sind auf Neuseeland heute die meist-

Mit exotischen Pflanzen verschönerten sich die europäischen Siedler ihre neue Heimat; Lupinen bestimmen heute das Landschaftsbild in weiten Teilen der Südinsel.

gejagte Tierart, weil sie den *rata*-Baum und andere heimische Waldbäume weiträumig vernichten. Die natürliche Vegetation wird von mehr als 1000 importierten Insektenarten – die meisten unersättliche Plagegeister – kahlgefressen. Neuseeland hat nicht nur viele seiner ursprünglichen Tiere und Pflanzen verloren – auch das Landschaftsbild hat sich in weiten Teilen so gewaltig verändert, daß die ersten polynesischen Siedler ihr Land kaum wiedererkennen würden.

In den Fußstapfen der Entdecker folgten bald Geschäftemacher aus Europa, Amerika und Asien. Sie hatten es vor allem auf die Edelhölzer der pazifischen Inseln abgesehen. Binnen kurzem gab es kaum noch Sandelholz auf Hawaii, Fidschi und den Marquesas. Auf die kahlen Flächen pflanzte man „Marktfrüchte"; Ananas wächst heute fast überall auf Hawaii, Pandanus dagegen kaum noch. Auf Tahiti und seinen Nachbarinseln ersetzte man Taro und Yams durch devisenbringende Pflanzen wie Kaffee und Vanille; selbst das traditionsreiche Geschäft mit dem Kokosderivat Kopra wurde von der Zeit eingeholt. In den höheren Lagen wachsen jetzt Orangenbäume anstelle der alten Haine von Tahitikastanien. Auf der heiligen Insel Raiatea wuchert die Miconia und droht die Reste der Urwälder zu erwürgen. Auf den westpolynesischen Inseln von Tonga bis Fidschi ist der heimische Wald durch riesige Flächen importierter Fichten- und Zuckerrohrplantagen ersetzt worden. Keine dieser Pflanzen kann allerdings die heimischen Wildtiere unterhalten oder die Traditionen der Urbevölkerung bewahren.

Denn ebenso wie die Flora und Fauna hatten auch die einheimischen Menschen der polynesischen Inseln ihre ganz eigene Lebensart entwickelt. Über Generationen des Probierens und Anpassens hatten sie sich ein Verständnis ihres ozeanischen Lebensraumes erarbeitet, mit dem sie fast jede Insel dieses weiten Gebietes erfolgreich besiedeln konnten. Je weiter sie sich vom Festland entfernten, desto abhängiger wurden sie von den Ressourcen, die sie auf ihren Reisen bei sich führten. Die Landschaften, die sie bei jeder Kolonisierung anlegten, erfüllten einen Zweck des Überlebens. Je weiter ostwärts sie segelten, desto selbstbewußter konnten sie auf dem behutsam geförderten natürlichen Reichtum dieser Inseln aufbauen. Weise beschränkten sie die Verbreitung ihrer Haustiere und Nutzpflanzen und erkannten sehr wohl die Grenzen des Wohlwollens der Natur. Mit Tabus regulierten sie die Ausbeutung der natürlichen Lebensgrundlagen. Und wenn ihr erprobtes System zu versagen begann, machten sie sich erneut auf den Weg nach Osten. Die Inseln, die sie zurückließen, verwilderten aufs neue. Die Erfahrung der Polynesier auf der Osterinsel enthält eine heilsame Lektion über Wirtschaft und Umweltschutz, die wir uns alle zu Herzen nehmen sollten: Solange wir nicht sicher sind, was hinter dem Horizont auf uns wartet und daß wir dieses Ziel erreichen können, sollten wir uns mit dem bescheiden, was wir kennen.

Die polynesischen Weltreisen setzten zwar auf Glaube und Hoffnung, aber sie waren durchaus rational und strategisch geplant. Kaum etwas überließ man dem

Zufall. Wie Astronauten nahmen die Reisenden eine komplette Überlebensausrüstung mit. Am Ziel angekommen, nutzten sie ihr überliefertes Wissen, um die Landschaft nach ihren Bedürfnissen umzuformen. Aber genauso wie die Ureinwohner Nordamerikas, mit denen sie in der frühen Menschheitsgeschichte zweifellos verwandt waren, verstanden sie sich als Teil ihrer Umgebung und nicht als ihre Besitzer. Sie waren keine Umweltheiligen, aber sie wußten sehr genau, daß ihr Überleben von einer behutsamen Nutzung der natürlichen Ressourcen zwingend abhing. Auch das verbindet sie mit den Indianern Nordamerikas. Sie erwiesen sich als ebenso findig wie anpassungsfähig. Das Aufblühen ihrer Kultur spiegelte ihren Erfolg wider. In Holz und Stein, in Musik und Tanz, in kunstvollem Tapa-Baststoff und Tätowierungen feierten sie ihre Beziehung zum Land und seiner Natur. Für den Polynesier ist sein Land, seine *fenua*, alles. Und es ist nicht nur eine konkrete Bindung an seine Erde, sondern eine spirituelle Beziehung.

Die Europäer, die diese fernen Horizonte durchstießen, kamen mit ganz anderen Vorstellungen. Für sie waren Land und Meer dazu da, um sie kurzfristig ausnutzen zu können und nicht, um sie langfristig zu hegen. Ein sympathischer Zug der heutigen Polynesier ist es, jeden Tag um seiner selbst willen zu genießen. Die ersten Europäer fanden dies ebenso anziehend wie gedankenlos. Was sie dabei übersahen, war die innere Verpflichtung der Polynesier ihrem Land und ihren Ahnen gegenüber. Wie die Maoris haben alle Polynesier ein ausgeprägtes Heimatgefühl. Und ihre Heimat ist der Himmel und das Meer, ist das Land und seine Natur, zu dem sie gehören. Sie pflegen eine gemeinsame Tradition, den zukünftigen Generationen nicht weniger zu hinterlassen als sie selbst übernommen haben. Und dies ist ein sehr moderner Gedanke, der immer mehr Menschen auch im Westen erfaßt hat. Für die Polynesier waren solche Auffassungen schon immer Teil ihres Lebens.

Auf der Osterinsel kündete das Fällen der letzten Bäume vom Niedergang ihrer Kultur; auf Neuseeland war es die Zerstörung gewaltiger Wälder, nicht die Ausrottung der *moa*, die das Wesen des Landes veränderte. Die Maoris begannen diesen Vorgang, der von den europäischen Siedlern mit bekannter Gründlichkeit fast vollendet wurde. Vielleicht verleitete das riesige Ausmaß der Wälder beide Kulturen zum leichtfertigen Umgang damit. Warum auch immer: Kein vergleichbares Land dieser Welt hat so rasch und so viel Wald verloren wie Neuseeland.

Kaurifichten sind Riesen unter den Bäumen; manche sind 2000 Jahre alt, vielleicht noch älter. Sie werden bis zu 60 Meter hoch und erreichen einen Stammumfang von 15 Metern. Schon die Größe hebt die *kauri* von anderen Bäumen hervor. Ihr honigfarbenes Holz ist hart und eben gemasert, dabei von seidiger Struktur. Der Stamm scheint sich nach oben kaum zu verjüngen, sondern wächst geradewegs ins Dach des Waldes hinein und darüber hinaus. Kaliforniens berühmte Mammutbäume sind älter und oft größer, aber die überlebenden Kaurifichten im Waipoua Forest im Norden Neuseelands sind wahrhaft majestätisch. Kein Wunder, daß ihnen ein großes *mana* zugeschrieben wird und daß sie alles Gute und Starke symbolisieren, das der Gott Tane verkörpert. Im frühen 19. Jahrhundert lockte der Ruf dieses Baumes Holzfäller aus Australien hierher, und eine Zeitlang taten sich Maoris und Pakehas zusammen, um mit dem Holzexport Geld zu verdienen. Bis 1885 war die Hälfte der Bäume gefällt, und am Ende des Jahrhunderts stand nur noch ein Viertel des ehemaligen Bestandes. Für die heutigen Neuseeländer, gleich welcher Kultur, ist die *kauri* ein Symbol ihres Landes geworden und wird ebenso geschätzt wie der allgegenwärtige Silberfarn.

Mitten auf der Nordinsel liegt die Region Tongariro, eine Gegend mit aktiven Vulkanen, alten Wäldern und kahlen Wüsten. Die Maoris sind diesem Ort stets mit Achtung begegnet. Viele Generationen lang hatte der Stamm der Ngati Tuwharetoa seine Häuptlinge am größten Berg der Region begraben. Jahrhundertelang fürchteten und respektierten die Maoris dieses Gebiet als *tapu*. Gegen Ende des 19. Jahrhunderts, als Neuseeland durch Axt und Feuer neugestaltet wurde, mußte

*Oben:* Europäische und amerikanische Walfänger plünderten einst die Gewässer Neuseelands; heute haben findige Maoris eine neue Marktlücke entdeckt: In Kaikoura führen sie Foto-Touristen möglichst nahe an die Riesensäuger heran. Sie verdienen gut daran, und die Wale nehmen kaum Schaden.
*Rechts:* Auf Tahiti protestieren Polynesier gegen die französischen Atomversuche auf dem Atoll Moruroa. In ganz Französisch-Polynesien wächst das Bewußtsein, daß man die vielen ökologischen Probleme der Inseln bald lösen muß. Das alte polynesische Konzept des *rahui*, einer tabuähnlichen Zurückhaltung, hat eine moderne Bedeutung gewonnen.

der Stamm sein Erbrecht auf Tongariro vor Gericht verteidigen. Damit die heiligen Berge nicht den Ausbeutern des Landes zum Opfer fielen, schenkte Häuptling Te Heuheu Tukino die Berge dem neuseeländischen Volk, und zwar „für den Zweck eines Nationalparks". 1894 wurde der Tongariro National Park durch Parlamentsbeschluß offiziell eingerichtet. Es war der erste in Neuseeland, und überhaupt der erste, der auf irgendeiner polynesischen Insel geschaffen wurde.

Heute bekunden immer mehr Polynesier ihre ökologische und politische Sorge um das Land und seine Natur. Besonders in Neuseeland haben sich die Forderungen der Maoris nach den Landschaften und Rohstoffen zu einem heiklen Poli-

Im Oktober 1992 versammelten sich Menschen aus allen Gegenden Polynesiens zum Fest der Pazifischen Künste auf der Cook-Insel Rarotonga. Sie feierten sich selbst – und nicht für den Rest der Welt. Für die polynesischen Musiker, Tänzer, Künstler, Seefahrer, Geschichtenerzähler und Historiker war es ein echtes Fest ihres gemeinsamen Erbes – und ein Ausdruck ihres neu erwachten pazifischen Stolzes.

tikum entwickelt. Die Ansichten über Landnutzung und Naturschutz driften dort weit auseinander. Auch in Französisch-Polynesien lebt der Stolz über die alte Kultur und die Natur der Inseln wieder auf. In Hawaii sorgt man sich nicht nur um die Tiere und Pflanzen der Insel, sondern zunehmend auch um das kulturelle Erbe der Einheimischen. Die am meisten „gefährdete Art“ Polynesiens ist heute wohl der Polynesier selbst.

Das Zeitalter der großen polynesischen Reisen ist schon seit fast 1000 Jahren beendet. Ein mutiges Seefahrervolk hatte seine Heimatküste in Südostasien aufgegeben und war ostwärts in den Pazifik gesegelt. Es entwickelte seine Kultur, lernte neue Wege des Überlebens und erweiterte sein Wissen um den Ozean, der seine Heimat werden sollte. Je weiter sich die Polynesier vom Festland in Richtung Osten entfernten, desto stärker hing ihre Zukunft von ihrem schöpferischen Potential und der Beschaffenheit der Inseln ab, auf denen sie sich niederließen. Die lebendige polynesische Kultur, die auf den entferntesten pazifischen Inseln aufblühte, bezeugt den Erfindergeist und die Anpassungsgabe dieser Menschen. Ihre Einzigartigkeit entspringt zum Teil ihren überlieferten Lebensformen, vor allem aber der besonderen Natur der Wasserwelt, die sie zu ihrer neuen Heimat machten.

Auckland ist heute die größte polynesische Stadt der Welt. Die einheimischen Maoris nicht eingerechnet, leben in dieser bunten Stadt 60 000 Einwanderer aus anderen polynesischen Inselstaaten. Es gibt heute mehr Cook-Insulaner in Auckland als auf ihrer Heimatinsel Rarotonga. An der Nordspitze des polynesischen Dreiecks ist Hawaii zur Wahlheimat für 14 000 Samoaner geworden, die 4000 Kilometer weit hierher gereist sind. Weitere 15 000 Polynesier sind bis aufs amerikanische Festland weitergezogen und leben heute im städtischen Moloch von Los Angeles. Weite Wanderungen scheinen noch immer zum polynesischen Wesen zu gehören; der Nomade in ihnen lebt fort. Bedrängt von einer fremden Flut, die von allen Horizonten auf sie einstürzte, reisen sie wie einst auf der Suche nach neuen Welten. Und die Welt, die sie hinter sich lassen, scheint uns in paradoxer Weise immer noch wie das Paradies.

# Glossar
## *polynesischer Begriffe*

Viele Wörter und Begriffe tauchen in ähnlicher Form in ganz Polynesien, auf Fidschi und vielen Inseln Südostasiens auf. Diese sprachlichen Verwandtschaften liefern faszinierende Hinweise auf die Ursprünge und Wanderbewegungen der Polynesier. Bestimmte Laute haben sich mit der Zeit und Entfernung verändert, aber die Ähnlichkeiten zwischen den einheimischen Sprachen weit auseinanderliegender Pazifikinseln ist frappierend. Das heutige Fidschianisch, keine eigentlich polynesische Sprache, hat doch viele Wörter mit den Sprachen der Nachbarinseln und ihrer seefahrenden Ahnen gemeinsam. In der folgenden Liste sind die Begriffe aus dem Buch aufgenommen, aber auch andere Wörter wurden zum Vergleich eingefügt.

Ein Apostroph ' kennzeichnet einen Knacklaut wie in *i'iwi*
Auf Samoa und Fidschi spricht man das **g** wie „**ng**"
Auf Fidschi wird das **q** wie „**ngg**" und das **b** wie „**mb**" gesprochen

Die folgenden Abkürzungen verweisen auf die Inselgruppe, die im Text erwähnt ist, aber viele Wörter werden in derselben Form auch andernorts verwendet:
OI Osterinsel; F Fidschi; H Hawaii; M Marquesas; NS Neuseeland; S Samoa;
GI Gesellschaftsinseln (Tahiti usw.); T Tonga

*ahi'ahi* Nachmittag (GI)
*ahu/ahu moai* Tempel/mit Statue (GI/OI)
*aito* Eisenholzbaum (GI), auch als *toa* bekannt
*aitu* Geist
*ama* Kerzennußbaum (M)
*ao* Tag
*ari'i* Häuptling (GI); andernorts *ariki, aliki, ali'i*
*arioi* Religiöse Sekte, Wanderschauspieler (GI)
*ati* Hartholzbaum (GI) *(Calophyllum),* auch als *tamanu* (GI), *temanu* (M) und *kamani* (H) bekannt und mit *demanu* (F) verwandt
*atua* Gott
*aute* Papiermaulbeerbaum (GI); auch *koute* (M) und *wauke* (H)
*auti* zuckerhaltiger Baum der Art *Cordyline*, auch bekannt als *ti* (GI), *ki* (H) und *qai* (F)
*auwai* Wassergraben (H)
*ava'a* Bett der Götter (GI)
*avatea* Mittagsstunden (GI)

*balabala* Baumfarn (F)
*bokola* Kannibalenopfer (F)
*bulu* Welt der Geister (F)
*bune* Orangetaube (F)

*dalo* Taropflanze (F), auch *talo* (S), *ta'o* (M) und *kalo* (H)
*damanu* (siehe *ati*)

*elepaio* zaunkönigähnlicher Vogel (H)

*fenua* Land; auch *vanua* (F) und *whenua* (NS)

*hare* Haus (OI); *hale* (H) und *fale* (S)
*hau* Strandhibiskus (OI); *vau* (F) und *purau* (GI)

*ie'ie* Schlingpflanze der Art *Freycinetia* (H, GI)

*kaka* Pompadoursittich (F); Baumpapagei (NS)
*kakapo* nachtaktiver, flugunfähiger Eulenpapagei (NS)
*kalo* (siehe *dalo)*
*kapa* Baststoff (H); *tapa* (GI); *masi* (F)
*kapu* Tabu (H); *tapu* (GI); *tabu* (F) usw.
*kauri* Kaurifichte (NS)
*kava* nach dem tongischen Wort für Pfefferpflanze benanntes belebendes Getränk; auch *ava* (S, GI), *awa* (H)
*kea* Bergpapagei (NS)
*kiore/kio'e* polynesische Ratte

*kiwi* flügelloser Laufvogel (NS); vgl. *ivi* Brachvogel (GI usw.)
*koa* Hawaiianischer Akazienbaum (H)
*kula* papageienartiger Lori (F)
*kulawai* Loriart (F), dt. Name Rothöschen
*kuluvotu* Perousefruchttaube (F)
*kumara* Süßkartoffel (NS, OI); *umara* (GI); *umala* (S); *uala* (H) und *kumala* (F); interessanterweise heißt diese Knollenfrucht auch an der Westküste Südamerikas *kumar*

*lovo* Erdofen (F) (siehe *umu*, auch *hangi* NS)

*ma* vergorene Brotfruchtpaste (GI)
*magimagi* Kokosfasern (F); *ma'oma'o* (S)
*makahiki* alljährliches Erntedankfest (H)
*mana* übernatürliche Kraft/Lebensenergie/Ansehen
*manahune* gesellschaftlich niedrigstehender Mensch (GI); vgl. *menehune* legendäre „Zwerge" (H)
*mao* Maohonigfresser (S)
*mape* Tahitikastanie (GI); auch *ifi* (S) und *ivi* (F)
*marae* heilige Stätte (GI); *me'ae* (M); auch *malae* usw.
*mare* Asthma (OI); Husten (GI)
*masi* Rindenbaststoff (F); (siehe *tapa*)
*mata'a* Speerspitze aus Obsidian (OI)
*matatoa* Kriegerführer (OI)
*me'ae* (siehe *marae*)
*miro* pazifisches Rosengehölz (*Thespesia*) (OI); *milo* (S, H); *mulomulo* (F)
*moa* Huhn/Geflügel (S, GI, OI usw.); ausgestorbener riesiger Laufvogel (NS)
*moko* Eidechse; auch Tätowierung (NS)
*momoko* gesellschaftlich niedrigstehender Bürger (OI)

*naio* Baum, der vor allem zum Hausbau verwendet wurde (H)
*neinei* Riesensonnenblume auf Rarotonga (Cook-Inseln)
*nene* Hawaiigans (H)
*nono* Indischer Maulbeerbaum (GI); *noni* (M, H), *nonu* (D), *kura* (F)

*ohi'a* endemischer Baum der Gattung *Metrosideros* (H)
*opou* „Opfer" des Tätowierers (M)
*ou'a* Helfer des Tätowierers (M)

*pa* befestigtes Dorf (NS)
*patu* Kriegskeule (NS)
*pili* Gras zum Dachdecken (H)
*po* Nacht
*pukao* Kopfbedeckung der Statuen (OI)
*pulotu* Unterwelt (S); auch *burotu* (F)
*purau* Strandhibiskus; auch *vau* (F und T), *'au* (Cook-Inseln), *fau* (S und T), *hau* (H, M); *ra'au* (GI); *rakau* (OI, NS)

*ra'atira* niedere Häuptlinge (GI); auch *rangatira* (NS)
*rakau* Baum (GI); Wohlstand (OI); Waffen (NS)

*sau* spirituelle Kraft (F); siehe auch *mana*

*tabili* ausgehöhlter Baumstamm zum Stampfen der *kava*-Wurzel (F)
*tabu* (auf Fidschi „tambu" gesprochen) heilig/verboten; auch *tapu* (GI), *kapu* (H)
*tamanu* Hartholzbaum (GI); siehe auch *damanu*
*tangata* Menschen (OI, NS usw.)
*tanoa* Holzschüssel (F)
*tapa* Baststoff (GI usw.); siehe auch *masi*
*tatau* Tätowierung (GI)
*ta'ua patu tiki* Tätowierkünstler (M)
*ti* (siehe *auti*)
*tiare Gardenia*-Blume (GI)
*ti'i* Tiki-Figur (GI)
*tohua* Treffpunkt/Versammlungsort des Dorfes (M)
*totara* einheimischer *Podocarpus*-Baum (NS)
*tou* küstennah wachsender Baum, aus dem Holz und Heilmittel gewonnen werden (GI, M); auch *kou* (H)
*tupa* Landkrabbe (GI)
*tutui* Kerzennußbaum (GI)

*umu* Erdofen
*uru* Brotfruchtbaum (GI); auch *ulu* (S, H), *uto* (F), *kuru* (Cook-Inseln)

*va'a* allg. für Wasserfahrzeuge/Kanus (GI); auch *vaka/waka* (Cook-Inseln, NS usw.)
*vanua* (siehe *fenua*)
*vesi* Hartholzbaum (F)

*wauke* Papiermaulbeerbaum (H) (siehe auch *aute*)
*whenua* Land/Mutter Erde (NS)
*wiliwili* endemischer Baum auf Hawaii (H)

*yaqona kava*-Pflanze, auch das berauschende Getränk aus ihren Wurzeln (F) (siehe *kava*)

# Register

# Nordwestpassage

## Der kurze aber tödliche Seeweg nach China oder die Gesellschaft der Abenteurer

Peter Milger

Der Plan stammt nicht von Kolumbus: Ein kurzer Seeweg zu den Reichtümern des fernen Ostens auf Westkurs über den Atlantik. Schon um 1480 wurde die Suche von Kaufleuten und Seefahrern in Lissabon und Bristol in Angriff genommen. Sie ging weiter, 350 Jahre lang. Dutzende Schiffe blieben im arktischen Eis, mehr als 300 Männer erfroren, verhungerten oder starben an Schwäche. Anhand der Quellen zeichnet Peter Milger die wahrhaft abenteuerlichen Fahrten von Cabot, Frobisher, Cartier, Hudson, Munk, Ross, Parry und Franklin nach und hat sich selbst auf deren Spuren begeben.

„. . . Diese Verknüpfung persönlicher Erlebnisse mit einer scharfsinnig belegten historischen Aufarbeitung ist ebenso außergewöhnlich wie spannend." (Mainpost)

„. . . Das sachkundig aufgearbeitete Buch bietet dem Leser Gelegenheit, historische Abenteuer nachzuerleben . . ." (Rhein-Main-Zeitung)

„. . . Sehr wohl eine geschichtliche Dokumentation, aber auch eine Darstellung der Strapazen und Unwägbarkeiten aus eigener Anschauung machen dieses Buch . . . zu einem besonderen Leseerlebnis." (Arbeitskreis „Jugend und Buch")

240 Seiten, 50 farbige und 130 schwarzweiße Abbildungen.

vgs verlagsgesellschaft Köln

# Im Reich des russischen Bären

John Sparks

Das riesige Gebiet zwischen Europa und Asien, die ehemalige UdSSR, bedeckt ein Sechstel der gesamten Landfläche unseres Planeten und erstreckt sich zwischen seiner Grenze zu Finnland im Nordwesten und Alaska im Osten über elf Zeitzonen. Fast ebenso einzigartig wie die flächenmäßige Ausdehnung ist die unermeßliche Vielfalt der Tier- und Pflanzenarten. John Sparks nimmt den Leser mit auf eine Expedition durch jenes Gebiet, das Reich des russischen Bären.

„. . . Die Textdarstellungen der Landschaften und Lebewesen dieser uns so wenig bekannten Region begleiten prächtige, z. T. zweiseitige Farbabbildungen, die die Reise zu einem einzigartigen Erlebnis werden lassen . . ." (Detlef Kulman für *Die Neue Bücherei* München)

„. . . Ausführlicher als die gleichnamige TV-Serie . . . geht das Buch auf Landschaften und Lebewesen, auf naturhistorische und ökologische Details ein . . . Hinsichtlich Umfang und Qualität der Darstellung derzeit einmalig . . ." (Jana Krötzsch für ekz Informationsdienst Reutlingen)

288 Seiten, 160 farbige Abbildungen.

vgs verlagsgesellschaft Köln